格桑花
开在希望的原野

北京师范大学燕化附属中学
民族团结进步教育成果

李建波◎主编

九州出版社
JIUZHOUPRESS

图书在版编目（CIP）数据

格桑花开在希望的原野：北京师范大学燕化附属中学民族
团结进步教育成果 / 李建波主编. —北京：九州出版社，2020.1
　　ISBN 978-7-5108-8480-1

　　Ⅰ.①格… Ⅱ.①李… Ⅲ.①民族团结－爱国主义教
育－高中 Ⅳ.①G631.4

中国版本图书馆CIP数据核字（2019）第274437号

格桑花开在希望的原野：
北京师范大学燕化附属中学民族团结进步教育成果

作　　者	李建波　主编	
出版发行	九州出版社	
地　　址	北京市西城区阜外大街甲35号（100037）	
发行电话	（010）68992190/3/5/6	
网　　址	www.jiuzhoupress.com	
电子信箱	jiuzhou@jiuzhoupress.com	
印　　刷	河北盛世彩捷印刷有限公司	
开　　本	710毫米×1000毫米　16开	
印　　张	16	
字　　数	261千字	
版　　次	2020年1月第1版	
印　　次	2020年1月第1次印刷	
书　　号	ISBN 978-7-5108-8480-1	
定　　价	49.80元	

编委会

序 言

生命如花　逐梦成长

　　每年 6 月，我们的格桑花就悄悄地绽放了：他们开得那样烂漫多姿！那样绚丽多彩！触摸每一朵，我都能感受到生命的惊喜，感受到希望之光的照耀！更感受到北师大燕化附中民族团结文化的浸润。沐浴着精神的洗礼，触摸着独特的文化，感受着人文的光辉，我们一起走过北燕的岁月，心底一片敞亮！

　　在第一章——民族希望教育的蓝色天空中，有多年来学校积累的管理经验。学校自承接教育援藏的政治任务以来，一直秉承着家国情怀，高起点，高站位，以"希望教育"为办学理念，以"家国文化"为精神追求，以"六个一"为工作目标，经过全体同仁的不懈努力，学校出色完成了教育援藏、国家富强的政治任务，赢得了社会的广泛赞誉，办学成效显著，开启了一条独具特色的"希望"民族团结教育之路。民族团结教育多次在西藏地区、北京市及全国做典型经验交流，形成了一道亮丽的风景线。本章中有思路，有管理；有文化，有课程；有感恩，有情怀；有品牌，有特色。

　　在第二章——西藏学子成长的希望原野中，体现了学校党委"围绕中心抓党建，抓好党建促发展"的工作思路，形成凝聚希望、点燃希望、传播希望的党建工作方法，为希望民族团结教育保驾护航。本章中传递着一个个感人至深的故事；闪烁出生命成长的光辉；传递着心的呼唤，爱的奉献；诠释着每一位党员的梦想与追求。

在第三章——教育教学实践的科研探索中，体现了科研的力量，展现了学校的教育教学成果。北师大燕化附中是全国招收西藏散插班学生最多的高中校之一，学校制定了核心素养校本化实施方案，精心策划系列活动，构建民族团结课程体系；展现针对西藏内高班学子的有效教学策略和方法，开展有效的教育教学实践。本章中努力体现学生成长在活动中，教书育人在细微处，强化"立德树人，铸魂育人"，师生共同唱响民族团结的主旋律。

在第四章——我们一起筑梦的北燕岁月中，体现了西藏内高班的文化追求，我们都是一家人：互帮互助、互敬互爱、追求卓越、荣誉至上、乐于奉献、团结一心；集中表达了西藏内高班学子的精神追求。本章中有守望学子成长的学校领导老师，他们担负起家长监护人的责任：端水送药、病床陪护，像母亲一样慈爱，像父亲一样温暖。全体教职工无私的奉献，感动着无数的学生与家长，他们自己也品味着桃李的芬芳，享受着从教的幸福与快乐。

在第五章——我们魂牵梦绕的那片土地中，有我们师生奋斗的足迹，也有我们逐梦成长的身影。每年暑期，我们都张开双臂迎接西藏学子的到来，学生也感受着家一样的温暖。本章中体现出学校每时每刻都演绎着民族团结教育的大美，大爱。黄河奔腾东到海，中华民族一家亲。雪域学子发出了"要学有所成，建设家乡，建设祖国，回报祖国"的铿锵誓言！浓浓北燕情，最美西藏行，老师们不畏山高水长，克服高原缺氧生病的困难，护送孩子们回家；同时领导教师也把党的政策关怀传递给西藏地区的家长们。家长们临别送行，久久不愿离去的身影，也一直感动着老师们，更让老师们感受到从教的幸福与身上沉甸甸的责任。

本书终于结集成册了！倾听花开的声音，感受生命的成长，我们的心中都会涌动着一种感叹，升腾出一种幸福！回首过往：军训中的你们英姿飒爽，拓展中的你们坚强飘逸，活动中的你们热烈奔放，沉默中的你们淡雅芳香。娇小的你，高洁的你，激情的你，雍容的你……跨过现实翻越理想，奔腾着、跳跃着、欢快着一齐向我们扑来。我们感受到了一腔热血的奔涌沸腾，穿越时空的心灵的撞击，饱含着哲理与激情的诗意，我们真为拥有你们而骄傲而自豪！孩子们，我们真的要感谢你们，是你们让我们懂得了淳朴的真正含义，是你们让我们创造性地开设了鲜活的课程；是你们给了我们生命的高度，给了我们灵动的空间；是你们让我们不断地超越自己，战胜自我；更是你们让我们感受到成长的喜悦与生命的价值！

励精图治，铿锵而行。回首 9 年来，北师大燕化附中西藏内高班办学的每一步发展，都沐浴着党和政府的深切关怀！各级领导多次走进燕化附中慰问西藏的孩子们。自始至终，学校内高班办学的每一个根系都深深地扎根在民族教育的沃土中。沐浴着阳光雨露，播撒着金色的希望，我们承载着民族团结教育的责任，担当起民族团结教育的使命，传播着我们都是一家人的"希望教育"理念。我们相信学校培养的西藏学子不仅是"西藏的希望"，更是"中华民族的希望"，他们一定会成长为国家的栋梁，承担起中华民族繁荣复兴的伟大梦想！

为北燕人赋词一首《蝶恋花》：青春理想凯歌唱。雪域圣地，曾为工作狂。教育援藏燃梦想。大美北燕操练场。几回梦里恋西藏。数次远行，情满高原放。胸怀天下心向党。诠释中国好儿郎。

北师大燕化附中时任校长　马熙玲

2019 年 10 月 16 日

三、以弘扬家国精神为核心诉求

北师大燕化附中西藏内高班聚焦着学子们的梦想，更肩负着国家与民族的使命。在维护祖国和平统一、繁荣富强的基础上，我校内高班形成了独具特色并深入人心的"家国文化"。在我校，"家国文化"的核心诉求是：我们都是一家人；其具体体现是：互帮互助、互敬互爱、追求卓越、荣誉至上、乐于奉献、团结一心。

这一文化获得了我校西藏生的充分认同。主要体现为：

"我们都是一家人"。西藏内高班学生因高原和平原的气候差异，来到学校后进入疾病多发期，有时一年仅住院手术就数例，牙病、甲沟炎、肠胃病、感冒及肺炎等更是常见。在全体师生努力下，西藏内高班学生的身体疾病均得到及时、有效地治疗。我们深知，我们如何对待一个在疾病困苦中的孩子，这个孩子长大后就会如何对待这个世界。也正因此，学校西藏内高班铸就了我们的精神追求——"我们都是一家人"。

"幼吾幼以及人之幼"。在与西藏生共同对抗疾病与环境差异的过程中，我们把西藏生当自己的孩子，"我们都是一家人"的精神诉求也深入每名学生和教师的心中。内高班承载着党和国家的希望，更承载着西藏地区的希望，我们的希望民族教育必须跳出小视野，站在家国的大格局上，为国家民族的未来去奋斗。

打造"家国文化"教育场。我校内高班"家国"文化的塑造，一方面通过校内外网络、报纸期刊、校内橱窗、校报、校园广播电视、教育专刊、课程体系等，固化显性教育成果；另一方面则通过申请北京市专项，建立西藏班学生工作、民族教育展厅和民族文化长廊，把"希望"教育办学理念直观化，把"家国文化"视觉化，形成教育场，让全校师生共同享受民族团结、美美与共的美好。

与此同时，所有周末寒暑假期，内高班均有丰富的主题学生活动，包括爱心温暖美食传情，心连心趣味运动会等。所有重大节日，内高班均有大型的文艺晚会，比如相亲相爱度中秋、一生一世陪你走元旦晚会、中华民族一家亲春节晚会、民族大团结藏历新年晚会等。所有主题活动均贯穿我们的"家国"文化教育场，耳濡目染，润物无声。

2014年，我校内高班学生两次接受中央电视台采访，都表示要学有所成建设美丽家乡，立志报效党和祖国。其中，学生会主席扎西平措用质朴的语言表达了对党和国家的感激之情，其面对镜头时所表达的"建设家乡、服务人民、回报祖国"的誓言铿锵有力，震撼人心！

励精图治，铿锵而行。四年来，北师大燕化附中西藏内高班沐浴着党和国家的深切关怀，植根于民族教育的沃土上，各级领导多次走进我校慰问西藏的孩子们。沐浴阳光雨露，播撒金色希望，我们承载着民族教育的重任，担当起民族复兴的使命。我们相信，北师大燕化附中不仅是"燕化的希望"，更是"西藏的希望"，我们的西藏学子定会成长为祖国的栋梁，承担起中华民族繁荣复兴的伟大梦想！

（发表于《人民论坛》2015 年 12 月）

希望促民族团结　文化育国家栋梁

马熙玲　李建波

北师大燕化附中始建于 1985 年，由吴仪同志和顾明远同志联合创办。我校是教育部和北京市培养西藏内地高中学生的定点学校，是北京市普通高中示范校、新课程改革样本校、国家级教育体制改革试点项目校、"翱翔计划"课程基地校、创新人才培养实验项目校、北京市民族团结教育示范校、西藏自治区民族团结模范校。

自 2011 年承办西藏内高班至今，已逐步成为全国西藏散插班人数最多的高中校之一。在上级主管部门和领导的关心支持下，在全校各部门全体教职工的共同努力下，学校秉持"希望"教育办学理念，营造浓郁"国家文化"氛围，高水平地完成了西藏内高班的教育教学工作。目前毕业 6 届，共 368 人，全体学生身心健康，艺体特长明显，科技素养全面，社团活动丰富，团队精神良好，高考成绩优异，全部升入国家重点大学。

多年来，以"希望"教育为办学理念，以"家国文化"为精神追求，以"六个一"为工作目标，经过全体同仁的不懈努力，学校出色地完成了教育援藏的政治任务，赢得了社会的广泛赞誉，开启了一条独具特色的"希望"民族团结教育之路。

一、形成一套"希望"民族团结教育的工作思路

我校建立了民族团结教育常态化机制，坚持不懈地开展爱国主义教育和民族团结教育，成立了以校长、书记为组长的领导小组，形成了党政负责人亲自抓，分管领导主要抓，西藏部、教学、科研、总务等部门互相配合，全体教职工共同参与实施的工作组织机构和管理机制。并且，我校制定了《西藏班学生管理办法》等民族团结教育相关规章制度，建立了处理民族团结问题的预警及应急反应机制，确保民族团结教育工作管理有序，落实到位。

1. 领导得力，计划完备

在每学期学校行政会上，全体干部都要认真学习《国家中长期教育改革和发展规划纲要（2010—2020年）》（以下简称《纲要》），深入探讨，准确把握民族团结教育的精神，结合学期德育计划及我校学生实际问题，制定相应的民族团结教育计划，并纳入德育重点工作，由德育校长主抓，全体班主任成为民族团结教育的重要实施者。

2. 完善制度，互敬互爱

我们将民族团结教育工作纳入学校的发展规划，成立了以校长、书记为组长，以德育活动为载体，以课堂教学为主渠道，以后勤保障为后盾的民族团结教育领导小组；我们为了预防、控制及妥善处理涉及民族团结问题的突发事件，建立了内高班管理制度，制定了预警及应急反应机制，如《北师大燕化附中西藏内高班学生守则》《北师大燕化附中西藏内高班学生操行评定实施办法》等。这些管理制度的构建规范了内高班的管理，使全体内高班学生纪律严明、生活有序，并且养成了良好的行为习惯，促进了学生的全面发展。严慈相济的人性化管理，处处体现着尊重、平等的理念。学生全面发展，各方面表现优异，为我校内高班带来了良好声誉，多次受到上级领导嘉奖。

3. 多种渠道，部署落实

开展民族团结教育，师资队伍建设是关键。我校每年定期对全体教职员工进行民族团结教育理论培训，请专家、领导到我校宣讲民族团结教育精神。过去几年里，我校请教育部民族教育司李彬处长、北京市教委陆小红处长、北京市民族教育学会陈宏会长及沙宪余秘书长等就国际、国内的民族问题，及西藏的历史发展等作专题报告。我校每年都召开民族团结教育工作经验交流会，交流经验，分享成果，促进反思，达成共识。

在教研组长会上，我校部署民族团结教育进课堂工作，要求各教研组、各科教师深刻理解《纲要》精神，结合《纲要》及新课标的要求，进一步细化各年级、各学科的民族团结教育工作，要求年级组和每一位教师结合年级及学生、教材特点找准教育的结合点与渗透点，适时融入、补充和延伸，使民族团结教育内容有机地融入课堂教学，逐步形成梯度和系列。

学校把民族团结教育列入德育工作计划，要求根据学生的民族、心理、性格及接受能力，有重点、有目的、有层次地开展形式多样、生动活泼的民族团结教育活动，并及时进行总结、反思、强化。各年级以"民族团结是各族人民的生命线"为主线，以"增进互信、增进感情、增进团结"为抓手，以"人人都讲民族团结情、人人说民族团结话、人人做民族团结事"为载体，把民族团结教育活动与"二个共同""三个离不开""四个认同"、马克思主义"五观"结合起来，在班主任会上，师生全面、深入地学习民族团结教育文件精神，大力宣讲民族团结教育的重要性。每学期全校开展"民族团结教育"主题班会评比活动。班会活动，增强了集体的凝聚力，更增进了全校师生间的感情。和谐、团结成为我校的标牌。

二、打造一批民族团结教育方面的专家学者

1. 领导带头全员培训

领导班子带头学习、认真贯彻落实党和国家民族政策，积极参加教育部、市教委、市民族教育学会组织的民族团结教育专题培训。班子成员认真履行职责，组织全校教职员工开展民族团结教育专题学习，促进民族团结教育工作的开展。

2. 重视教师队伍建设

我校重视教师队伍建设，重视教师民族团结教育工作的能力和水平，每年进行相关理论培训，培训率达100%。几年来，学校邀请教育部民族教育司、西藏教育厅领导专家，北京市民族教育学会陈宏会长，中央民族大学严庆教授，西藏中学李士成校长等来我校进行指导和宣讲。学校还定期召开民族团结教育工作经验交流会，通过沙龙研讨、专题讲座，分享成果，为教师的成长和发展搭台铺路。

3. 重视对少数民族干部、教师的培养

重视对少数民族干部教师的培养，对他们思想上给予信任、工作上给予

支持、生活上给予帮助关怀，学校在晋级、评先工作中，同等条件下优先考虑少数民族教师。校长是满族人；原教学副校长是回族人，都曾被评为市区级先进；特级教师金英华是朝鲜族人，被评为全国优秀教师，受到习近平总书记的接见。

三、开设一套民族团结教育精品课程

1. 课程体系建设初具规模

学校重视推进民族团结教育研究，充分发挥民族团结教育科研的理论指导作用，以卓有成效的研究成果来支撑和推动学校民族团结教育的健康发展。学校坚持从实践中寻找研究课题，针对民族团结教育中的重点、难点问题深入研究，以课题带动，用课程支撑，将民族团结教育理论与学生实践活动紧密结合，多元促进民族学生全面而有个性地发展。学校通过市区级课题，引领民族团结教育工作，国家级课题《西藏内高班学生培养课程建设探索》正在申报中，出版了校本教材与校本课程成果集。

（1）资金保障，构建民族团结教育课程体系。立足于培养"建设家乡，爱党爱国"的民族地区优秀建设者，学校教科研室联合西藏部组织校内外专家设计了一套以"家国文化课程"为核心的"希望"民族团结教育课程体系。并于 2014 年获得北京市 163 万余元的专项资金，用于课程建设与实施。课程体系以"素养提升课程"和"能力拓展课程"为两翼，通过课堂学科融入和实践活动融入来助推学校民族学生素养与能力的全面协调发展。

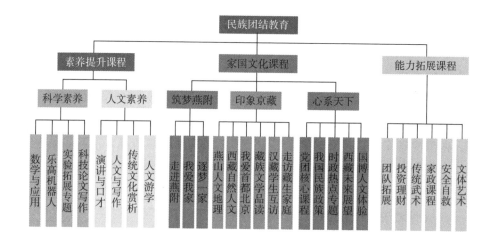

（2）校本课程，支撑民族团结教育高效进行。①党团课程培养家国情怀。学校领导积极参与课程设计及课程活动，马熙玲校长、任德鸿书记、刘燕飞副校长等学校领导为学生开设党团课程，走进学生中间，互动交流，以社会主义核心价值观引领学生成长。②时政教育拓展国际视野。高中生是一个充满热情与激情的群体，他们代表着国家的未来与希望。而高中学生又处于人生观、价值观塑造的关键时期，很容易受到网络、媒体上良莠不齐信息的冲击与诱导。为了引导正思维，传递正能量，拓展少数民族学生国际视野，学校自主开发了校本课程《中国周边安全形势扫描》，利用校本课程时间，进行系列时政专题讲座：《扭断绞索，走向深蓝——解析东海防空识别区》《甲午风云话国运——中日关系两甲子》《好战必亡，忘战必危——中国抗日战争70周年专题》《捍卫南海主权，浇筑历史丰碑——解析南海问题》，用喜闻乐见的方式培育学生的爱国主义情怀，鼓励学生为实现中国梦而努力。

2. 学科融入，做细做实

学校将民族团结教育融入各学科教学和学校各项活动，在课堂教学中注意挖掘各学科教材中民族团结教育方面的内容，确保教学实践和教学质量。

（1）民族团结教育融入课堂教学。学校作为民族团结教育的重要实施单位，要求全体教师将民族团结教育融入各学科课堂教学。整合教材，发挥学科优势；联系实际，专题研究。如政治学科开设的专题教学《我国的民族政策和宗教政策常识》，语文学科开设的《中国古代诗歌》、专题教学《中国古代的传统节日》，历史学科开设的《燕山访古》等。教师通过学科融入，让学生深刻体会中华文明是各个民族共同发展的结果，牢固树立"三个离不开""五个认同"的观念，自觉维护国家统一、反对民族分裂的思想意识。

（2）学科融入增强国家认同。学校将学科实践活动与游学活动进行整合，开设了人文实践课程《"阅读经典 探访名居"——走进北京古迹名居》，采取校内学习和校外参观相结合的方法，深入了解孔子、曹雪芹等历史、文化名人，更进一步地理解《论语》《红楼梦》等名篇。通过《我爱首都北京》跨学科社会实践拓展体验活动，让来自雪域高原的学子在祖国的心脏——首都北京，感受到北京的魅力和国家的伟大，激发学生爱祖国、爱家乡的热情。跨学科游学"齐鲁情未了"，师生同登齐鲁之巅，同朝儒家圣地。追根溯源，感受中华传统文化博大精深，源远流长。学科融入实践活动培养了学生中华民族共同体思想。

四、建设一项激发民族团结活力的"家国文化"

学校西藏内高班聚集着学子们的梦想，更肩负着民族和国家的使命。在维护祖国和平统一、繁荣富强的基础上，本着建设中华民族大家庭的原则，学校西藏内高班形成了独具特色、深入人心的"家国文化"。"家国文化"的核心追求是：我们都是一家人。"家国文化"的具体内容是：互帮互助、互敬互爱、追求卓越、荣誉至上、乐于奉献、团结一心。

1. "我们都是一家人"

（1）社团活动促进交流融合。我校少数民族学生积极热情，能歌善舞，为促进各族学生交往交流融合，加强学生的大局观念和民族团结意识，学校努力搭建各族学生交流交往平台，鼓励少数民族学生积极参加学校社团组织和文体活动。学校开设诗社、藏文社、藏舞社、相声社、足球社、篮球社、模联社等社团交流活动。针对藏生开设了诸如"点亮智慧人生""鲁豫有约""感悟北京文化"等一系列特色社团活动，少数民族学生在学校各种活动中，表现出色。各民族学生在共同学习生活中，稳固树立"民族一家亲"观念，形成了"我们都是一家人"的"家国文化"。

（2）人文关怀铸造家国精神。"幼吾幼以及人之幼"。在与西藏学生共同对抗疾病与环境差异的过程中，我们把藏生当成自己的孩子，"我们都是一家人"的精神也深入每名师生心中。西藏内高班学生因高原和平原的气候差异等原因，来到学校后疾病多发。有时一年仅住院手术就有数例，牙病、甲沟炎、肠胃病、感冒及肺炎等更是常见。在学校师生共同努力下，西藏内高班学生得到及时、有效地治疗。我们深知，我们如何对待一个在疾病困苦中的孩子，孩子就会如何对待这个世界。也正因此，学校西藏内高班铸就了"我们都是一家人"的精神。

2. 打造"家国文化"教育场

精神文化的追求应该有物质的载体。学校内高班"家国文化"一方面通过校外政府的网站，著名教育期刊报纸，校内橱窗、校报、校园广播电视、教育专刊及学校图书馆加强宣传教育。另一方面，通过申请北京市专项，建立西藏班学生工作室、民族团结教育展厅和民族团结教育文化长廊，把希望民族团结教育办学理念直观化，把"家国文化"精神视觉化，形成教育场，让全校师生共同享受民族团结的美好。

与此同时，所有周末寒暑假，西藏内高班均有主题丰富的学生活动，包括爱心温暖美食传情、心连心趣味运动会等。所有重大节日，西藏内高班均有大型文艺晚会，比如相亲相爱度中秋、"一生一世陪你走"元旦晚会、"中华民族一家亲"春节晚会、"民族大团结"藏历新年晚会等。所有主题活动均形成我们的"家国文化"教育场，耳濡目染，润物无声。

"家国文化"，以其强大的育人力量，搭建起汉藏交流的桥梁，加强了民族团结，承担着党和国家交给我们的"教育援藏，国家富强"的光荣使命，彰显出更为深远的教育意义和价值。

五、提供一个宣传交流民族团结教育的平台

以西藏班建设为基础的民族团结教育工作广泛受到各大教育媒体和电视新闻的关注，《北京教育》多次全版报道我校多民族学生和谐共荣的学习生活动态，《中国民族教育》内地西藏班三十周年纪念刊上转载学校民族教育优秀成果，《中国教育报》刊文报道学校多年来民族团结教育的事迹，《人民论坛》专文系统阐述学校"希望"民族教育的内涵，北京卫视，中央电视台CCTV新闻、CCTV中文国际分别采访我校2015届、2016届两位西藏学生，报道学生建设家乡报效祖国的学习志向。全国各地兄弟学校专门组队前来交流学习，校园网上藏生园地的文章和视频点击率居高不下，学校借助"学雷锋""藏历新年"等活动向社会宣传西藏班建设……天津、西藏多个民族团结研讨会上学校的发言受到与会人员的认可。学校与北京、天津等地的西藏内高班学校保持密切联系，不断切磋研讨，影响力逐步扩大。学校形成了人人重视民族团结，人人争当民族团结模范的良好氛围。在校园文化中自然形成互相学习、团结友爱，民族团结一家亲的氛围。

六、培养一批坚持民族团结的各民族接班人

"民族团结就是各族人民的生命线。船的力量在帆上，人的力量在心上。"藏生教育是暖心的教育，这是西藏的孩子们发自肺腑的声音。"背井离乡后，来到这异地他乡，在家的时候有阿妈的关怀，有阿妈的问候。原以为来到这里后，最为怀念的是阿妈，因为在这儿，没有阿妈的陪伴。但是，一切并非我想的那样。因为，在这儿有另一位阿妈，就是您，姜妈。"有一次，姜薇老师生病了，学生开始自发地撰写"我与姜妈的故事"，来表达自己的感恩、感

激和祝福之情。以爱育爱、以心换心，各民族同胞手足相亲、守望相助，师生共同谱写出民族团结教育的动人乐章。

成人成才是民族团结教育的内容，爱党爱国是内高班教育的核心。2014年，学校内高班学生两次参加中央电视台的活动，他们在采访中纷纷表示，要在学成后建设美丽家乡，立志报效党和国家的培养。其中，学生会主席扎西平措用质朴的语言表达了对党和国家的感激之情，其面对镜头时所表达的"建设家乡、服务人民、回报祖国"的誓言铿锵有力，震撼人心！

截至 2019 年，学校共招收 639 名西藏学生，已有 368 名毕业生，全部考入重点大学。学校民族团结教育工作受到广泛赞赏和认可，2016 年正式成为北京市民族团结示范校、西藏自治区民族团结示范校。学校将在未来的教育工作中为北京市民族团结教育做出新的贡献。

打造"希望"民族教育品牌，全面提升办学内涵

任德鸿　李建波

未来，学校将持续推进"希望"民族教育办学品牌建设，为西藏地区乃至国家未来的建设培养"家国"希望。我们坚持"家国文化"为精神追求，坚持"六个一"为工作目标：即形成一套完整的民族教育工作思路，开设一套民族教育精品课程，打造一批民族教育专家学者，培养一批未来建设西藏的优秀人才，提供一个宣传交流的校园平台，创建一个面向全国的民族教育科研实践基地。学校将出色完成教育援藏的政治任务，把西藏内高班办成全国一流教育品牌。

一、工作目标

做好安全维稳工作，守住西藏内高班管理教育的底线；

提高教育教学质量，确保西藏内高班学生高考升学率100%，逐步提高学生核心素养；

支持教职工职业发展，积极争取学习培训机会、展示平台和资金支持；

完善课程体系建设，全面提升学校西藏内高班教育教学和管理层次。

二、任务策略

西藏内高班教育工作有高度的政治敏锐性，学校依据《内地西藏班、内地新疆高中班管理办法》《国家民委办公厅 教育部办公厅 共青团中央办公厅关于在民族院校和内地民族班开展"建设伟大祖国 建设美丽家乡"主题教育活动的通知》《关于组织开展"民族团结月"系列活动的通知》等文件精神和要求，从四个方面开展西藏内高班安全稳定工作。

第一个方面，进一步完善安全管理制度。

这些制度包括校园网络信息安全制度、校园施工管理制度、校园场馆设备设施安全管理制度、食品安全管理制度、宿舍安全管理制度、校园门岗安全管理责任制度、校内外社会实践及活动安全制度、校医室学生疾病管理制度、西藏内高班疾病管理制度、校园值班安全管理责任制度、西藏内高班管理学校各部门安全责任制度、西藏内高班班主任（教师）安全管理责任制度、西藏内高班生活管理教师安全责任制度、西藏内高班请假制度、西藏内高班探亲制度、西藏内高班寒暑假返藏安全制度、西藏内高班安全管理汇报制度、重大节点和事件校园安全维稳制度、学校安全管理系列应急预案和流程图。

第二个方面，加强西藏内高班管理团队建设。

学校按照每年西藏内高班招生规模，配备具有高度责任心和较强工作能力的生活管理教师，从事西藏学生生活管理工作。全校教职工全面参与西藏内高班管理，明确职责，做好定期培训和考评绩效工作。为应对节假日及突发事件管理难题，学校吸收各部门精干力量组成核心管理小组，制定管理制度，开展相关工作。

第三个方面，持续做好疾病和心理管理工作。

学校做好西藏学生北京市、西藏自治区医疗保险参保和报销工作，落实"一年两次"体检制度，每年举行两次以上安全逃生培训和演习，每学期举行两次以上身体和心理健康讲座，建立疾病和心理需求登记管理制度，确保三个年级405名西藏学生能按照流程快速就诊。

第四个方面，做好安全维稳教育培训。

学校推进"希望"民族教育管理课程《我爱我家》的完善实施工作；规范西藏学生、班主任、任课教师、管理教师、宿舍管理员等群体的安全维稳的教育培训工作；开展党员和西藏学生结对活动，逐步引入社区教育资源进行民族交流、交往、交融工作；落实西藏教育厅提出的西藏班（校）"一室七制度"（校校建有德育室，建立民族团结教育月、时事政策教育、巡回宣讲教育、法制教育、革命传统教育、全员育人导师制、招生源头把关等制度）工作；抓好"六个基地建设"（爱国主义教育基地、军警民共建基地、现代化企业基地、现代农业基地、社区共建基地、志愿者服务基地），开展校长、书记"三进"（进宿舍、食堂、班级）工作和讲时事政治工作。

上级主管部门和西藏人民高度关注西藏学生教育教学质量。学校按照相关文件做好西藏学生招生、学籍管理、课程学业管理、综合素质评价、会考毕业、高考高招、档案录取等教学管理工作，在"希望"课堂工作的基础上，教学部门、教研组及任课教师要关注西藏学生学科学习分层、学科活动强化、学生素养提升等问题，学校应该提供制度和物质保障。西藏学生学业成绩监测应该纳入学校统一的监测范围，并且要有针对性的相关测评工作。面对西藏学生理科薄弱的问题，学校教学部门组织相关教研组每学期举行一次以上研讨会研讨相关问题，并形成成果上报给教育主管部门。完善高考建立制度，随着西藏学生增多，适当倾斜奖励的比例，奖励为提升西藏学生教育教学质量做出贡献的团队和个人。

教职工队伍的职业素养是做好民族教育工作的保障。西藏内高班教育是教育部联合各省市教育主管部门，集中当地优质资源进行教育援藏的战略任务。学校将积极争取机会，让学校教职工参加相关的教育管理培训、教育管理交流、课堂教学竞赛、教育科研成果评选、教育教学课题申报，扩大交流视野，扩大展示平台，学校相关部门要高度重视。学校在未来将在西藏区内与两所知名中学建立友谊校，加强教学管理交流，学习办学经验，扩大办学影响。学校将逐步与中央民族大学、北京师范大学等高校进行合作，申请民族教育的专项资金，开展西藏内高班教育教学管理科研和培训工作，进行高端引领，培养专家学者。

学校重视推进民族教育研究，坚持以卓有成效的研究成果来支撑和推动学校民族教育的健康发展。以课题带动，课程支撑，并以社团活动为平台，将民族教育理论与学生实践活动紧密结合，多元促进民族学生全面而有个性地发展。学校致力于建设一套以"家国文化课程"为核心，以"素养提升课程"和"能力拓展课程"为两翼的"希望"民族教育课程体系。

通过课堂学科渗透和实践活动渗透，来助推学校民族学生素养与能力的全面协调发展。

燕山地区西藏生教育与管理调研

任德鸿　李建波

为促进北师大燕化附中顺利开展西藏内高班学生教育管理工作，更好地完成燕山地区教育援藏的政治任务，查找并解决影响学校民族教育管理工作的关键因素，学校于近期深入地进行了相关工作的调研。

一、基本情况

燕山地区承担首都教育援藏工作，自 2011 年开始接收西藏内高班学生就读学习，地区将这一办学任务交给了北师大燕化附中。北师大燕化附中是北京市高中示范校、新课程改革样本校、国家级教育体制改革试点项目学校、"翱翔计划"基地校。2011 年秋季学期，学校招收了首批 45 名西藏学生；2013 年秋季学期，扩招至 52 人；2016 年秋季学期，大规模扩招至每年 135 人，未来西藏内高班学生总人数将超过 400 人，成为全国承办内地西藏散插班人数最多的高中校之一。

1. 政府支持指导

2011 年，燕山地区成立了内地西藏班燕山协调工作小组，由地方主管教育文卫的领导担任组长，组员包含了地区教委主任、财政局局长、人事局局长等各委办局负责人。该小组自成立后多次召开会议协调解决学校在建设西藏班中出现的实际问题。2012 年 4 月，燕山工委书记史全富走入燕化附中现场办公，明确指出，开办西藏班是关系到西藏人民和地区老百姓的大事，一定要将好事办好，地区政府全力支持。多年来每逢节日节点，地方政府领导都会亲临学校关切西藏班办学的各项建设，关心西藏学生的学习与生活。燕山财政分局在财物上向西藏内高班教育倾斜，燕山人力社保分局在每年的教职工招聘上优先燕化附中，燕山民政分局每年均向西藏学生赠送学习生活用品，学校所在的迎风社区经常将西藏学生纳入节日活动的范围，燕山本地的电视报纸也大力宣传西藏内高班教育事迹。

2. 教育成效显著

2016年，学校52名西藏学生高考平均分518分，100%考入国家重点大学，85%第一志愿第一专业录取，在全国54所承担西藏班教育任务的重点高中中排名第三（数据来源于西藏教育厅《2016年高招各学校成绩分析》），其中次仁曲吉同学以618分被清华大学录取，5人考入中国人民大学，3人考入浙江大学，2人考入中国科技大学。学校已经毕业3届西藏学生，共计143人，100%考入一本院校，其中考入北京大学2人，清华大学1人。

3. 办学思路明确

学校自承担西藏内高班办学以来，秉持校长的"希望"教育办学理念，及北师大的"家国文化"精神，构建了独具特色的"希望"民族团结教育课程体系。我们坚持内高班学生全散插办学，立足首都北京开放办学，促进了各民族学生的深度交流，培育了一批又一批西藏未来的建设精英，走出一条独具特色的"希望"民族团结教育之路。学校在2013年制定了民族教育的"六个一"目标：逐渐形成一整套民族教育办学思路，开设一整套民族教育的精品课程，打造出一批致力于民族教育研究的专家学者，培养出一批致力于西藏未来建设的优秀人才，提供一个宣传交流的校园平台，创建出一个面向全国的民族教育科研实践基地。在此明确办学思路的指引下，学校教职员工着力完成党和国家教育援藏的政治任务，有效地促进了西藏地区的改革开放、经济繁荣和社会发展事业。

4. 管理制度建立

学校将西藏生教育工作纳入发展规划，列入学校计划，成立了以校长、书记为组长，以德育活动为载体、以课堂教学为主渠道、以后勤保障为后盾的民族团结教育领导小组，加强全面协调，促进落实。我们制定了民族团结教育的多项制度，特别针对内高班工作管理特点，建立了内高班管理制度，如制定了《北师大燕化附中西藏内高班学生守则》《北师大燕化附中西藏内高班学生操行评定实施办法》等管理制度和处理民族团结问题的预警及应急反应机制。这些管理制度的构建规范了西藏内高班的管理，学校西藏学生管理有章、生活有序。

二、主要问题

我们通过走访调研，发现西藏学生教育管理工作还存在以下几方面问题。

1. 安全维稳任务艰巨

西藏学生常年住校封闭管理，安全维稳工作任务繁多，责任重大。

（1）周边环境复杂，存在安全隐患。校园周边紧邻两家加油站，东侧为私营的中化石油加油站，南侧为燕明石化加油站。校门口对面有一家快捷酒店。校园周边存在安全隐患。

（2）藏生疾病多发，就医陪护任务繁重。西藏内高班学生由于自然环境的骤然改变，疾病多发。2015 至 2016 学年西藏学生就医超过 500 人次，2 例癫痫住院，突发严重疾病抢救 10 起，其他主要多为气胸、阑尾炎、甲沟炎、肠胃病、感冒及肺炎、牙病、意外伤害等多种疾病。2016 年秋季学期西藏学生大规模扩招，疾病数量明显上升，仅 8 月入学一个月，重大疾病就有 2 例，陆续就医近 60 人次。

学校 2016 年 7 月招聘校医 1 人，远远不能满足西藏内高班学生常年住校需求，西藏内高班学生管理规定要求学校全天候必须有校医在岗值班，学校目前不能满足相关工作需求。

（3）学习生活场所密集，挑战日常管理。西藏学生全年封闭管理，北师大燕化附中校区面积并不宽阔，校舍相对简陋，图书馆、运动场等公共设施资源严重匮乏，专业教室、活动室非常有限。住宿密度增加，此前学校住宿标准为 3 人 / 间，2016 年秋季学期西藏学生扩招，住宿开始增加至 4—6 人 /间。西藏学生在青藏高原生活空间辽阔，气候干燥，阳光充足，西藏人民喜欢歌舞，过密、过小的空间直接影响西藏学生的身心健康。西藏学生气胸、肺炎等心肺发病开始增多，心理健康问题也逐渐凸显。

（4）维稳任务频繁，国内外形势复杂。达赖与"东突"海外分裂组织在境外反华势力的支持下仍然十分猖獗，并且跟"港独""台独"势力相互勾结。首都北京的西藏内高班学生是重要的袭击和策反目标，日常管理需要全时段做好安全维稳工作。凡遇到重大活动和节日，西藏内高班的安全维稳工作更是成为焦点。学校管理干部及直接负责西藏班教育管理的教职员工常年承受着巨大的工作压力。

2. 持续推进遇到瓶颈

燕山地区西藏班办学在地方政府多方努力下，在燕山人民的大力支持下，尤其是在北师大燕化附中全体教职员工全年无休奋斗下，取得了卓有成效的教育管理业绩，受到北京市教委、西藏教育厅、教育部民族教育司相关领导的充分认可，受到西藏学生家长的广泛赞赏。2016 年秋季学期开始大规模扩招至 135 人 / 年，北师大燕化附中已经成为西藏内高班全散插办学规模最大的学校之一，燕山地区西藏内高班办学发展到了新的阶段。2013 年 7 月，学校制定学校西藏内高班教育管理的"六个一"目标，其中"致力于培养一批民族教育的专家"和"创建出一个面向全国的民族教育科研实践基地"这两项目标的达成遇到困难，学校成长为全国民族教育特色办学的名校的过程中，遇到持续推进的发展瓶颈。

3. 国家政策有待落实

教育部《内地西藏班、内地新疆班高中管理办法》〔2010〕10 号文要求提高西藏班教职工待遇，明确提出在"职称评定、选拔任用上优先安排"，"承担办学任务的省（市）设立西藏班、新疆班教职工特殊岗位津贴，每人每月补助标准为基本工资与绩效工资之和的 25%"。自文件出台以来，燕山地区"职称""选拔"优先并不明确，绩效并未落实，不利于地区西藏学生教育管理工作的长期发展。

2013 年，北京市财政局和北京市教育委员会联合下发《北京市财政局 北京市教育委员会关于调整内地民族班生均综合定额补助标准的通知》，这份京财教育〔2013〕2357 号文件，为办班学校提供了基本保障，对如何使用生均经费做了原则性地指导，要求"按照属地化原则，参照各区县人员经费标准执行"。而燕山地方财政和教委均没有明确标准来指导北师大燕化附中来合理、规范地使用经费。

三、问题存在的原因

1. 西藏班办学是一项高度敏感的政治任务

当前，国际、国内形势复杂多变，内地西藏班工作尤其是德育工作面临着诸多风险和挑战。境内外分裂势力蓄意破坏我民族团结、煽动民族仇恨、企图制造民族分裂的险恶用心始终没有改变。从国内看，我国处于深化改革开放、加快转变经济发展方式的攻坚时期，经济转型不断加快、利益调整难度加大、社会矛盾多发频发，改革发展稳定的任务更加繁重。内地西藏班学生普遍关注饮食、资助、升学、就业等切身问题，社会对教育方面的关注度也与日俱增，内地班德育工作面临着错综复杂的形势和挑战。内地西藏班办学规模逐步扩大，西藏班学生思想日趋活跃，社会、家庭影响的因素日趋增多，现代信息技术的发达使学生受到蛊惑、渗透的可能性越来越大，学生们对待常规德育和思想政治教育的态度在发生变化。西藏学生教育管理的环境越来越复杂，挑战越来越多，任务也越来越重。

2. 学校基础设施建设进展缓慢

北师大燕化附中 2010 年由一校两址并为一校一址，办学发展空间狭小。校园综合楼改造工程历经多年努力仍未动工建设，向阳中学旧址并入北师大燕化附中办学还需规划改造，而学校西藏内高班办学规模却在极速扩大，直接导致西藏学生学习、生活场所密集，专业教室、心理辅导室也很匮乏。

3. 西藏班教学管理绩效待遇有待落实

从事西藏班教育教学和管理工作的教职员工，长期从事着繁重的业务工作，承受着巨大的工作压力。西藏班工作不具备广泛的普遍性，很多部门和同志缺乏相关了解。国家有关部委虽然有提高西藏班教职工待遇的文件，却没有财政专项资金的支持。相关职称评定、推优在具体的操作过程中也缺乏工作的细则。因此很多教职员工不愿意从事西藏班的教育教学管理工作，校医聘任长期找不到合适的人选，西藏班生活管理教师也没有充分配备。

4. 高端引领专业培训没有跟上

培养、造就一大批坚决维护祖国统一、民族团结，旗帜鲜明反对分裂，政治可靠、思想过硬，立志报效祖国、服务于人民的可靠接班人和合格建设者，是内地西藏班办学的艰巨任务。西藏内高班学生的培养目标有鲜明的政治性。在多年的艰苦卓绝的努力下，燕山地区的西藏班办学水平达到了比较高的层次。西藏学生教育管理的干部队伍建设、师资培训、学生培养均缺乏高水平专家以及机构的系统规划。

四、对策和建议

1. 加快综合楼建设和校区改造项目

协调有关部门，加快推进北师大燕化附中综合楼改造项目。向阳中学旧址改造项目尽快上报北京市教委，尽早改善西藏学生学习生活条件。

2. 联合制定西藏班教育管理的长效机制

燕山地区的西藏学生的培养是个系统工程，在西藏内高班大规模扩招背景下，需要燕山地区形成促进西藏班教育管理的长效机制。

（1）建立西藏班安全维稳制度。首先尽快协调清理校园周边安全隐患，上报房山区协调有关部门妥善处理校园周边两处加油站的问题；协调城管工商部门，加强对周边酒店、餐饮的管理力度，消除安全隐患；然后联合公安内保、医院、城管等部门建立西藏班安全维稳的制度。

（2）形成西藏班教育管理的高端培养制度。燕山地方政府可以出面与中央民族大学、北京师范大学、北京市教科院等大学科研院所建立长期合作关系，申请西藏学生教育管理的干部队伍建设、师资培训、学生培养的专项资金，聘请这一领域的高水平专家持续推进燕山地区西藏班办学水平，逐步把北师大燕化附中办成全国一流的民族教育实践和科研基地。

（3）落实国家政策。按照教育部《内地西藏班、内地新疆班高中管理办法》〔2010〕10号文要求，着力提高西藏班教职工待遇，呼吁北京市落实"西藏班教职工特殊岗位津贴"，地方政府在财政允许的情况下要逐步落实，在"职称评定、选拔任用上优先安排"要有明确工作指导细则。

针对京财教育〔2013〕2357号文件，要尽快制定"人员经费标准"，指导北师大燕化附中来合理、规范地使用经费。

第二节　脚踏实地育英才

落实民族政策　培养西藏新人

刘燕飞

　　我国是由各族人民共同缔造的多民族国家。党和国家历来高度重视保护少数民族合法权益，保障各民族一律平等。为了加快少数民族和民族地区经济社会发展，党和政府制定了一系列优惠政策，采取许多特殊的扶持措施，使广大少数民族群众共享改革发展成果，形成各民族共同团结奋斗、共同繁荣发展的局面，各族人民正在同心同德地为全面建设小康社会而努力奋斗。

　　根据北京市教委基教处的部署安排，为落实援疆、援藏战略，利用首都教育优势，加快少数民族人才的培养，发挥我校作为北京市示范高中的辐射作用，北师大燕化附中从 2011 年 9 月开始开办西藏内高班，承担了北京市西藏内高班建设任务，每年招生 45 名藏族学生，三年达到 135 名藏族学生，为此，地方领导和教委领导多次走进附中推进工作的开展，检查工作的落实，马熙玲校长多次召开专门（题）会议，布置工作，制定了《内高班工作进度表》，加快内高班建设进度，做了大量的前期调研和准备工作，亲赴北京西藏中学、北工大附中等学校考察调研，选派有民族地区生活、管理经验的干部管理内高班，并迅速建立了燕山办事处各部门—燕山教委—燕化附中三级藏生领导小组，领导小组选派部分干部赴西藏拉萨地区宣传、介绍学校的办学历史和现状，介绍学校的办学思想，与藏生家长沟通交流，介绍学校为迎接第一批藏生已经做的、现在做的和将来为他们能够做什么，解除了家长的后顾之忧，扩大了学校的影响力和知名度。

　　学校在现有基础上，在软硬件建设上，优先考虑西藏学生，对全体教师和学生家长进行了若干场民族政策宣讲及民族团结培训。学校改造了男生、女生宿舍楼的一层，为藏生配了新的木床、床垫、被子、柜子、脸盆架、台灯，每屋三人，将水房改造为独立浴室；食堂的师傅们也学做了藏生喜欢的饭菜……学校为藏生单独购买了图书，电子阅览室、电子录课室为他们开放，学校根据调研和前期学习成绩，针对他们的学习现状和程度，利用周末、节假日安排教师单独辅导外语等文化课，同时还聘请专家进行心理辅导和青春期教育，祖国优秀传统文化教育，除此之外，安排了燕山石化展厅、牛口峪水处理基地、周口店猿人遗址等周边地区参观和社会实践，感受、熟悉生活和学习地区的周边环境，也带领孩子们感受国家大剧院的恢宏，国家博物馆的厚重，奥运场馆的现代，北京电视台的先进……

每逢节假日，学校安排领导和孩子们在一起团聚，中秋节、元旦、中国春节、藏历新年，学校领导都和藏族孩子们在一起共同欢度节日，燕山石化公司、燕山文卫分局、文化活动中心、燕山教委等单位为藏族孩子们送电影票，值班老师陪着孩子们一起过节、度周末……

不到一年的时间，藏族孩子们也用他们特有的爱来回报大家，中秋节的晚上，学校领导与孩子们吃团圆饭，给孩子们准备了团团圆圆的大苹果，孩子们却把苹果双手捧给了食堂的工作人员。运动会上，藏族孩子们的欢快的舞蹈带动了学校操场的激情，入场时，8班的藏族学生在通过主席台时，藏族学生领舞，欢快、和谐的一句"扎西德勒"，让全场感觉到了同学们的团结融洽。校园里星星落落的晨读声，食堂排队打饭时捧着书，阳光体育起跑前的背诵……他们努力向上的精神感动着附中的老师和同学。

总之，为西藏培养热爱祖国、促进民族团结、具备终身发展素质的优秀毕业生，培养促进民族团结、维护祖国统一的藏族新人，是我校开办西藏班的宗旨。

我们将会一直努力，并坚持下去。

疾病、困苦是教育的契机

李建波

北师大燕化附中从 2011 年开始承办西藏内高班，本人自 2013 年 7 月接手学校西藏部工作，正式成为西藏班"36524"部队一员，工作处于 365 天 24

小时随时待命、事事操心的状态，工作日小忙，节假日大忙，放假越长越忙碌，节日越大责任越大。一开始经常感觉焦头烂额，忧心忡忡。

1. 疾病困扰最忧心

西藏班最棘手的常规工作是看病。西藏内高班学生因高原和平原的气候差异等原因，来到学校后疾病多发。学校140多名西藏学生仅2014年一年因气胸、膝盖积液、结石、癫痫等疾病住院手术病例就有8例，其他如牙病、贫血、甲沟炎、肠胃病、感冒及肺炎等疾病数百起。发病不分白天黑夜，疾病牵动关注焦点。

2. 倾心关爱解困苦

一如很多家长一样，我们对自己内高班孩子的身体状况了然于心，一有病症马上送到医院妥善治疗。一般疾病，学校老师加以处理，尊重孩子的意见并不通知家长；遇到疑难重症，学校老师先送医院了解病情，然后联系家长，接到学校共同协商治疗。即便学生患有重大疾病，学校也多方设法处理病情。2015年初，有学生突发脑部前额叶疾病，我们把家长接来学校，安排食宿。马熙玲校长出面聘请天坛医院脑科专家进行会诊治疗，最终治愈，家长和学生多次感动落泪。

学生生病时，及时给予真诚的关爱和响应，是至关重要的。一个学生在毕业时，回忆起自己一次晚上十一点突发疾病的经历：

> 在没有任何征兆的情况下，病魔再一次侵入我的体内，随意地吞噬我的血肉。我已经疲倦了，无法再和它争斗，只能任它宰割。

这个时候，西藏班姜薇老师立即把学生送到医院急诊，并倾心陪护。此举给了学生极大的精神鼓舞，留下温暖的记忆：

> 姜妈紧紧抓着我的手，将一股温暖传到我的体内，让我有了再一次和它争斗的勇气。姜妈对于我来说就像一把剑，让我有勇气和病魔战斗。在医院打完止疼针后，疼痛才有些缓解，我全身无力地躺在床上输液。姜妈轻轻对我说："孩子你肯定累了，睡吧，老师守着你。"我轻轻眨眼示意道好。无数次睁开双眼，都看到姜妈在守护着我，那股温暖让我安心地进入梦乡，心底对姜妈无比地感激。谢谢整夜守护我的她。

学校师生竭尽全力地让西藏内高班患病学生得到及时、有效地治疗。

3. 推行有力量的教育

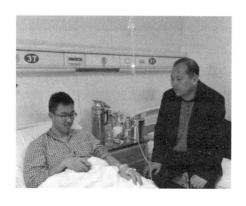

久而久之，我们发现大凡生过病的孩子，跟老师特亲密。在内高班管理中，他们积极主动地承担任务，会私下开会解决学习、生活中存在的问题。有一年除夕，学生们带着卫生工具，帮助老师打扫、布置教室。这些令人感动的细节不断涌现。

我们顿时明白一个失落已久的教育秘诀：今天我们怎么对待一个在疾病困苦中的孩子，明天孩子就会怎么对待这个世界。疾病困苦是教育的绝佳契机。

11岁就离开家乡的央金同学（化名），学习优秀，性格孤傲，让人难以亲近，"内心一直被一层薄冰包裹着"。一天凌晨，她突然发病：

> 室友和姜妈将我送到医院，估计早上5点多时，我迷迷糊糊地醒来了，迷乱中听到姜妈在找轮椅，好像要带我去做检查。我慢慢地睁眼，空气中弥漫着药水的味道，旁边都是些老人。刹那间，我意识到自己肯定犯了小时候的病。姜妈看到我醒了，很开心地说："宝贝，你终于醒了。"听到"宝贝"二字，我的眼泪不争气地流了下来。此时此刻，我再也抑制不住地对她说："对不起，姜妈，我生病苦着你了，对不起，真对不起。"她摸着我的头说："没事，宝贝，你的健康才是最重要的。"

关爱、守护患病学生，让学生的生命体验更加丰厚。有的学生觉得"生病是一次重生"：

> 曾帮助过我的人，我虽没有当面感谢过他们，但他们的名字早已在我心上留下深深的烙印，在此，我只想对他们说一句话："就让

时间见证我对你们的感谢。"等我长大后，要攒钱捐助给那些孤儿与老人，用心去关注与爱护他们。

因为学生的心曾被一群可爱的人彻底地温暖过，所以他们会铭记一生，也想用自己毕生时间将这份温暖传递下去，让更多的人感受到这个世界的美好。

4. 铸造"家国文化"精神

我们倾心为内高班学生营造家的温暖，以一颗"父母"的心对待每一个身处困苦的学生。我们将学生当作自己的孩子，学生也将我们当作"爸妈"。就这样，北师大燕化附中西藏内高班"我们都是一家人"的精神追求便形成了。学校没有简单地停留在内高班师生小家的范围，而是立足于学校，将"我们都是一家人"的精神传递到兄弟学校，传递到西藏，传递到我们所到的每一个地方。"西藏的发展靠我们推动，国家的未来靠我们创造！"家国一体，心怀天下。学校内高班形成了独具特色、深入人心的"家国文化"。

"家国文化"得到我校西藏生的充分认同，并且自觉按照"互帮互助、互敬互爱、乐于奉献、团结一心、追求卓越、荣誉至上"的"家国文化"标准来要求自己，作为自己学习生活、为人处事的基本准则。

5. 立德树人育栋梁

在爱的洗礼中，年轻的生命愈加成熟。内高班在"家国文化"精神影响下，变得愈加蓬勃向上。

成人成才是我校民族教育的内容，爱党爱国是我们内高班教育的核心。2014年，我校内高班学生两次参加中央电视台活动。学生在接受记者采访时均表示，学成后要建设美丽家乡，立志报效党和国家的培养。2014年7月15日，学校6名藏生参加教育部"圆梦蒲公英走进全国人大"活动，学生会主席扎西平措接受CCTV-1《朝闻天下》记者采访时说："我心里满是激动和欣喜，充满了对党和国家的感激，还有对未来的无限憧憬。现在我要珍惜在学校的学习机会，长大后要建设家乡、服务人民、回报祖国。"

肯·威尔伯在《超越死亡——恩宠与勇气》中说："有疾病的地方也有教育。"华东师范大学李政涛教授在《疾病中的教育》一文中也说："疾病同时也是一种教育媒介"，"自我教育和彼此教育对方的媒介"。假如教育是一种影响生命成长的力量，疾病就是生命成长中的阶梯，我们要用爱的力量鼓励孩子迈出成长的脚步，让青春的孩子走出自我，走出成败得失的功利计较，走向关爱奉献的温暖世界。

（2015 年 7 月发表于《中国民族教育》）

"心存感恩·放飞希望"大型励志活动案例

李建波

活动名称："心存感恩·放飞希望——十六岁来附中"

活动目的：新高一学生入学，需要充分感受燕化附中希望与生命教育理念的文化氛围。

新高一学生来到新的学习环境，组建新的班级。学校需要为新生提供一个能够充分展示自己的舞台，以促进学生相互了解，促进班级文化的形成。

活动地点：燕山影剧院

参加人数：北师大燕化附中高一年级全体学生和家长共 670 人。

一、活动前期准备

1. 海报招募学生"成长日记"

海报文字：十六年的成长，一路走来，哭过、痛过、疑惑过、彷徨过、叛逆过、狂欢过……这都是成长故事，每一粒种子都曾经历黑暗，每一只蝴蝶都曾体态丑陋。每一次的成长都伴随感人的故事，每一次蜕变都有值得你感激的人。假如你愿意把这些成长的故事与人分享，假如你想找一个机会感恩成长，机会来了！高一年级即将倾情为你打造"成长日记"舞台，还等什么，赶紧来高一年级部报名吧！

2. 号召高一学生为自己的初中老师写一封信

海报文字：离开初中，回想往事，你一定有许多话要对你的初中老师说，写一封给初中老师的信吧！在不久的将来，我们会邀请初中老师和高一学生面对面，到时候你一定要把最想说的话送到老师手中。

3. 招募活动主持人、小合唱歌手等系列节目参与人员

海报文字：高一同时招募感恩师友小合唱歌手，有音乐天赋的你想一展歌喉就来高一年级部报名吧！

4. 高一学生入学以来活动"精彩活动"视频剪辑
制作高一学生入学后参加的系列讲座，及军训、班歌大赛、社会实践等活动的视频、照片集锦，并配音展示。

5. 邀请初中任课教师、新生家长以及附中领导

二、活动流程及内容

第一篇章：感恩成长
1. 携手走红毯
家长与学生手拉手进入会场，观看学生入学视频、照片集锦。
2. 介绍领导及来宾

主持人："心存感恩·放飞希望——十六岁来附中"高一年级励志活动现在开始！请允许我介绍本次活动到场的嘉宾。他们是……

莅临本次活动的嘉宾还有北师大燕化附中高一年级的班主任和我们初中母校的老师们。

3. 情景剧表演

卓嘎表演情景音乐剧《生日聚会》。

梅朵等 4 名同学表演话剧《成长故事》。

4. 感恩初中老师

从全体高一学生《给初中老师的一封信》中精选出四封，分别代表燕山三所初中校和西藏生初中校，配乐朗读。

"饮其流者怀其源，学其成时念吾师。"初中老师上台接受学生的亲笔信、鲜花和祝福。

生1：如果时光能倒流，亲爱的老师，多么想再聆听您那语重心长的教诲……

生2：毕业之后，您的声音，常在我耳畔响起；您的身影，常在我眼前浮现；您的教诲，常驻在我的心田……

生3：老师，离别虽然久长，而您那形象仿佛是一个灿烂发亮的光点，一直在我的心中闪烁。

生4：怀念您，亲爱的老师！在我心中珍藏着您明眸的凝视，它们像两眼清泉，永远奔流在我的心谷……

5. 小合唱：《感恩的心》

初中教师伴着歌声，见证着自己培养的学生的成长，感受职业的满足与幸福。

第二篇章：憧憬未来

1. 学校领导致辞

主持人：燕化附中是一片蓝色的天空，给了我们腾飞的翅膀；燕化附中是一片浩瀚的海洋，扬起了我们远航的风帆。这里是放飞希望的地方，这里是实现梦想的地方。有请赵京华副校长为我们送上祝福。

2. 短片《十六岁来附中》精彩片段

主持人：在这短暂的两个月中，新生们经历了为期两天的入学教育，艰难地完成了军训，高中的生活是多彩的、充实的，这里有我们展现出的飒爽英姿。在这美好的两个月中，我们参加了丰富多彩的活动。

3. 师生对话

措姆与班主任肖红老师进行心灵对白。

生：我上高中了，16 岁的我们来到燕化附中。这里的一切是那么新鲜，跨进高中的大门，我有一些紧张，同学都是新面孔，老师都是新面貌。第一次见面，他们都亲切、友好，可是我心里在想，我有什么悄悄话能跟他们说吗？我遇到什么挫折烦恼能和他们倾诉吗？同学们的学习成绩会不会比我更好？我还能像以前一样优秀吗？这里的老师还会喜欢我吗？

师：孩子，这里的老师和同学都将是你最美的青春记忆的一部分。来吧，不要停下你的脚步。

……

师：孩子，我是你坚强的后盾啊！

生：你是谁，你在哪里，我怎么找到你！

师：孩子，我在这里，我时刻在你的身边，我就是你的老师啊。

4. 梦想导航

旁白：梦想是一条弯弯曲曲的小溪，流淌千里，只为奔腾着汇入大海……

学生扮演"天使"跳舞，洒下梦想的种子。各班班主任和学生代表把每个同学的梦想铃铛挂在天使的翅膀上。主持人从旁适当地加以引导。

5. 活动结束，合唱《梦想的翅膀》

合唱：春的花朵已然绽放，让我们扬起梦想的风帆，驶向远方……

"心存感恩，放飞希望——十六岁来附中"高一年级励志活动到此结束！

活动效果：

十六岁心存感恩，来附中放飞希望。

高一年级"心存感恩·放飞希望——十六岁来附中"大型励志活动在燕山影剧院隆重举行。高一年级全体学生和家长携手入场，亲子共同体验了一次心灵的成长旅程。赵京华副校长代表学校致辞，学校领导莅临活动现场，受邀参加活动还有燕山四所初中校的领导、班主任以及教师代表。

活动以情景剧《生日聚会》来展现十六年的成长历程，通过舞台表演再现孩子出生给父母带来的无尽欣喜，孩子学琴和父母争吵展现叛逆中的成长，最后一曲小提琴"序曲"感恩父母亲情。

"给初中老师的一封信"，让学生代表在舞台上深情朗读给自己老师的信，初中母校老师看着自己优秀的孩子感动不已，最后上台接受学生献花的时候，相拥落泪，师生情谊浓郁绵长。《感恩的心》合唱把对初中老师的感恩推向高潮。

学生制作的《十六岁来附中》视频，生动展现了学生来附中短短两个月的丰富多彩的学习生活。"心灵对白"表现了学生来附中之后的困惑纠结，以及附中教师对孩子学习生活的关注与对心灵呵护。《梦想的翅膀》合唱唱响了学生对高中生活的无尽期待。

整个活动灵动富于艺术气息，紧凑流畅而丰富多彩，激发亲情师生情而直达心灵，启迪智慧，激发潜能，感人至深，催人奋进。

追逐七彩的校园生活
——内高班西藏学生社团活动案例

钱月华

为加强青少年美育教育，培养学生良好的、对民族艺术的审美情趣和艺术素养。自 2007 年以来，北师大燕化附中多次组织民族艺术走进校园，使学生能近距离感受到中国传统民族艺术的博大精深。这个活动意提高学生审美修养，培养拥有民族艺术文化的情操；满足学生精神文化生活需求，建设"向真、向善、向美、向上"的校园文化，优化艺术教育环境；为弘扬民族文化、建设中华民族共有精神家园奠定了良好基础。

从 2011 年开始，燕化附中开始招收西藏内高班的学生。在迎接新生晚会上，藏族学生展示了他们的藏族舞蹈，用歌声唱出了他们对新学校、新生活的向往。这场晚会感染了在场的所有领导和老师。引起了校领导对藏生艺术培养的关注。校团委有责任为西藏学生继承和发扬民族传统文化创造机会。藏生远离家乡，在异地求学，组织他们参与自己民族文化艺术的活动，有利于他们加强对自己民族文化的热爱，有利于他们树立民族自尊心、自信心，并进而有助于他们产生学习的动力。最初学校有培养藏生的艺术素养的设想，但由于缺乏专业编舞指导教师，再加上高中学生课业负担重，西藏生艺术教育就一直搁置着。直到 2012 年底，民族艺术走进了北师大燕化附中，恰好这次整台节目中有西藏舞蹈。看到自己民族的舞蹈，孩子们眼中涌动着泪花，他们的掌声、喝彩声要比其他孩子更热烈，感觉歌声和舞蹈进入了孩子们内心深处。并且孩子们在观众席上就有想舞动的欲望。学校领导意识到，藏生迫切地需要情感的交流和精神的慰藉。因此，为藏生提供展示自我、表现自我，为藏生提供情感交流的平台提上了领导的意识日程。民族文化走进校园给予我们灵感，校团委主动与北京曲剧团进行沟通，希望能够聘请曲剧团的演员和老师能够为我们藏族孩子指导舞蹈。北京曲剧团领导非常支持我们的工作，非常痛快地答应了我们的请求。民族艺术走进校园活动促成了我校成立了第一个歌舞社社团——雪莲社的助推器。雪莲社的成立，不仅为藏族学生营造了丰富多彩的学习生活氛围，也有利于他们转移学习带来的压力，缓解远离亲人而感到的焦虑和痛苦。有了专业指导，藏生在专业表演上也有了很大提高，歌舞社原汁原味的藏族歌舞有助于附中学生提高艺术素养。燕化附中也将民族艺术的培养和对藏族学生的关爱巧妙地结合在一起，形成了具有附中特色的教育形式。

在社团初步构建时，藏族学生在歌舞社招新的海报中写道：

> 小小的我们来自神奇的雪域高原，我们曾在雅鲁藏布江畔嬉戏，曾在广袤的青藏高原放声歌唱，曾在雄壮的布达拉宫前翩翩起舞；我们的舞蹈是歌颂也是祈福，歌颂美好的生活，祈福国家强大富强；我们来了，带着燕化附中全体藏生的美好祝愿，愿格桑花在这里盛开、绽放，幸福漫山遍野……

真诚的文字，坦诚的情怀。歌舞社一直备受我校师生的喜爱。刚开始，藏生雪莲社团活动只是学生自己排练，并不专业。但是曲剧团的演员老师定期来到学校为孩子们编排节目，带领学生一起练，这让我们藏族孩子在舞蹈上更有动力，更有信心。有了专业指导，社团蓬勃发展。这不仅鼓励着藏族同学更加努力地练习藏族歌舞，也让内地学生对民族艺术的歌舞的兴趣愈加浓厚。有些内地学生也会跟着藏族同学一起练习藏族舞蹈，乐此不疲。

两年来，雪莲社不仅仅为校园增添了民族风情，清新的快乐；我们的社团也走出校园来到了社区，参加学校周边社区组织的新年团拜会，艺术节区域展示，庆祝教师节晚会等活动，浓郁的藏族特色歌舞带来了别样的风味，深受观众好评。

一、社团活动案例

1. 社团活动目标

（1）丰富学生的业余生活，进一步推动校园文化建设，营造良好的艺术氛围。

（2）陶冶情操，培养良好性格，在活泼轻松的氛围中，在音乐舞蹈中，感受美，表现美。

（3）启迪智慧，发展学生的想象力、创造力、记忆力，增强学生自信心。

（4）促进藏汉学生的融合度，以舞蹈的形式拉近藏汉学生间的关系。

（5）完全由学生亲自策划、组织、运作的社团活动，提高了藏族学生的综合素质及实践能力。

（6）在一定程度上缓解了藏族学生的学业压力，使藏族学生能够以轻松的心态高效完成学业。

（7）在异地用藏族歌舞的形式使藏族同学的心灵感受温暖。

2. 过程与方法

（1）歌舞社招新时，很多同学想参加又缺乏自信。我们鼓励学生大胆报名加入社团，学生慢慢越来越有信心了。

（2）由于藏民族能歌善舞，孩子们很有天赋，这个社团主要由学生自己安排，主要包括背景音乐的选择、舞蹈的编排等，校外专业老师的定期指导让社团的发展更快，更专业。

（3）学校安排艺体中心的老师对藏族同学舞蹈、演唱等方面遇到的简单问题给予及时的解答和帮助。

3. 情感态度价值观

藏族同学运作的雪莲歌舞社团影响着附中学子对民族艺术的理解，潜移默化地培养着内地学生对于民族艺术的兴趣。不仅陶冶了学生的情操，还培养了学生的性格。在活泼轻松的氛围中，在音乐舞蹈中，感受美，更使得附中通过民族艺术进校园的活动所要达到的"向真、向善、向美、向上"校园文化有了显著成效，且丰富了教育援藏的内容和形式，传承了民族文化，浸润了学生的心魂。

通过社团活动，让藏族同学感受到附中老师的关爱、同学之间的友爱，从而更好地融入附中的生活学习中来。并且在歌舞的艺术熏陶下，可以提升藏族同学的道德素质，懂得爱与被爱是社团活动必不可少的中心环节，懂得团结和理解是社团运作的重中之重。藏族同学之间的关系更加融洽，与附中全体同学的关系在社团活动这个媒介的推动下变得越来越像一家人。在歌舞表演时，本地学生热烈的掌声让藏族同学在这里有了亲切的感觉。不论演出的效果是否完美，藏族同学都用自己的努力换来了赞许和尊重。这使得藏族同学在表演方面的自信心愈加充沛，同时也在潜移默化中推动着他们在学业上奋勇争先。

二、活动过程

1. 活动方式

雪莲社由藏族学生策划、组织。在校内，年级或学校各方有大型活动时，都由活动负责人亲自邀请雪莲社成员出演。在校外，由学校接收邀请函并鼓励雪莲社团出演。

2. 日常活动

雪莲社的日常活动是为即将应邀出演的歌舞做细致的准备工作。刚开始，没有老师的指导，藏族学生经常是看着家乡歌舞的视频进行练习，因此一个动作要练很多遍才能初见效果。慢慢地，民族艺术走进校园，来到我们身边，学生们练得更加专注，更加有激情。每一次雪莲社的歌舞表演都是完美谢幕，赢得的掌声与喝彩是他们用辛勤的汗水换来的。

3. 社团交流

雪莲社作为藏族同学组织的歌舞社团，是学校的品牌社团，时常与其他社团，比如语言类、运动类社团进行交流。这不仅促进了附中藏汉学生间的交流，也使学生之间的关系更加紧密。不同领域的交流潜移默化地锻炼着雪莲社成员各方面的才能，更培养了成员新的兴趣爱好。学生的业余生活更加丰富多彩。

三、活动效果分析

雪莲社社团的成立以及之后的发展对于附中或是藏族同学来说都是宝贵的财富。不仅使附中的藏汉文化交流更加成熟，也让藏族学生在附中的生活自然亲切。雪莲社的歌舞演出总是极为出色，虽然歌词或者舞蹈的某些元素是内地观众所不完全理解的，但是通过浑厚天然的嗓音，优美动人的肢体动作，这一切都不影响情感的交流。有几次演出，藏族同学通过歌声飞回了自己的家乡。对家乡的爱及对亲人的思念，使他们潸然泪下。现场的内地观众也有不少为此落下了泪水。可见雪莲社成员对于社团活动的真情投入和演出效果之动人。

组织藏族同学运作雪莲歌舞社团，使民族艺术"进"校园活动发展成了具有附中特色的民族艺术"驻"校园活动。内地学生随时随地都可以感受到民族艺术的魅力。这种在日常学习生活中提高学生审美修养、提升学生精神境界、培养学生民族艺术文化情操的活动形式，明显优于其他活动形式。附中的艺术文化建设正在这样的特色形势下快速发展，让每一位附中的学子在学业有所成就的同时，修炼出一颗真善美的内心。

学生感想：

拉姆曲珍：人们都说我们藏族人能歌善舞，藏民族的文化中也充满着艺术的色彩。因此，我们想用自己最美丽的舞姿，最热情的歌声，来感染每一位老师。感谢学校给我们这么多机会来展示藏民族的文化。

丹珍：怀着快乐与享受的心情，我们终于登上了燕山影剧院那个大大的舞台。作为一名舞者，看到满堂观众，心情好到了极点。长期利用课余时间在社团挥汗如雨地训练带来的疲惫，顿时烟消云散了。

张秋雁：作为第一届西藏生，我们自己组建了很多社团。俗话说："万事开头难。"个中艰辛只有我们自己知道。当然，我们也收获了很多。比如：雪莲社，它不仅丰富了我们的课余生活，更锻炼了我们的舞蹈技能。我不会忘记我们穿着美丽的服装自信而又骄傲地站上了大舞台，不会忘记在演出时我们享受到身临仙境般的快乐与幸福！这是我青春路上最宝贵的财富！

我们燕化附中的第一届西藏生就要毕业了，每当看到他们脸上洋溢着的幸福笑容时，我的心中就充满了莫大欣慰，因为"随风潜入夜，润物细无声"的工作终于有了成效。作为老师，我们还要更加努力做好周到细致的服务工作，以正确的教育方式像父母一样去呵护他们的生活和学习，让学生感受到学校比家更严谨，比家更温馨，愿我们的学生在新家健康、快乐地成长！让格桑花在燕化盛开！

给西藏学生写封信

李建波

北师大燕化附中承担着国家教育援藏任务，自 2011 年起承办西藏内高班。目前有西藏学生 143 人，全年住宿学习。

今天，西藏管理教师央吉卓嘎老师过来交 10 月份月报表，说有一件事比较为难，高三扎西卓玛同学周日晚上不上交手机，说要用来当闹钟，好起床学习。

按照学校管理规定，西藏内高班学生学习期间必须上交手机。

央吉卓嘎老师周日晚上在收手机的时候，发现扎西卓玛的手机没有上交，就去催她赶紧上交手机。扎西卓玛同学说她自己回头跟主任说明原因，因为用手机定闹钟便于学习，所以不上交手机。央吉卓嘎老师生气地说要是主任说可以，我就不说什么了。

央吉卓嘎老师气愤地复述了她们之间的对话。我很干脆地说："这肯定不行！"央吉卓嘎老师告诉我："她说会来找您的。"

我心里在想，扎西卓玛同学肯定不会主动来找我，她只不过在拖延时间，为自己不交手机找借口。之前很长一段时间，学校对学生使用手机的情况管理较为松散。尽管最近几次召开大会，从情理上说服，从纪律上约束，从管理上规范，仍有一部分同学不定时上交手机。

怎么才能把这件事处理好？

可以很直接地处理。把扎西卓玛叫过来，直接质问她，怎么不遵守学校制度？然后严厉批评，让她马上上交手机。但是藏生长期不在父母身边，受到学校老师批评后，内心压力无处宣泄。何况扎西卓玛同学前一段时间鼻窦炎犯了，情况比较严重，当时医院给出两个解决方案：一是全身麻醉治疗手术，住院康复期为两周以上；二是保守治疗，一直输液服药控制。扎西卓玛和父母协商后，选择保守治疗。学生病了，直接批评不可取，一方面不利于学生成长，另一方面不利于将来学校管理。

可以听之任之。在管理藏生时可以适当照顾，让她拿着手机，不用上交。

但是如此一来，所有藏生都不好管理了。若全校 143 名藏生都要求特殊照顾，学校的管理规定便形同虚设。

仔细斟酌后，我想到：扎西卓玛同学不是说将手机当闹钟用吗，何不干脆送她一个闹钟！她不来找我，我可以写张字条，加以规劝。

正好央吉卓嘎老师要外出购物，我让她顺便买个闹钟回来。我索性写了一封信，对扎西卓玛的学习态度大加赞赏，同时希望她能自觉能把手机交上来。

卓玛你好：

　　了解到你因为学习的缘故，不愿意按照学校规定上交手机。老师们知道你是个爱学习的孩子，为自己的梦想，担负家庭的重托，默默努力学习。你是优秀的，无愧于自己的学习部长的身份。我们都相信你明年六月高考定将金榜题名。

　　送你一个小闹钟，礼物虽小，却传达了老师们对你的鼓励与期望，在你默默奋斗的高三路上，为你呐喊助威。

　　还有，高三了，一定要保重身体。很多时候，我们因为忙碌而对大家照顾不周，但我们的心里时刻都牵挂着你们。

　　有你，有我，有大家，高三路上不寂寞，不孤单，不害怕。

　　加油！宝贝。

晚自习前，我把装有闹钟和信件的纸袋送到扎西卓玛的班级。她没在，我委托她们班同学转交给她。

第二天间操，我下到操场，遇见在检查间操的扎西卓玛。

"信收到了吗？"

"嗯，收到了，谢谢您。手机我交了。"卓玛腼腆地笑了。

"不要给央吉老师的管理添麻烦，宝贝，你真棒。"我轻轻地拥抱了一下卓玛。

我打电话给央吉卓嘎老师。央吉老师表示，扎西卓玛在晚自习后主动把手机交了上来，并且说："老师，我想好了，就把手机交了。"

简评：规定必须一视同仁，管理尽量关注个体。教育的目的是促进学生成长，成长的过程一定伴随着情感与力量，就像阳光的温暖催生万物的生机一样。

用母亲的情怀关爱藏族学生

赵建新

今年，我接任高三（3）班班主任工作，第一次与藏族学生接触，虽然时间不长，却理解了关心藏族学生的重要性。下面，我就把自己的体会简单地说一下。

我认为，把学生教育好、培养好，不让任何一人掉队，是对教师的基本要求。我们教育培养的是少数民族学生，关系到边疆民族地区的兴盛和祖国民族团结的伟业，所以，我倍感责任重大，倍感无上光荣。既然当了他们的老师，就得把他们培养成才。学生基础差，我就认真讲解，耐心辅导，寓教于乐，循序渐进。为了激发他们学习语文的兴趣，我不仅"面对面"站上讲台授课，而且用心感受学生的一言一行，努力和他们"心贴心"。学生达娃自认为是"差生"，上课打瞌睡，下课玩得欢。我告诉他："我的学生里没有'差生'。只要努力，都会很棒！如果你学不好语文，我会失望的。"我给他讲勤能补拙的故事，利用业余时间给他"开小灶"，终于帮助他赶上了队。学生昂旺丁增文化基础差，对学习缺乏信心。我抓住他是副班长的特点，肯定他对班级工作的贡献，同时注意在课堂上提一些他能回答的问题。他有了成就感，自信心增强，学习积极了，成绩提高不少。在实践中，我总结摸索了多种适合藏族学生的语文教学法。学生们反映，这些方法提高了他们学语文的兴趣，让他们找到了学习的快乐。以"作业当面批改"为例，我常常选择在课间或自习时批改作业，并将学生逐个叫到面前，批改一题讲解一题，既分析错误又指导改正，直到全对为止。

我从实践中深深感到，作为一名老师，不仅要善于传授知识、教给本领，而且要像家长一样关心爱护学生。特别是面对远离父母亲人的藏族学生，更应该在日常生活中付出爱心，让他们感受到祖国大家庭的温暖，为增进民族团结奠定感情基础。这些年来，我一直这样想，也坚持这样做。学生央宗身体不舒服，我就让她在宿舍休息，不要强忍着到教室上课。见到谁穿的少了，我就提醒他们多穿些衣服，不要感冒了……说起来，这些事情都不起眼，也没有惊天动地，但因为倾注了老师对学生的一片爱心、点滴真情，所以往往能在学生的心灵上打下深刻的烙印。这些小事让我明白了一个道理：老师就应该是感召学生的一面旗、温暖学生的一盆火，只要付出真情，足以融化坚冰；注重潜移默化，必能造就人才。每次看到学生们微笑着向我问好，我就感到自己的责任沉甸甸的；每次看到学生摆脱伤病、没了烦恼，我就觉得自己的心里喜洋洋的。

我还切身体会到，要无愧于"人类灵魂工程师"的美誉，就得用高尚的师德去塑造纯洁的灵魂。对我们老师来说，不仅要传授知识给学生，更重要的是教会他们立身做人的道理。这样才能培养出更多爱党报国、素质全面的少数民族人才。现在流行一句话，叫作"细节决定成败"。我们教育引导学生，也应该从细节抓起，从小事做起，点滴养成。只有这样，培育民族人才、无悔三尺讲台的信念才会更加坚定。

让我们用母亲的情怀关爱藏族学生吧。

用爱浇灌格桑花开
——西藏学生的培养记录

朱栓平

带着浓浓的神秘感和好奇心，在 2011 年 8 月 30 日，我校迎来 45 名来自西藏的学生，全校师生欢欣鼓舞，从此我们学校又增添了一道亮丽的风景。为我们注入了新鲜的血液，也提出了更高的要求。为了使他们早日融入我们的集体，我和任课老师做了如下工作。

一、因材施教

分到高一（1）班的是三位女同学，她们是卓嘎群宗、单增卓嘎和赵佳丽，卓嘎群宗、单增卓嘎是藏族学生，赵佳丽是援藏干部的子女。三个孩子的学习水平差异较大，当我得知卓嘎群宗、单增卓嘎反应较慢，在数学课上有时会听不懂时，及时和数学老师沟通，利用课余时间为她们单独辅导。我也利用课余时间给她们讲解化学中的问题，慢慢地，她们已经能跟上班里的节奏了。

二、节假日陪伴藏生

王维云："独在异乡为异客，每逢佳节倍思亲。"这些学生远离家乡、远离父母，我们更应该多加关心，尤其是在节假日。每每遇到节日，在学校组织的活动之余，我都尽可能来校与她们一起过节。在中秋节的晚上，我带了月饼和水果，将她们三人领到办公室和她们聊天，询问她们的学习和生活情况，并与她们的家长通了电话，逐渐拉近师生间的距离。让人欣喜的是，这种付出不是单方面的。在我关心她们的同时，她们也在关心着我。前几天我生病在家休息，她们打电话给我，问候我的病情，一再告诉我要好好休息，她们的表现会更好。

三、多和家长沟通

俗话说："儿行千里母担忧。"孩子离家这么远，家长一定很惦记。为了使家长放心，我基本每周和他们通一次电话，将孩子们的表现告诉他们，并征求他们的意见和建议，以便更好地帮助学生在校生活。对此，家长们非常感激。现在家长也经常主动和我电话联系，了解孩子的近况。

四、关注藏生成长

转眼之间，西藏学生来我校学习、生活已近三年。回顾三年来的点点滴滴，我发现她们的成长非常明显，变化很大。

1. 性格逐渐开朗

初来燕化附中时，她们胆怯、内向，由于汉语不是很流利，不敢在同学面前发言。在燕化附中学习和生活了一段时间后，在老师和同学们的关心和鼓励下，她们的性格逐渐活泼、开朗起来。

2. 成绩不断提高

单增卓嘎和卓嘎群宗学习基础较差，成绩不太理想。在各科任课教师的大力帮助下，她们的成绩不断提高，自信心得以增强。现在，她们能够很好地回答教师提出的问题，并能质疑。

3. 勇于承担责任

卓嘎群宗在高一时担任女生体委，敢于管理同学，坚持真理，受到同学们的一致好评。她也因此更加成熟，有自信。单增卓嘎在高二时担任女生体委，同样敢于管理同学，备受好评；她还主动担任英语科代表，英语成绩稳步提高。

总之，你付出什么，就收获什么。让我们大家一起付出自己的真爱，以收获更多的爱，让爱在民族大家庭中结出丰硕的果实。

第二章　西藏学子成长的希望原野

第一节　党建联盟一家亲

希望党建　引领发展

北师大燕化附中党委

北京师范大学燕化附属中学位于北京西南的燕山地区，创建于1985年8月。学校党员教职（截至2019年3月）64人，约占全校教职工总人数的47%。近年来，学校党委从"希望"教育工作实际出发，依据当前学校教育教学中心工作，逐渐形成"围绕中心抓党建，抓好党建促发展"的工作思路，形成凝聚希望、点燃希望、传播希望的希望党建工作法，为"希望"教育的发展保驾护航。

一、基本界定

希望，是人们心中最真切的期望、愿望，是人生道路上激励人们不断前行的美好愿景。心怀希望，可以让人拥有健康阳光的心态，增强克服困难的勇气，创造幸福美好的未来。

"希望"党建，是指党组织通过达成共识，凝聚希望，打造学校发展共同愿景；锤炼团队，点燃希望，激发党员队伍战斗力；内引外联，传播希望，发挥党建辐射带动作用的一种工作方法。学校党委立足学校实际，创新党建方法、开发党建课程、搭建党建平台，努力为家庭、为民族、为国家肩负起播撒希望的重任，让每个人都有人生出彩的机会。

"希望"教育是源泉、是基础，"希望"党建是旗帜、是引领，在学校各项工作中起着凝心聚力、把舵领航的作用，与"希望"教育相辅相成，相得益彰，合力完成立德树人的根本任务。

二、依据和实施背景

1. 理论依据

恩斯特·布洛赫（德国哲学家，马克思主义者，20 世纪重要的哲学家）在《希望的原理》中讲道：希望是更美好生活的梦。只要历史是尚未实现的历史，希望就是人的本质。人类是不能没有希望的，没有希望，人类就没有未来、没有远景，就归于灭亡。

毛泽东对青年人说："世界是你们的，也是我们的，但是归根结底是你们的。你们青年人朝气蓬勃，正在兴旺时期，好像早晨八九点钟的太阳。希望寄托在你们身上。"

习近平总书记在纪念五四运动 100 周年大会上的重要讲话中指出："青年是整个社会力量中最积极、最有生气的力量，国家的希望在青年，民族的未来在青年。"

希望党建，就是要播种希望，点燃梦想，通过加强党建工作，充分发挥学校党组织政治核心作用，战斗堡垒作用，锤炼党员干部队伍，把党的思想政治组织优势转化为教育改革发展优势，促进依法办学、质量立校，为社会提供更优质的教育资源和服务，给个人、家庭、民族、国家的未来创造更美好的愿景。

2. 实践依据

2010 年，学校提出"希望"教育办学思想，至今将近 10 年。学校始终践行"给希望翅膀、力量、天空"的理念，引领生命不断成长，走向美好未来，在此过程中储备实现美好未来的智慧与信心。学校逐渐形成了"希望教学""希望课堂""希望德育""希望管理"等八大工程。通过实施"希望"教育，提升了社会对学校教育的认同感，增强了党委的政治引领作用，发挥了党员先锋模范作用，激发了教师发展的动力，促进了学生的全面成长。学校看到了"希望"教育的理论实践价值，感受到了"希望"教育在推动学校发展方面的重要意义，体验到了在"希望"教育办学实践中，校园关系的和谐融洽，校园风气的积极向上。正是看到了这些，学校党委才以打造党建品牌为契机，以"引领、融合、传承、创新"为主线，提出了"希望党建"的党建工作思路。

3. 实施背景

北师大燕化附中是燕山地区唯一的高中校。与其他区县高中校相比，学校生源的学业水平存在着跨度大、层次多的特点。这给学校的课堂教学、班级管理、思想工作带来了前所未有的挑战。基于现状，如何才能发挥党员教师作用，攻坚克难，低进高出，点燃希望？个别党员党性意识淡薄，组织观念弱化。有时会不自觉地把自己混同于一般群众，先锋模范作用不突出，如何才能坚定党员教师理想信念，筑牢学校党组织战斗堡垒？学校自 2011 年开始承担首都教育援藏的政治任务，先后两次扩招，目前已成为全国最大的西藏散插班高中校之一，常年在校西藏学生超过 400 人，随着藏生群体的壮大，在生活、学习、思想、管理各方面都不可避免会暴露一些问题，如何才能通过党建课程，做好民族团结教育，高质量完成教育援藏政治任务？

新时代，党的十九大报告和教育大会对学校党建工作提出了新要求和新任务，明确提出：要加强基层组织建设，要以提升组织力为重点，突出政治功能。

面对这些问题，学校党委贯彻落实十九大报告"坚持党对一切工作的领导"的精神，制定了希望党建的工作思路，将党建工作落实到教学改革、课程开发、教师培训、民族团结教育等教育教学全领域全过程，推进党建工作与"希望"教育深度融合，通过"凝聚希望、点燃希望、传播希望"发挥学校 60 多名党员教职工的先锋模范作用，带领全校教职工全面提升学校教育教学质量。

三、主要做法

近年来，学校党委加强对党建工作的研究，以改革创新精神推进党建工作，将学校党建工作与"希望"教育发展紧密结合，不断增强党组织的凝聚力和战斗力，凝聚学校教职工希望，促进学校发展。

1. "二强化"，凝聚希望

（1）强化学习，统一思想，明确使命。古人云："人学始知道，不学非自然。"学校党委非常重视党员和教职工的学习，并不断强化对教职工学习培训，不断创新学习方式，如建立网络支部和支部微信群，随时随地沟通、学习、交流；同时在学习过程中学校党委坚持学以致用，用以促学，开设了青年教师学习沙龙、班主任学习沙龙，在全校范围内开展了希望读书工程，分享、交流学科落实核心素养和落实立德树人的经验与智慧。近几年来，学校党委梳理相关内容，固化相关成果，逐渐形成了的党建课程。

通过坚持有效学习，全校上下进一步统一了思想，更加明确了"为谁培养人"的政治方向，坚定了党员教职工的理想信念，提升了教师职工的政治理论修养，增强了教职工的育人本领，凝聚了全校教职工办人民满意教育的希望。

（2）强化研讨，集众智，绘制共同愿景。学校教职工是学校党委工作的力量之源，工作之本。为了提升办学品质，解决"办什么样的学校，培养什么样的人"的难题，学校党政领导班子经过调查研究，提出了"希望"教育办学思想。为了将"希望"教育办学思想落实到各部门工作中，学校党委召开了中层领导干部研讨会；为了将"希望"教育办学思想落实在学科教学中，学校召开了教研组长会；为了凝聚学校教职工的希望和力量，学校党委召开了全校教职工研讨会，制定了学校发展规划。这一切无不彰显出学校党组织的战斗力和党员教职工的先锋模范作用，描绘出通过党建工作"将学校办成校园文化独特、课程特色鲜明、教师自豪、学生幸福、家长满意、社会认可的现代化名校"发展愿景。愿景聚焦了学校发展目标，体现了学校发展特色。

"心之所系，情之所归。"学校党组织带领全校教职工通过研讨描绘学校发展愿景，体现了教职工主人翁的地位，凝聚了教职工的智慧和希望，也成为教职工为之奋斗的动力。

2."三、四、五、六"，点燃希望

（1）"三引领"，点燃党员教职工希望。党员是党的肌体的细胞和党的活动的主体，党员队伍建设关系到学校教育教学发展的全局。学校党委一贯重视党员队伍建设，用"三引领"来点燃党员教职工的希望，在教育教学工作中发挥基层党组织的战斗堡垒作用和党员的先锋模范作用。

政治引领，把稳思想之舵。新时代面临新挑战，学校党委始终把党员的政治思想教育摆在首位，与时俱进，解放思想，不断将对党员的新要求与学校的教育教学工作相结合，坚定党员教职工的理想信念和育人本领。通过中心组学习、中层干部的培训及党员大会，十九大报告、政府工作报告和全国教育大会精神专题讲座，党委书记、支部书记、校级领导及中层干部上党课等，深入学习新时代习近平中国特色社会主义思想和习近平教育思想，深刻理解"为谁培养人、怎样培养人，培养什么样的人"的教育要求，为促进学生成长、学校发展，及为培养德、智、体、美、劳全面发展的建设者和接班人奠定基础。

组织引领，以实干促改变。党的组织是学校发展的大脑和引擎，党委高度重视党的组织建设，不断加强班子建设、提升党组织战斗力和党员教职工四个意识。通过落实领导干部"一岗双责"制、每月工作清单及落实追踪制，增强干部责任意识。通过"一规一表一册一平台"规范支部工作，通过党员成长手册和主题党员活动的开展，增强党组织的凝聚力和党员的使命意识。在新高考改革和新课程改革中，通过书记带队、党员教职工带头，在分层分类走班教学、校本课程、特色课程、破解教育教学困难的课题研究，使党建工作成为学校教育教学工作的助推器。

示范引领，以点带面促质提升。大江奔流永无止境，大浪淘沙沉者为金。一位党员就是一面旗帜。为发挥示范引领作用，学校党委开展了"党员亮出身份"活动，要求学校领导的工作要为一线教师树样板，党员教师的工作要为非党员教师做典范，学校优秀教师要为普通教师做标杆。学校党政领导班子成员处处率先垂范，事事身先士卒，用自己的实践行动诠释党员干部的责任和担当，以时不我待、只争朝夕的工作作风，引领、感染着学校教职工。

在学校内部党委要求党员同志带头上好每一节课、带头上好党员示范课、带头开展校本课程和带头开展课题研究；建立党员和高三内高班孩子"一对一"帮扶制度，讲好优秀党员故事，增强党员教职工在师生中的感召力，发挥党员先锋模范作用。

（2）"四重"并举，点燃教师希望。百年大计教育为本，教育大计教师为本。学校党委高度重视对教师的培养，对青年教师寄予殷切期望，结合学校"希望"教育的办学思想以及教育教学工作实际，采取"四重"并举的措施，培养引领青年教师成长，支持全体教师在教育教学岗位上实现自己的梦想。

重思想引领，筑牢教师的理想信念。欲事立，须是心立。学校党委一贯把教师的思想政治教育摆在重要位置，鼓励青年教师积极参加学校业余党校的活动。业余党校每学期请校外专家给青年教师讲解党史，解读国家重要会议精神；学校党委班子成员给青年教师讲解党的教育方针政策，提升青年教师的政治理论修养，坚定青年教师的理想信念。学校党委开展希望读书工程，要求教师勤读书、读好书，积极参加学校每月开展的、关于落实学生核心素养的希望读书工程活动，大家一起交流读书心得、碰撞智慧，落实学科核心素养的教学方法，进而实现立德树人的根本目的。学校党委将教师的政治理论修养提升与实现立德树人的根本任务相结合，打造了一支结构合理、素质高、本领强、有理想信念的教师队伍。

重人文关怀，激发教师的工作热情。青年教师刚刚由高校步入社会，工作和生活中难免遇到各种困难，为帮助青年教师解决实际困难，学校协调行政后勤、团委工会等部门的力量，共同为青年教师排忧解难。一名刚参加工作不久的青年教师的父亲因突发事故住院，学校党委第一时间组织学校教职工募捐，帮助该教师渡过难关；一名50岁左右的老教师，在工作中不小心受了伤，学校第一时间将这位老师送往医院治疗，在该教师上班后将其办公室换到一楼。受到帮助的教师对学校伸出的援手表示感谢，并将这份感激之情投入到工作中。这样，让学校教职工找到了家的感觉，形成了"一家人"的良好氛围；让全校教职工对学校教育教学工作产生了认同感和归属感，进而激发了工作热情。

重职业成长，帮助青年教师站好三尺讲台。俗话说："一个好汉三个帮，一个篱笆三个桩。"为了让青年教师尽快成长为教学骨干，学校积极开展"青蓝工程"师徒结对活动，给每位教龄1—5年的青年教师配备一个教学导师和职业生涯规划导师。师傅指导徒弟的课前备课、深入到课堂听课、课后评价反思，帮徒弟设计自己的职业规划。在导师的带领下，青年教师实现"一年合格、两年成熟、三年成为学科骨干、六年成为地区骨干"的培养目标。同时，学校将青年教师放到既重要又锻炼人的岗位上，如让青年教师担任班主任、科室主任，承担教科研工作等。将青年教师的培养融入岗位锻炼，练就担当任事的胸怀，砥砺品质，以促进其成长。

重搭建平台，展示创新活力。马斯洛需求理论的最高层次是人的自我实现需要。为帮助教师展现自我价值和更高层次发展的需要，学校组织和参加了许多活动。例如，学校每年都组织1—6年教龄青年教师教学比赛、青年教师基本功比赛，鼓励青年教师参加由地区教委举办的"燕翔杯"教学比赛等，使每个青年教师都有机会展示自己。为增强教师的科研能力，学校组织并鼓励教师积极参与科研活动，参与市级、区级、校级课题。学校还筹集专项资金，从北京市聘请知名教育专家以及燕山区课题研究专家，对教师的科研活动进行培训指导，提升教师队伍的科研能力。

总之，学校党委多措并举，点燃教师希望，加强师德、师风、师道、师能建设，打造出一支师德高尚、业务精湛、理念先进、创新实干的教师队伍。

（3）"五育人"，点燃学生希望。立德树人是学校教育的根本目标，在党委领导下，学校德育工作形成了"五育人"的工作思路。

①价值育人。"立志而圣则圣矣，立志而贤则贤矣。"青年是国家的希望、民族的未来。为了培养党和国家的后备人才，学校党委和团委组织业余党校开设《青春心向党》系列党团课程，包括《学习十九大精神》《当前两岸关系》《中美贸易战能打起来吗》等。通过一系列的课程使青年学生点燃希望、坚定理想信念，如今已有高三学生向党组织提出了入党申请书。

②以文化人。中华优秀传统文化为青年成长提供了深厚的土壤。在学校党委的领导下，学校将传承中华优秀传统文化浸润在德育工作的全过程中。例如，每年清明节开展"清明之风"综合性学科实践活动，每年利用地方乡土资源开展"寻根溯源，弘扬中国传统文化"周口店远足暨清明祭祖活动、"红色信仰薪火相传 不忘初心继续前进"湖南研学活动等，传承优秀传统文化和红色基因，培育新时代的新青年。

③活动育人。在学校党委领导下，以学校"希望"教育的文化特色及办学目标为主线，学校设计高中三年的每个年级的德育教育理念，高一年级"点燃梦想 照亮人生"、高二年级"坚守梦想 激励人生"、高三年级"实现梦想 成就人生"，体现了学校价值育人的思想。同时把"以文化人"落实在活动中，学校依据三个年级学生年龄不同的特点举办大型励志活动。例如，高一16岁，花样年华迈入燕化附中，举办以"梦想引领、感恩青春"为主题的大型励志活动；高二17岁，文理分科确定了未来职业走向，举办以"畅想十年后的我"为主题的大型励志活动；高三18岁，面临高考，即将步入成年人行列，举办以"成人礼暨高考百日誓师"为主题的大型励志活动。

④课程育人。习近平总书记指出："要用好课堂教学这个主渠道……各门课都要守好一段渠、种好责任田，使各类课程与思想政治理论课同向同行，形成协同效应。"在学校党委领导下，在"希望"教育思想的引领下，学校加强本校德育工作的研究，依托地区实际情况，逐渐形成了独特的育人课程体系。

⑤环境育人。教师和学生是教育教学活动的主角，良好的校园文化是他们活动的舞台。目前，学校形成了体现"希望"教育思想的校园整体育人文化场，在坚持统一规划的同时也有个性化设计，如各班根据本班特点，根据学生的年龄特征、班级有效阵地进行精心设计，充分发挥学生的积极性，师

生共同制定目标、班训、公约、纪律、安全、卫生等管理制度。这样，让学生参与到相关设计中来，体现班级特色，让教室成为学生表现自我、张扬个性的场所，形成和谐、团结、奋进的班集体。

近十年来，在党组织的领导下，学校通过希望党建工作，发挥党员教职工的先锋模范积极作用，德育工作逐渐形成了"五育人"的工作思路，形成了培养学生德智体美劳全面发展的课程体系。

（4）"六个一"目标，点燃民族团结进步希望。2011年，学校接到教育援藏的政治任务，承办西藏内高班。学校党委在"希望"教育的办学理念之下，通过"希望党建"工作落实，带领全校教职员工明确了"六个一"的工作目标：即形成一套完整的民族教育工作思路，开设一套民族教育精品课程；打造一批民族教育的专家学者；培养一批西藏未来建设的优秀人才；提供一个宣传交流的校园平台；创建一个面向全国的民族教育科研实践基地。

为完成"六目标"，学校党委开展了以下工作。

因地制宜明思路。学校目前是全国最大的西藏散插班高中校之一，常年在校西藏学生超过400人。8年以来，在以党委为核心的领导班子的领导下，学校民族团结教育工作逐渐形成了以"希望"教育为办学理念，以"家国文化"为精神追求，以"六个一"为工作目标，开启了一条独具特色的"希望"民族团结教育之路。至今，学校较圆满地完成了"教育援藏，国家富强"的光荣使命。截至2019年，学校西藏内高班学生全部升入重点大学进行深造。西藏内高班学生积极参加学校业余党校的学习，积极向党组织靠拢，增强了"五大认同"（伟大祖国的认同、对中华民族的认同、对中华文化的认同、对中国共产党的认同、对中国特色社会主义的认同），及"学好本领、建设家乡、报效祖国"的家国情怀。内高班毕业生在各种场合均表达了"建设家乡、报效祖国"的愿望。

量身定做暖人心。"希望连心"党员结对帮扶。学校党委每年都要组织党员教师和西藏内高班学生结对帮扶。党员教师以自己良好的政治修养、理论修养，给处于迷茫中的学生以积极正向的启发和引导，成为学生一生的良师益友。同时，远离亲人的西藏学子也积极主动地走近结对党员，把心里的焦虑、思想的困惑、学习和生活的烦恼，与党员教师进行深入的交流。截至2019年，党员结对帮扶西藏学生369人，其中269人顺利完成高中学业升入重点大学深造。

党建联盟共建共育。为了解决内高班学生疾病多发的问题，保证及时就医，确保学生们的学习时间，学校党委借助党建联盟平台，与燕山社区医院党支部合作，在学校开设爱心诊室，为学生提供上门医疗服务；与燕化医院党委合作，为学生看病开设绿色通道。为了促进民族文化交流，学校党委与社区街道党组织合作，西藏内高班学生参加社区活动，展示新时达的青年风采。

家国为本建课程。学校党委领导及相关部门坚持从实践中寻找研究课题，针对民族团结教育中的重点、难点问题加强研究，以课题带动，用课程支撑，将民族团结教育理论与学生实践活动紧密结合，构建了学校独特的民族团结教育课程体系，多元促进民族学生全面而有个性的发展。

3. 传播希望

（1）"三平台"，传播希望。宣传工作承担举旗子、聚民心、展形象的使命。学校党委坚持以学校的教育教学工作为导向，坚持讲好附中故事、传播好附中声音、凝聚附中力量，向社会展现学校风采，提升学校的影响力。例如，创新宣传方式，利用新媒体（微信公众平台），及报纸、杂志、展板等融媒体做好宣传工作；丰富宣传内容，加大对身边先进人物，如优秀班主任、优秀教师、优秀学生、从教三十年教师等的宣传，发挥榜样的引领作用，增强教职工的归属感，传播学校"希望"教育发展中的故事；做好纪念节点时间的宣传，5—6月的致青春系列；7—12月的爱祖国系列，营造"青春梦 祖国梦"的浓郁爱国氛围。

（2）借助联盟平台，传播希望。作为区域党建联盟单位，以"走出去，引进来"的工作思路，增强了党组织的服务功能，在实现"中国梦"中发挥积极作用。党建工作与学校内部各方面工作联动构建和谐校园。与前进中学党支部手拉手，与阳光党建对接，开展"践行三严三实，提升党员意识的"主题实践活动；学校党员教师积极参与迎风六里社区党总支开展"五味党课"之"专家党课"教育活动，丰富党课内容，增强党员党性修养，提升党员爱国意识。借助区域党建联盟平台，学校党员教师将政治学科的课堂设在了居委会，加强学生对知识理解和了解了我国基层民主运转。

（3）利用对外交流平台，传播希望。近几年来，在学校党委领导下，党员教职工发挥先锋模范作用，带动广大教职工共同努力，面临困难不畏惧，变困难为课题，积极探索出学校民族团结教育的新思路，摸索出科技创新拔尖人才培养模式。学校领导及相关部门领导多次受邀参加全国民族团结教育交流会、全国教育博览会及北京市教委组织的相关主题活动，同时接待了来自山西、辽宁、甘肃、福建等北师大平台兄弟学校到校交流。

四、效果与启示

1. 效果

（1）提升了学校党委的组织力。"凝聚希望、点燃希望、传播希望"让"希望党建"的奋斗目标更加明确，使附中人的思想更加统一，力量更加凝聚，步调更加一致，提升了党组织的号召力、凝聚力、战斗力和创新力。现在已呈现出党委引领、支部践行、党员争先、群众跟进，学生自信、阳光、快乐，师师之间、师生之间、生生之间关系和谐、愉悦的态势，也形成了"勤奋、笃行、勤奋"为希望而拼搏的校园氛围，极大提升了党委的组织力。

（2）提升了党员教师的使命感和自我价值实现。"希望党建"增强了党员教职工的使命担当意识。理念创新、实干创新成为自学思想扎根在党员教职工的头脑中。现在党员教职工已初步具有敢于追梦、敢于圆梦的意识，形成了想干、愿干、敢干、实干的工作作风。党员教职工发自内心地认同党员角色，在点燃希望并为之奋斗的过程中，发挥了党员的先锋模范作用。他们用辛勤的汗水和丰硕的成果，诠释、丰富了"希望"教育的内涵。

（3）促进了"希望"教育的可持续发展。学校在"希望"教育上下足了功夫，形成了"有目标、有动力、有行动、有效果"良性循环，促进了各方面工作的稳步开展。

在党委的引领下，学校以石化科技创新和民族团结教育为办学特点。2017年11月，学校承办了新高考背景下西藏内高班教育改革和发展研讨会，展示了学校民族团结教育工作的成果。2018年11月，学校应邀参加第四届中国教育博览大会，学校的科技创新工作受到与会者的一致好评。学校还荣获了北京市翱翔课程基地实验校、北京市民族团结示范校、北京师范大学基础教育合作办学平台课程创新示范校、北京师范大学"中学语文素养植根工程"项目优秀实践基地等荣誉。这一系列成绩，离不开"希望"教育营造出的"勤奋、笃行、自信、创新"学校文化，离不开在"希望党建"引领下，汇集起来的党员教师对入党初心、教职工对教育初心的坚守，对使命的牢记，对实干精神的担当，以及在"初心"和"使命"中续写的奋斗的基因和力量。正是这些进一步丰富和发展了"希望"教育的内涵。

2. 启示

"希望党建"围绕"希望"教育。学校党建工作在发挥政治引领作用的同时，还要与学校的教育教学工作紧密结合。二者共生、共融、共创，才能以创新的工作方法继承学校传统。

"希望党建"延伸学校特色。学校党建特色，是梳理和挖掘学校办学历史文化中的党建文化，以党建文化为引领，以特色办学为契机，通过实践，进一步促进学校教育教学的发展。

"希望党建"引领学校发展。党建品牌的创建，增强了党组织的凝聚力和战斗力，增强了师生学习、工作的动力，形成了强大的合力，促进师生、学校的共同发展。

重任在肩　不辱使命
——献给北师大燕化附中党员同志

杨　琳　李建波

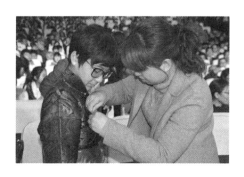

9月的北京，霜天红叶；枫林尽染，到处充满无限生机。从2011年9月开始，北师大燕化附中每年都会迎来一批西藏内高班学生。他们带着乡亲父老的希望与建设新西藏的伟大使命来到这里，散插在全校所有教学班当中。

然而，十几岁的孩子独自在异乡求学，在身体、心理、生活等方面都存在巨大挑战，困难是可想而知的。为了完成党交给的任务，为了不辱使命，为了孩子的明天，学校全体教职工几乎没有节假日，更没有寒暑假。他们无数遍地奔走在宿舍、食堂、教室之间，每天都要工作十五六个小时。西藏班的孩子和家长都说他们是"不进藏的援藏干部"。

党员是这支忙碌的队伍里的先锋。要说附中党员为民族教育做了什么，还真不知道从何说起，就好像坐火车飞驰在7月盛夏青藏高原，迎面变幻的雪山，云雾萦绕，你惊叹眼前的神奇，却说不出每一座山的美。

就从最近的事情说起吧。

马熙玲校长、主管领导刘燕飞副校长带着西藏部年级部德育干部，驱车赶往地质大学参加北京市教委民族班安全会议。大家一言不发，都歪在座椅上打盹。司机有些不习惯："今天怎么这么安静？"大家是着实累了，这几天集中考试，白天监考、阅卷、看自习，晚上值班，中午还要赶来开会。

民族班专题会马校长是经常要参加的，不论节假日，不论早晚，及时传达党的精神，落实党的政策。3月初藏历新年，那天正好是周六，马校长如往年一样，每逢节日都要来学校陪藏生过节，看看食堂的饭菜，和孩子们聊聊天。孩子们也知道马校长要来，一大早就排队到校长办公室去拜年，送祝福。快到中午的时候，马校长说，今天她上北大的儿子回来，要赶着回去给儿子做顿饭。下午两点，马校长打电话给西藏部李建波主任说，刚在市教委开过安全会议，让他马上制定校园安全维稳方案。后来李主任问："马校长，你说要给儿子做饭，你回到家了吗？"马校长笑着说："在半路上就接到市教委的电话，马上来市里开会，出租车司机直接把我送到市里去了。"其实，马校长的家离学校很近，几分钟的路程。可这几分钟，她常常走得匆匆忙忙，有时还没到家就又回到了学校。去年，马校长的儿子读高三，她根本没时间给孩子好好做饭，特别是两会维稳期间，为了做好内高班安全稳定工作，所有党员干部都要白天、晚上双值班。马校长更要带头，吃住都在学校。没时间给孩子做饭，她就在学校食堂买点吃的给孩子。有一次时间紧，连菜带馒头装在一个口袋里，送到儿子手里时，馒头已经泡大了，菜也变了味道。儿子委屈得眼泪在眼眶里直打转，说："妈，你也太能对付我了，都说高三辛苦，人家家长都好几样菜，您就这一样还是变味变形的，您就那么忙啊……"马校长当时忙着回学校，也没时间给孩子解释。等静下来时，心里也不是滋味，她多想像别的母亲那样，给孩子包顿饺子，做点可口的饭菜，可一想到学校那些远离故土、远离亲人的学生，马校长只能对家人说声抱歉。

付出就有收获。期中考试成绩出来后，西藏部负责人李建波主任特别高兴，见人就说："西藏的孩子考得不错，特别是高一的康星，年级第一！"如果你要细问，他就打开了话匣子："这孩子，用功极了，我刚给他家里打电话报喜……"看这高兴劲，这不知道的，还以为是他的孩子或他家的亲戚。其实，李建波主任今年才32岁，孩子4岁，正是上有老，下有小的阶段。但这小伙干工作细致、认真，学校正是看中这一点，才选他做西藏部主任。他当时着实犹豫了一阵。谁都知道，到西藏部工作意味着什么：那就是没有白天和黑夜，因为孩子生病不挑时间；那就是不分平时和假期，因为藏生假期也会留在学校；那就是你和西藏孩子在一起的时间要远远超过自己的家人。犹豫之后，李建波主任勇敢地担下了这个重任。因为作为一个青年党员，入党时的铮铮誓言犹在耳边：拥护党的纲领，遵守党的章程，履行党员义务，执行党的决定。这不正是一个党员践行誓言的最好机会吗？先锋模范、战斗堡垒不是说出来的，是干出来的！

李建波主任就任后，做出了颇多创新之举：春天游览北京植物园，百花盛开，蜂鸣蝶舞；夏天在体育馆进行游泳训练，中流击水，不惧风浪；秋天到西山赏景，柿子金灿，红叶烂漫；冬天欢聚于前门，体验文化古街，共叙民族情谊。此外，还带领学生参加中央电视台和北京电视台的电视节目，和著名主持人一起完成精彩节目的制作。昂丁同学在《鲁豫有约》的舞台上放歌，《冠军中国》也留下过西藏学子的欢呼、尖叫。

淳朴的西藏孩子实在想不到怎样感谢他们的老师了，他们经常会冲进李建波主任的办公室，把他赶出去，然后一起动手为他擦玻璃、擦桌子，打扫办公室，整理物品。他们说："李老师，您休息一下，您办公室的卫生我们包了！"是的，这些孩子在燕化附中感受到了家的温暖，学校领导、老师们都是亲人。

请看卓嘎群宗同学的日记：

> 月是故乡明。又是中秋节，我尽量让忙碌的学习充斥大脑，因为一旦有空闲就会想起今天又是中秋节。今天正好是星期六，本地学生都会回家。我背着沉重的书包，对着月亮，双手合十，默默祈祷远方的父母安康后，走在空荡荡的校园小道上，走着走着，突然耳畔传来了熟悉的藏文歌曲，循声溯源，发现小路尽头用蜡烛摆着"祝中秋快乐，我们一直在你身边"几个大字。紧接着，班主任朱老师和好几个和我交好的本地学生手牵着手出现了。他们嘴里哼着成调不成曲的藏语歌曲，手中还举着一条白丝带，许是当作哈达吧！中秋，本应是阖家团圆的日子，他们却选择了陪伴我。这份浓浓的爱，让我在这个有些许凉意的初秋感受到了无比的温暖！

　　日记中的朱老师就是房山区优秀党员、燕化附中化学教师朱栓平。朱老师是老党员了，像朱老师一样给学生过生日、陪学生过节、请学生吃饭，这些对附中老师再平常不过了。给学生买蛋糕的韩淑凤老师，给学生发月饼的孟向玉老师，每晚都来学校看学生的杜丹丹老师，干脆把家安在学校的方淑华主任，还有我不知道的许多、许多……

　　有人很不理解，说你们办西藏班，安全责任重，一年到头耗时间，整天提心吊胆，累死累活，图个啥？

　　附中人图的就是西藏学子从这里走进大学，从这里创造未来；

　　图的就是勇挑重担，不辱使命；让党的光辉普照大地；

　　图的就是泱泱中华民族富强、圆梦复兴！

　　一颗种子，可以无声无息地在泥土里腐烂掉，也可以长成参天大树；

　　一个人，可以碌碌无为地在世上厮混日子，也可以让生命发出耀眼的光芒。

　　我因身边有这些优秀的党员感到骄傲，我因身边的每一股奉献的力量感到自豪。愿我们每一个共产党员都有"大道之行，天下为公"的博大胸怀，都有"黄沙百战穿金甲，不破楼兰终不还"的壮志豪情。这是心的呼唤，这是爱的奉献，这是每一个共产党员的共同追求！

党建联盟守护格桑花开
——北师大燕化附中西藏内高班与燕山医院建设爱心诊室协同育人

李建波

　　为贯彻落实中央第五次西藏工作座谈会、中央新疆工作座谈会以及中发〔2010〕4号、9号文件关于扩大内地西藏、新疆班高中阶段招生规模及举办内地西藏中职班的精神，从2010年起，内地西藏、新疆高中班招生大规模扩展。燕山地区积极响应党中央国务院的相关战略决策，从2011年开始承担首都教育援藏工作，接收西藏内高班学生来京学习，地区将这一办学任务交给了北师大燕化附中。学校自2011年秋季学期开始招收了首批45名西藏学生，由于办学成绩显著，此后历经多次扩招，2016年秋季学期开始招生扩大到每年 135 人，常年在校西藏内高班学生超过 400 人，成为全国最大的全散插办学的内地西藏班高中校。

国家建设内地西藏、新疆高中班，旨在利用首都等经济发达地区的优势教育资源为欠发达的西藏、新疆培养人才，是我国教育史上的一个创举。内地西藏、新疆高中班创办的这些年来，为西藏、新疆培养了数万名人才，成为西藏、新疆人才培养的重要基地、民族文化交流的窗口和民族团结进步的纽带。而内地西藏、新疆高中班的大规模扩招，能让更多西藏、新疆的学子获得到内地接受先进教育的机会，这将对推进西藏、新疆经济社会跨越式发展、促进我国各民族的紧密团结和国家的长治久安产生重大的现实意义和长远的政治意义。

然而，在大规模的扩招过程中，西藏学生从高海拔地区来到首都北京，环境的突然改变，导致身体疾病多发，由于西藏学生远离父母，学校要承担所有的就诊陪护任务，安全维稳责任重大。

一、疾病多发，就医陪护责任重大

西藏内高班学生由于自然环境的骤然改变，疾病多发。统计就医记录，发现 2016 至 2017 学年，西藏学生在校 225 人，就医超过 900 人次（平均每天 2—3 起），1 例癫痫住院，1 例韧带断裂手术，1 起陈旧性肺结核复发引起的"传染病"事件，严重疾病抢救 11 起。主要疾病类型为气胸、阑尾炎、甲沟炎、胃病、肺炎、牙病、感冒、意外伤害。2017 年秋季学期开学第 1 个月，在校人数增加至 315 人，肺结核确诊 3 例，疑似癫痫晕厥 1 例，手部骨折 1 例，关节积液 1 例，气胸 1 例，肺炎 2 例，牙科疾病 10 例，胃病 2 例，皮肤疾病 2 例，感冒若干。

学校目前校医 1 人，西藏内高班专职德育干事 1 人，远远不能满足学校西藏内高班常年住校就医陪护需求。疾病困扰着孩子的身心。

二、传染病频发，学校管理告急

2017 年 8 月 29 日，高一新生军训返校，新生体检报告拿回学校，医生把几份体检报告有问题的拿出来，其中 3 份肺部"高密度影"，马上带领 3 名新生进行肺部 CT 扫描，其中 1 名女生为肺炎，另外 2 名女生 CT 报告显示"继发性肺结核，空洞形成"。学校马上启动传染病防治应急预案，任德鸿书记紧

急召集学校党委会，协商决定，马
上汇总学生疾病情况，及时联系学
生家属，如实上报上级主管部门和
燕山疾控中心。学校有关疾病治疗、
防疫工作遵照上级主管部门和疾控
中心的指导开展。两名学生单独在
学校病室隔离，班级做好消毒工作，
宿舍进行彻底消毒。

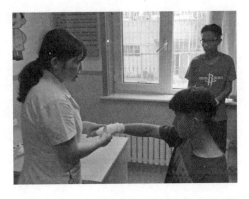

由于肺结核在很多年前就几乎绝迹于北京，大家对这种传染性疾病认知
较少，容易造成恐慌，一旦处理不当会给学校带来负面影响，不利于十九大
前首都维稳。一方面考虑政治影响，另一方面考虑患病孩子身心状况，学校
按照疾控中心的指导，制定详细周密的方案，积极配合结核病防治所进行专
业治疗，全面做好消毒汇报，谨慎处理校园舆情。其中校园舆情处理难度最
大，个别教职工和少数密接学生产生了不同程度的恐慌心理，怀疑自己被传
染，或者担心自己可能被传染。

学校党委从这些苗头看到事态恶化的可能，请示燕山教委党委，借用党
建联盟，请求体委中心出面，召集疾控中心的专业人士，进行现场指导。了
解到学校部分师生因为缺乏对肺结核防治的认知而产生恐慌，疾控中心专家
到学校举办了系列讲座，指导密接人群进行筛查，舆情得到有效控制。

同年10月11日，又一名新生被查出双肺继发性结核。有了之前的经验，
这一次疾病处理有了规范流程。但是由于时间间隔仅一个月，学生会有被传
染的心理阴影。其实这3例均是新生在初中时便已感染肺结核，有2例是因
为第一次肺结核发病治疗不彻底而复发。学校党委再次求助党建联盟，请求
协调体卫中心和疾控中心进行深入细致的结核病防治讲座。

三、联手攻坚克难，爱心诊室入校

考虑到北师大燕化附中在校西藏学生疾病多发、传染病不断的现实困难，
燕山党建联盟把守护西藏学生健康、服务燕山百姓作为2018年重点党建工作
来落实。2018年3月13日，学校任德鸿书记带着西藏部相关同志，来到燕山
社区医院张爽书记办公室，协商尽快启动爱心诊室，因为之前没有先例，但
是考虑到学校教育援藏工作遇到了苦难，张书记表示，没有先例我们可以开

创先例，没有制度我们就建立制度，制度不完善我们就先干起来。3月底，燕山社区医院就组织业务精干的青年党员"西藏内高班爱心团队"送医入校，医生上门，来到学校简陋的医务室，面对面提供医疗服务。

第一位来爱心诊室的是中医朱金才大夫，他先来医务室查看了我们医务室的设备情况，把一些可用的诊疗设备清理出来，还鼓励我们说，你们医务室设备还是挺全的，可以开展诊疗工作。然后给全体西藏学生做了第一次春季身体保养讲座，学生报以热烈掌声。林燕茹、马立芳、孙仙、李娜、周媛媛等青年党员大夫先后来到爱心诊室出诊，学生皮肤过敏、感冒发烧、运动伤害、胃部不适等问题，就可以在规定时间段不出校园，不用花费，得到悉心的医疗服务。自从设立爱心诊室，即使大夫没有来学校出诊，学生有了疾病，也可以直接去医院找相关大夫就诊，就诊更便利。有了爱心诊室这份真情，大家心里更踏实了。

党建联盟守护藏生健康成长
——北师大燕化附中西藏班医疗保障签约及健康教育基地揭牌

李建波

2019年5月28日，"北师大燕化附中西藏班健康教育基地"揭牌仪式在北京燕化医院举行。在燕山办事处、燕山文卫分局、燕山教委有关领导见证下，北京燕化医院和北师大燕化附中共同完成了揭牌仪式，并签署了相关医疗保障协议。燕山办事处领导高度评价此项"医疗＋教育"的党建联盟成果，燕化医院和燕化附中通过加强党建，整合资源全方位服务群众、服务社会、服务国家发展战略，社会效益明显，政治意义重大。

举办内地西藏班，是党中央的重大战略决策，是铸牢中华民族共同体意识的重要举措。习近平总书记高度重视内地民族班工作，多次做出重要批示，强调在内地办班成效显著，意义深远，应坚持完善。燕山地区党和政府积极响应号召，自2011年承担首都教育援藏任务，北师大燕化附中承办西藏内高班，在上级部门和领导的关心支持下，在全体燕山人民关怀关心下，在燕化附中全体师生员工共同奋斗下，办学成效显著，已逐步发展成为全国

规模最大的西藏散插班办班学校之一，目前在校人数超过 400 人。

学校面临很多办学难题，尤其是对西藏学生的健康管理。西藏学生离开父母，从高海拔地区来到首都北京，环境的突然改变，容易导致疾病多发，学校要承担所有的就诊陪护任务，地区安全维稳责任重大。北京燕化医院党委站在为国家发展做贡献，为边疆建设担责任，为民族团结做表率的政治高度，在医疗资源相对紧张的情况下，主动为我校西藏班学生就医开设绿色通道，全力支持共建"北师大燕化附中西藏班健康教育基地"，为我校西藏内高班办学保驾护航，勇气可嘉，可谓是新时代践行国家发展战略的先锋模范。这一创新制度，也将为全国西藏班办学提供西藏学生健康管理的"燕山方案"。

习近平总书记说："民族团结就是各族人民的生命线。船的力量在帆上，人的力量在心上。"我们对西藏学生实行的是暖心教育，"西藏班健康教育基地"的建成，将大大改善在校西藏学生的健康状况，学校将充分利用好党建联盟开创的这一平台，更好地服务于西藏学子，服务于国家边疆建设，为西藏地区的长治久安和繁荣昌盛，培养优秀建设者和可靠接班人。

2019 年是中华人民共和国成立 70 周年，也是西藏民主改革 60 周年，北京燕化医院党委和北师大燕化附中党委将不负历史使命，共同为民族团结和国家繁荣贡献力量。

第二节　民族团结在附中

格桑花香满京城

在雪域高原的每一个绚烂的夏季，风姿绰约的格桑花儿都会如约盛放。它经受高寒缺氧的考验，风吹雨打的磨砺，风愈狂，它身愈挺；雨愈打，它叶愈翠；太阳愈暴，它开得愈灿烂。圣洁的格桑花是勤劳淳朴的藏族儿女的化身，今天他们来到北京，花开附中，满怀希望，幸福吉祥。

一、来到北京

格桑花开在最绚丽的季节，我们内高班的学子满怀青春的梦想，心存父母的期盼，肩负国家的使命，万里征途来北京，一心求学在附中。

二、求学附中

我们亲切地称呼北师大燕化附中为"北燕"，来到这里学习的我们，要像一只轻巧的雨燕，能静下心来扎实、勤奋地学习进取，也能活力四射、高歌劲

舞地展现才华。每天清晨，你总是能在校园的不同角落找到勤奋学习的身影；每节课上，你总能在教室看到老师和同学合作探讨的和谐场景；课余时间，你总能在运动场上看到运动健儿的飒爽英姿。这里的管理，井然有序，学生会是我们锻炼自我的舞台；这里的活动，生动活泼，学生社团是我们施展才华天地。

三、校内节日

每逢佳节倍思亲，人在附中一家亲。无论是传统佳节，还是藏历新年，学校的领导老师会陪我们一起欢庆，我们一起聚餐、我们一起举杯、我们一起庆生、我们一起歌唱、我们一起舞蹈、我们一起欢笑……我们一起共享青春成长的故事。

四、校外拓展

丰富多彩的校外拓展活动，让我们的学习生活很快融入北京城广阔的社会舞台。徒步前往燕山石化牛口峪水库参观游览，我们亲身体验燕山工业、生活污水的循环利用的奥秘。

游览北京城诸多享誉中外的名胜古迹，一直是我们的梦想。在附中的日子里，我们攀登万里长城成好汉，追寻历史的足迹，触摸民族的脊梁；一起畅游世界顶级的皇家园林——颐和园，感受中外园林艺术的精妙；一同徒步去周口店寻根问祖，用盛大的歌舞祭奠先祖；一块走进圆明园，在残垣断壁前坚定振兴中华的决心。在附中的日子里，我们春天游览北京植物园，百花盛开，蜂鸣蝶舞；我们夏天体育馆训练游泳，中流击水，不惧风浪；秋天我们西山赏景，柿子金灿，红叶烂漫；冬天我们欢聚前门，体验文化古街，共叙民族情谊。

参加中央电视台和北京电视台现场节目录制，和知名主持人一起完成精彩节目的制作，是如此的新奇和激动。没错，昂丁同学的确是在《鲁豫有约》的舞台上放歌，《冠军中国》也曾留下过我们的欢呼、尖叫。

五、师生情谊

在北师大燕化附中，最可亲可爱的人是我们的老师。我们的知识由老师悉心传授，我们的为人处世由老师谆谆教导，我们的生病困苦有老师陪护安慰，我们的过年过节有师生载歌载舞……在这里，老师亲如父母，情比海深。

六、领导关怀

风雨同舟，北师大燕化附中西藏内高班办学的每一个脚印都深深地踏在民族教育的节点上；自始至终，每一步发展都浸润着党和政府的深切关怀。切切期望，拳拳期盼，沐浴着阳光雨露，附中师生激发起担当与承载民族责任与教育使命的豪情。在自治区、北京市各级党委政府及领导的关怀下，我们必将成长为国家栋梁，成为西藏的希望，成就民族繁荣昌盛的中华梦想。

七、收获梦想

黄河奔腾东到海，格桑开放满天涯，不远万里，越山过水求学附中。

我们用拼搏的汗水成就青春的梦想，我们用创新的智慧造就人生的未来，我们歌唱祖国，我们舞动时代……我们从这里走进大学，我们从这里创造未来。八瓣的格桑花已开，开在附中的田野，香满京城，馥郁中华。扎西德勒！

爱心浇灌格桑花　民族团结结硕果

潘泳江

"北燕"的清晨是一天中最美的时刻，当金色的朝阳洒满整个操场，伴着习习的微风，操场边、长廊里、看台上都能看到藏生们三三两两晨读的身影。西藏内地班是我国一项特殊的民族教育政策，是智力援藏的重要组织形式。针对西藏学生的特殊性开展教育教学活动、提高其综合素质、更好地落实民族教育政策，一个重要的前提是做好内地西藏班的班级管理工作。

北师大燕化附中于 2011 年起设置西藏内高班，招收 46 名学生，2016 年扩招至每年 135 人，今年西藏内高班学生在校人数已达到 400 人，学校成为全国内地西藏散插班人数较多的高中校。多年来，学校在"希望"教育办学理念引领下，以"家国文化"为精神追求，形成了一套完整的民族团结教育工作思路。经过全体教职工的不懈努力，学校出色完成了教育援藏的政治任务，赢得了社会的广泛赞誉。而我，作为一名教学一线的政治教师及班主任，

陪伴并见证着一届又一届优秀的北燕内高班学子展翅高飞。欣慰的同时，我深感责任之重大。在日常的教育教学及班级管理中，我用爱心和行动赢得了学生们的信任和爱戴，和这些可爱质朴的孩子们始终保持着亦师亦友的关系。民族教育工作，我认为做好以下三点极为重要。

一、用爱心赢得信任

西藏学生不远数千里来到北京，远离父母亲人，异地求学，生活和学习的压力比较大。陌生的环境也使他们有诸多的不适应，感到茫然、无助。并且大多数藏族学生不善于表达，心理问题隐藏在内心深处，不易被发现。不及时尽心尽力处理这些问题，将严重影响孩子们好的习惯和品格的养成。所以，班主任始终要为学生的成长服务，努力营造良好的班风学风，必须在他们身上倾注更多的爱心。

我能做的就是多关心他们。我在课间、间操、晚饭后，经常同他们聊天、谈心、拉家常，注意观察他们的情绪变化，多方面、多角度地了解他们的思想波动，从生活方面关心他们，消除孤独感，减轻心理压力。对学生的关心体现在细微之处，比如一些藏族学生在冬天打完篮球后不注意加衣服，我就提醒他们注意保暖,预防感冒。有些学生不好意思直接说出心中所想,我就采用写信、周末发微信等形式与学生交流,给学生加油打气。多给予他们精神力量和生活帮助,捕捉闪光点,肯定他们的进步。

我和西藏内高班的学生之间有着浓厚的情谊。我不仅像家长一样关心他们的生活,嘘寒问暖;更在学业上给予他们指导,引领他们的人生。对学习暂时落后的藏生,我格外关注,每次都会询问他们哪个概念没听懂,哪个大题不会答。特别是升入高三以后,考试比较频繁,我为每个藏生创立了个人学习成长记录袋,记录了每一次考试各个学科的分数和排名。每次大考之后,我都会利用各种图表数据,详细地分析藏生成绩,有针对性地和他们进行沟通,帮助他们分析自己的优势和劣势,为下一阶段的学习开出药方。在学业上的有效帮助,让孩子们更加信任我了。我也推心置腹地和他们谈心,帮助他们克服不利因素,战胜自己,考上理想的大学!

二、我们是相亲相爱的一家人

我认为,一个班级最重要的是班级的凝聚力,它就像一种无形的力量,把大家的心紧紧连在一起。作为散插班,也就意味着内高班的藏生要和本地的本地学生一起生活学习,考试竞争。作为班主任老师,每接手一个新班级,我都把建设和谐班集体的理念,传播给学生。我经常同班级里的同学沟通、交流,及时了解学生的思想动态,塑造了一个相互信任、相互支持、精诚团结的班集体。我利用班会以及其他一些活动,充分给藏生展示才能的舞台,他们能歌善舞,一亮歌喉,一展舞姿,就惊艳了班里的众多粉丝。班会上,我让藏生介绍他们习俗、节日、礼仪、饮食等传统,让本地学生更好地了解西藏文化。他们带着本地学生学跳锅庄舞,一起读藏文。本地学生对那片圣洁的沃土心生向往。我还通过班会、手抄报、黑板报等主题教育活动来增强学生维护民族团结的意识。每年元旦、春节、藏历新年来临之际,我都会带领学生祝吉祥、送祝福,共同庆贺各民族节日的到来。我也会安排更多的机会,让多民族同学更好地融合。在户外拓展训练时,我不断鼓励孩子们挑战各种困难,团结协作完成任务。拔河比赛,是最能体现团结协作的项目。场上的同学不分民族,紧密有序地排列在一起,心往一处想,劲儿往一处使,为班级的荣誉拼了。同学们明白了团结就是力量。只要我们的心凝聚在一起,什么困难都难不倒。在座位的安排上,我也尽量让本地学生和藏生做同桌,并经常调换座位，让学生接触并了解和自己不同的同学，拉近了多民族同学的关系。在学习上，他们取长补短；在生活上，他们互相关心。

在我的积极引领和倡导下，民族团结的重要性已被全班同学所知晓，民族大团结的意识已牢牢地根植在各族同学心中。同学们普遍认同，共在一个班级，就如共同生活在一个大家庭，各民族同学都是兄弟姐妹。大家团结了，才能心往一处想，劲儿往一处使，才能办好班级的每一件事。大家一起遵守课堂纪律，老师课堂上的讲解就能思路连贯，内容清晰；大家一起保持环境卫生，就会有一个干净舒适的学习环境；大家相互包容、团结友爱，就能相处融洽，收获友谊；大家团结奋进、努力拼搏，就能为班级、为祖国赢得更多更大的荣誉。记得2014年临近高考时。本地学生偷偷地为品学兼优、乐于助人的次仁顿珠同学准备了一个简短而感人的生日聚会。当次顿同学毫无准备地走入教室后，被眼前的一切惊呆了：投影上是他阳光如明星般的大照片，欢迎他的生日蛋糕和生日歌。次顿同学非常意外，非常惊喜，流着泪说："大家对我太好了，谢谢大家！"每一位同学都对次顿同学表达了真诚的祝福。有的说："我和次顿同学同桌三年了，他特别乐于助人，在学习上给我很大的帮助。"有的说："希望次顿能和我长得一样高。"有的说："希望次顿能考上自己理想的大学，走到哪儿都不要忘记我们。"同学们像兄弟姐妹般热情地拥抱在一起，一起哭一起笑，依依不舍的情谊溢于言表。

三、引导藏生关注社会，培养杰出领导力

西藏内高班就是要培养未来建设西藏的优秀人才。为此，在平时的教育教学工作中，我也十分注意引导藏生关注社会，培养杰出领导力。例如，在政治课教学《民主管理——共建幸福生活》时，我与学校党支部及燕山各社区居委会党支部取得联系，共同开展党建联盟活动。把课堂搬进社区，让本地学生带着藏族同学走进身边的居委会调查实践，全面了解基层居民组织是如何运行和决策的。藏族同学第一次走进了学校周边的社区，充满了好奇。在短短的两个小时的采访调研中，他们认真询问，记录。通过实践活动，学生们收获满满，深深体会到：政治课本上的内容，并不是空洞的口号，而是实实在在就是我们身边的生活。更可贵的是，藏生深入内地，了解了本地学生所生活的小区的民主管理情况，对于我国基层民主管理制度，有了更深的政治认同。

　　模拟政协活动是政治课堂的延伸，旨在引导学生关注社会，针对社会上的一些不完善现象进行调研，提出建议。在高二的模拟政协社团活动中，我鼓励藏生积极参与。这是培养他们杰出领导力的一个平台。最终，在我们模拟政协的3个议题小组中，都有西藏内高班学生的身影。其中一个小组的议题是《关于促进西藏内高班发展的提案》，小组成员既有本地学生，也有藏生。他们积极踊跃地在一起讨论，设计调研方案，并走出课堂多方调研。他们采访了本校西藏部主任和老师，大家在草地上席地而坐，全面了解了我校西藏部的发展情况。对西藏部老师的无私付出，感到由衷钦佩。他们还走出学校，来到了北京西藏中学，和老师同学们热烈座谈，了解到了许多民族政策。为了了解更多情况，同学们还设计了网上调查问卷，通过微信群发到了全国各地。在总结调研材料的基础上，大家集思广益，针对目前管理中有待改进的地方，提出了合理化建议，形成了模拟政协提案。最后，在学校的展示评比演讲活动中，小组同学自信满满，流畅的表达，默契的配合，得到评委老师们的一致认可，最终荣获优秀提案奖。小组中汉藏两族成员激动地拥抱在一起，热烈祝贺着属于他们的胜利。汉藏一家亲，得到了完美的诠释。

　　民族团结进步事业，是关系国家长治久安和人民幸福安康的一项重要事业。我在平凡的工作岗位上默默耕耘，送走了3届内高班毕业生。他们以优异的成绩考取了人大、复旦、政法大学、浙大等名校。特别是2015届的旦增央金同学考取了北大法学专业，2016届次仁曲吉同学考取了清华大学新闻专业。每到高考之后送别藏生时，他们都与我依依惜别，难舍难分。孩子们真诚地邀请我一定要去他们家做客。看到藏生们羽翼丰满，展翅高飞，我也感到无比欣慰！民族团结结硕果——我们爱心浇灌的这些格桑花，怒放在天涯，他们终将成为建设西藏地区的杰出人才！

互敬互爱见真情

宋倩

　　教育工作者的责任在于无私奉献。作为那些远离父母和家乡的藏生们的班主任，需要有更多的责任心，因为我既是他们的老师，也是他们的"家长"。

在履行班主任职责的同时，我感觉到一种光荣感、一种成就感。每当看到孩子们期待的眼神，我总是默默地告诉自己，绝不能辜负这种期望。

一、教学互动见真情

2012 年，我来到北师大燕化附中工作，开始了自己的教书育人生涯。藏生的母语不是汉语，学习语文有一定困难。作为语文老师，我除了在课堂上时刻观察藏生的学习状况以外，还经常利用课余时间为他们单独补习。特别是在学习文言文的过程中，藏生的理解能力不足，我经常在课下查看他们书上的笔记，详细讲解笔记的意思。在交流的过程中，他们不仅提高了文言文阅读能力，也理解了中华民族的优秀传统文化。此外，我也经常安排藏生和本地学生之间的互动。在设计《雷雨》一课教案时，我精心编排了一部由藏生和本地学生一起出演的话剧。大家开心地彩排，增进了彼此之间的交流。

二、班级活动见团结

班主任需要经常设计班级活动，我多次围绕"民族团结"这一主题进行班会设计。每年国庆之前的主题班会是进行民族团结教育的大好时机。班会围绕庆祝新中国成立，从理论和事件、历史和现实的结合上，对学生进行民族团结宣传教育，大力弘扬社会主义核心价值体系，大力弘扬以爱国主义为核心的中华民族精神，大力弘扬各民族大团结大发展大繁荣的主旋律，引导全体学生牢固树立汉族离不开少数民族、少数民族离不开汉族、各民族之间也互相离不开的思想观念。通过这样的主题班会，帮助学生懂得在社会主义中国各民族之间应当互相尊重、平等相待、和睦相处。愿意和其他民族的人们友好交往，对破坏民族团结的言论和行为感到气愤。能做到和不同民族的人们友好相处，不说不利于民族团结的话，不做有损民族团结的事。与其他民族相处时能自觉尊重其他民族的风俗习惯。

班会分为四个部分。

第一部分：冬之韵——欣赏民族礼仪展示。大自然的四个季节是美丽而神奇的。冬天静谧、祥和，给人无尽的憧憬和遐想，孕育着希望。这正像 56 个民族的相亲相爱，相知相守。

第二部分：春之歌——欣赏民族舞蹈，朗诵《民族团结之歌》。春天五彩缤纷，充满了生机和活力。我们的民族大花园正如春天一样，百花齐放，万物生长。

第三部分：夏之绚——欣赏民族团结故事。夏天缤纷绚丽。耕耘着梦想，耕耘着希望，一曲民族团结的赞歌，描画了共和国的多姿多彩。我们一起聆听民族团结故事。

第四部分：秋之彩——欣赏民族舞蹈。秋天到处都充满了丰收的喜悦和夺目的华彩。民族兄弟们之间动人的友谊就如同秋之彩，让人见之难忘。

最后，班主任领诵，学生呼号："从现在做起，从点滴做起，心连心、手拉手、同呼吸、共命运，牢固树立'三个离不开'的思想，像爱护自己的眼睛一样爱护民族团结，像珍惜自己的生命一样珍惜民族团结。用我们心中那超越血缘、超越亲情、超越民族的无上崇高的大爱，来描绘我们更加美好、更加辉煌的未来！"

通过主题班会，学生们潜移默化地明白了国家对每一个人的意义及民族团结的重要性。

三、同心合力齐共进

我国是各族人民共同缔造的统一的多民族国家。在当代，培养各族学生的民族团结意识，提高各族学生维护祖国统一的自觉性，增强各民族的向心力和凝聚力，是关系中华民族伟大复兴的战略任务，是维护社会稳定和国家统一的必然要求。对一名班主任而言，维护民族团结不仅关系到班级建设，也关系到学生走入社会后如何认识和处理民族关系的问题。

虽然我在日常教学中做过一些尝试，但是需要努力的方面还有很多，需要不断勉励自己，为民族团结工作做出更多的贡献。

一家人欢度藏历年

拥忠多邓

尊敬的学校领导老师、亲爱的同学们：

今天是藏历新年，我代表全体西藏班同学恭祝大家新年快乐，扎西德勒！

一、藏历新年一起过

像往年一样，每逢藏历新年，学校领导老师为我们精心准备很多庆祝活动。我们西藏班的孩子们也像在家里一样忙着过节，忙着在学校里做古突，忙着打扫布置宿舍，忙着准备新年晚会。为了迎接新年而忙碌着，每个人脸上都绽放着璀璨的幸福笑容。那一刻，我们觉得在北师大燕化附中的大家庭里是快乐的、是幸运的，我们感恩生命中有大家的出现，感恩命运让我们相遇。因此，这个藏历新年我们不孤单，有的是满满的感动和幸福。这个藏历新年，我们每个人都在舞动着，欢快着。在一片热闹声中，我忽然觉得，时光正好，年华正盛，藏味正浓。

二、人在燕附一家亲

回想刚来到燕化附中的我们，都不认识对方，个个都羞涩不语，也从未想过后来会亲如兄弟姐妹，亲如一家。一年一年过去，我们已相知，熟悉，大家在一起生活很快乐。我们一起学习奋斗，一起比赛争荣誉，我们朝夕相处，心心相印。有大家一直陪伴着，一起唱歌，一起跳舞，一起疯，一起闹……

我们就是一家人，当心情不好时，互相倾诉，互相排解，开心快乐时互相分享。正因为我的身边有了这么一群可爱的人，我觉得头顶的天空仿佛更加的蓝，所有的事物都是那么的美好，我们都是一家人。

三、承担使命齐奋斗

我们来自雪域高原，我们同在中华民族的怀抱。我们满怀希望地走到一起，各自有不同的人生理想。但是我们从未忘记过自己的使命：建设美丽西藏，实现中国梦想。不断地努力，为了自己的未来，为了故乡的未来、祖国的未来。我们将披荆斩棘，克服一切困难向前冲，不断地进步。不管前方的旅途有多么遥远，多么困难，我们都会一起走过。

在这藏历新年的美好时刻，再次祝福大家吉祥如意，扎西德勒！

家人是我们的选择

李建波

今天是教师节，让我们用最热烈的掌声向我们身边的老师致敬，向教育过我们的所有老师致敬。

本人来自一个传统的书香家族，我们家族至少产生了 10 位教师。我小时候读书成绩不好，老师就说："你是李翰林家的。"上中学后成绩好了，老师还说："你是李翰林家的。"

在这个大家族里，你必须明白：你不是一个人在战斗。

我们每个人都生活在一个充满荣耀的社会关系中。因为我是李翰林家的孩子，所以我必须成绩好，各方面都要好。你的表现关系到你们整个家族的形象、信誉，还有地位。

最近读到一本畅销书《人类简史》，作者认为人类是一种没什么了不起的动物。我们以为我们有超级大脑是一种优势，其实大脑袋在远古时代是负担，占身体 3% 体重的大脑需要消耗 25% 的能量，并且脑袋大很容易成为野兽的猎物。你想想，一直顶着高耗能脑袋、直立行走的猴子，单独面对任何一只野兽，哪怕是一只野狗，都将必死无疑。并且人类直立之后，女性骨盆就会缩小。婴儿在妈妈的肚子里就不可能充分发育，只有早产儿才能被顺利地生产下来。人类都是早产儿，早产就需要长时间充分地照顾，因此人类需要发展以家庭、家族为中心的复杂的社会关系。

从人类进化的历史来看，是复杂的社会关系帮助了人类在自然竞争中胜出。换句时髦的话来说就是：家人才是王道。

我们中国人家国不分，我们常说四海之内皆兄弟，我们追求天下大同。《礼记》中讲："大道之行也，天下为公。选贤与能，讲信修睦，故人不独亲其亲，不独子其子。"中国著名社会学家费孝通先生提出：各民族人民要"各美其美，美人之美，美美与共，天下大同"。这也是中华文明成为全世界唯一没有中断的古代文明的原因，没有之一，自豪不？

今天，伟大领袖习近平向全世界人民提出构建"人类命运共同体"的思想主张。构建人类命运共同体最核心的内容，就是构建中华民族命运共同体，就是所谓中华民族一家亲，同心共筑中国梦。中国梦的核心是让中国人成为世界上最富有、最智慧、最幸福、最受人尊敬的人群。

我们西藏班的精神追求就是，"我们都是一家人"。要成为一家人，我们每个人应该怎么做呢？

1. 家人才是王道。心里时时刻刻有家人，不能你需要别人的时候你就说我们是一家人，别人需要你的时候，你就说，你是谁呀！

2. 你必须优秀。时时刻刻严格要求自己，你不能让整个家族为你丢脸背黑锅。你走出学校，人家就说你是燕附的。你走出北京，人家就说，你是首都来的。你走出国门，人家就说你是中国人。我们西藏班同学有一年去山东游学，在高铁上遇见一个来自美国康州的高中游学团。大家进行 K 歌比赛，我们用汉语、藏语、英语三种语言的歌把美国的小伙伴惊呆了。

3. 我们心中充满爱。不要把人往坏里想，吃亏是贡献，奉献说明你有能力，做慈善说明你有魅力。不要协助家里人做错事，纠正家人的错误是最大的爱。

我从一个没落的教师家族，来到北师大燕化附中这个大家庭，倍感温暖和力量。希望大家也和我一样，一起为这个大家庭努力。

在学校，我们是时代青年！出学校，我们是家国栋梁！扎西德勒！

民族团结　亲如一家

高一（5）班　晋美多吉

尊敬的老师，亲爱的同学，大家上午好！

今天我很荣幸代表高一（5）班全体同学，向大家讲述我们班民族团结、亲如一家的故事。

我们西藏学子和北京同学如愿来到燕化附中，共同加入高一（5）班这个温暖的大家庭。我们最初经历了难以忘记的军训生活，一起挥洒汗水，走正步，站军姿，学自编操，晚上训练结束后，大家都围在一起，讲述我们的故事。一周的训练，我们消除了初见时彼此间的隔阂，我们学会彼此照顾，互相帮助。我们最难忘的共同记忆，让我们变成了相亲相爱的一家人。

我本人也得到了同学们的信任和支持，成为班级的体育委员，我愿意为了这份信任，承担起我们班团结向上的责任。开学以后我们在各种各样的活动中消除分歧，上场拼搏。我们共同努力，一起谈论，相互沟通，最后取得了骄傲的成绩，我们都为此感到自豪。同时，作为班长，为了使同学们互帮互助，在具体的班级事务中，我认真执行和维护班级规则。每一名同学都能在承担责任和任务中收获成长，同学们有了更多的交流与合作，尽量消除班级各民族同学间的不了解、不适应。在课余时间，我一起探讨学习问题，交流学习方法。在周末，北京同学为我们带来母亲亲手做的饺子、糕点，我们也与北京同学分享家乡的土特产，牦牛肉、奶渣、糌粑、奶茶。

我们相亲相爱，亲如手足。我们学会了包容，包容同学，也被同学包容着；感受到家一样的温暖与幸福。每位同学的生日都会有我们的祝福与礼品，不少藏生有了北京兄弟，不少北京同学也有了藏族"姐妹"。我们认识到了责任，增添了更多的荣誉感。每一次跑操时，我们班的口号响彻操场后，我感到很自豪；每一次比赛完成时，更是感到一种荣誉。在这里，能感受到一种归属感，无论参加什么活动、什么社团，我们永远代表高一（5）班这集体。

在这个快乐的大家庭里，我们结下了深厚的情谊。单丝不成线，独木难成林。一块块砖，只有堆砌在一起，才能盖起万丈高楼；一滴滴水，只有融入大海，才能获得永存。这就是团结，团结可以铸就和谐，和谐才能进步发展。我想，在5班，在高一，在燕化附中的校园，无论什么时候，无论任何事情，各民族都会像石榴籽一样紧紧抱在一起，荣辱与共，悲欢同在。因为我们是一家人，相亲相爱的一家人，我们永远团结在一起，努力学习回报母校老师的爱，回报伟大祖国的爱，为了实现中华民族伟大复兴而奋斗。

第三章 教育教学实践的科研探索

第一节 科研成果促发展

北师大燕化附中民族团结教育活动校本课程开发方案

刘江波

一、课程开发背景

北师大燕化附中是全国招收西藏散插班人数最多的高中校之一，是北京市招收西藏内高班学生规模仅次于北京西藏中学的一所高中校。学校共有汉族、藏族、蒙古族、满族、朝鲜族、达斡尔族等各族师生 1000 多人。全校各族师生同呼吸、共命运，生活、学习在燕化附中这个充满和谐希望的校园里。几年来，各族师生都齐抓共管、凝聚共识，将民族团结教育视为我校的一项重要工作，取得了显著成效。

为进一步强化"三个离不开的思想"，更进一步唱好民族大团结的主旋律，学校经过精细研讨与策划，筹集人力物力，特构建开发适合我校学情、师情、生情的《北师大燕化附中民族团结教育活动校本课程体系》。

二、课程需要评估

1. 时代发展的需要

民族团结教育是维护祖国统一和社会稳定的需要，是提高民族凝聚力、增强我国综合国力、落实党和政府民族政策的需要，也是新一轮基础课程改革的需要。民族团结教育校本课程的开发是为了落实《基础教育课程改革纲要》的精神，以课本课程、活动课程、环境课程为载体，学习民族的发展史，培养学生马克思主义民族观，培育兄弟民族之间的感情，培养全面发展的"四有"新人。

2. 传承历史文化精髓的需要

北京自古以来就是一个多民族聚集的城市，各民族在这里繁衍生长，共同创造了辉煌的历史。

3. 课程发展的需要

学校课程的建设，是对国家课程和地方课程的有益补充。让我们的师生更清醒地认识到民族大团结教育的重要性，让学生学会认知、学会做事、学会共同生活、学会生存，是当代教育的重要内容。我们应在校本课程的开发和实施中推进德育工作和民族团结建设，提升校本课程开发的深度和广度。

三、民族团结教育校本课程开发的目标

1. 通过课堂学习、开展活动、环境渗透等途径学习少数民族的历史，了解少数民族的过去、现状，展望美好的未来。

2. 培养学生马克思主义民族观，认清反华势力和三股势力西化、分化我国，破坏民族团结的恶毒用心，培养学生爱党、爱国、爱社会主义的思想感情。

3. 引导学生理解"三个离不开"的深刻内涵，在学生的心灵深处播下民族团结的种子，抛弃"狭隘的民族主义"，激发、培养、弘扬中华民族长期以来积淀下来的各兄弟民族之间的深厚感情。

4. 汉族教师与少数民族教师结对帮扶，互相学习语言。帮助少数民族教师熟练地掌握汉语，开展好学校的双语教学工作。

四、课程资源

1. 民族团结教育的校本课程来源于各项综合活动。民族团结教育校本课程包括课本课程、活动课程、环境课程，三者有机地融为一体。活动课程包括师生联欢、汉族与少数民族的联谊活动、民族知识竞赛、民族歌曲演唱比赛、民族服饰展示比赛、游学课程等。环境课程包括在校园里精心布置富有浓郁民族特色的建筑、草木、图片等，潜移默化地影响学生。让学生确立为振兴中华、振兴西藏而学习的强烈责任感，懂得不但要有爱国之情、报国之

志，更要有效国之才、强国之能的道理。从而增强学生学习科学文化知识的动力。

2.民族团结教育校本课程来源于实践，民族团结教育的活动设计应当，也必须尽可能接近现实，为学生提供综合性的学习活动，为学生创设体验的情境。民族团结意识的培养、行为的训练、习惯的养成，都离不开学生主体的体验，在体验中发展，在体验中强化，在体验中提高。

3.民族团结教育校本课程应由师生结合实际创造性地开展

民族团结教育校本课程的开发以教师和学生为主体，教师自主设计课程，学生创造性地提出问题，确定方法，实施操作，了解过程，参与实践活动，完成预设的任务。学生参加民族知识竞赛、民族歌曲演唱、民族服饰展示、民族饮食烹制比赛等活动时，应创设自由和宽松的气氛，允许并鼓励不同意见的存在，提倡大胆的尝试，充分发挥学生自己的创造才能。当然，学生活动中贯穿有教师的指导，只不过教师不是以指令约束来指导活动，而是注重信息诱导，注重保护、培养学生的求异思维。

4.民族团结教育校本课程应传授民族史

充分利用政治课、班会、校会、网课、知识竞赛等阵地，对学生进行历史、风土、人情等的教育，让所有学生都体验到在党的阳光下生活的幸福。

5.民族团结教育校本课程的开发应注重来自培养民族观和培育民族情。我们要引导广大学生明白一个道理：少数民族离不开汉族，汉族离不开少数民族，各少数民族互相离不开。通过专题教育、参观学习、学生论坛等活动，使学生爱党、爱国、爱社会主义的观念得到进一步增强，初步养成马克思主义民族观。每年通过各种有益的民族团结活动，培育各族师生的民族情感。

五、课程目标

通过民族团结教育，让各族师生将民族团结视为我校重点工作，牢牢记住民族团结工作重于泰山，从而搞好我校的各项教育教学工作。

六、课程结构

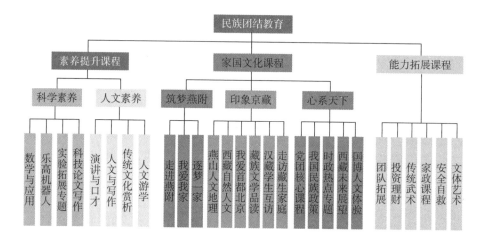

七、课程设置与管理

每周基本保证 2 课时；

周末，各种节日，及暑假、寒假。

八、领导小组

组长：马熙玲校长、任德鸿书记。

副组长：刘燕飞、赵京华、杨琳、李建波。

成员：中层干部、年级部主任、教研组长、班主任。

九、课程开发流程

1.学校每年根据师生建议和实际需要，不定期发布课程开发计划；

2.教师根据学校课程开发计划自主申报具体课程开发项目，并提交申报书（包括成立课程开发团队、制定开发计划、提出所需支持条件等）；

3.课程开发领导小组组织评审、答辩，进行可行性评估；

4.通过评审后，申报人组织开发团队进行开发；

5.课程开发领导小组对课程的开发进行指导、评审、答辩，验收；

6.验收合格后，学校组织课程的实施；

7.申报人及其开发团队拥有该课程的知识产权，并有权利和责任对该课程进行不断地修改和优化。

构建民族教育课程，保障民族教育质量
——西藏内高班教学特色探究

李建波

北师大燕化附中是全国内地西藏散插班人数最多的高中校之一。学校依托石化高新技术，创办北京市特色高中，并在民族团结教育方面逐渐形成自己的特色。

学校在"希望与生命教育工程"的统领下，办学思想凝聚为"给希望创造腾飞的翅膀、力量、蓝色的天空"。而从学生培养目标上，西藏学生一进入学校开始，学校就要把其培养成志存高远（品德）、全面发展（综合素质）、专业特长（结合地域特色、我校特点，一生一特长）、创新精神（与国际接轨）的复合型人才。

一、明确任务有思路

北师大燕化附中承接西藏内高班的根本目的和任务，就是要利用我校的办学条件和师资优势，帮助西藏培养拥护中国共产党，拥护社会主义，自觉维护祖国统一、民族团结，具有初步的科学世界观、较扎实的科学文化知识、一定劳动技能的建设骨干，有效促进西藏的改革开放、经济繁荣和事业发展。为促进社会和谐稳定发展，维护民族团结和国家统一，完成教育援藏的政治任务。

我校西藏内高班确立办学"六个一"目标：在希望与生命教育理念的引领下，形成一套民族教育的工作思路；开设一套民族教育的精品课程；打造一批民族教育的专家学者；培养一批西藏未来建设的优秀人才；提供一个宣传交流的校园平台；最终办出特色并创建一个面向全国的民族教育科研实践基地。努力实现我校民族教育"六个一"目标，出色完成教育援藏政治任务，在北京市乃至全国，为房山区燕山办事处以及北师大燕化附中赢得赞誉。

二、"六个一"目标办教育

1. 一套民族教育的工作思路

构建内高班民族教育管理制度，保障日常教学，丰富节假日生活，关心学生身心健康，关注每位学生成才成长。做好工作规划，完善应急预案，及时记录汇报，了解学生思想动态，加强家校合作，注重民族团结，完成教育援藏任务。培养学生干部，组建学生社团，注重学生自我管理能力培养。协调部门关系，加强校际交流，沟通上级领导，广泛宣传教育成果，积极争取各方面支持。

2. 一套民族教育的特色课程

为培养国家和西藏的未来建设者，成就中华民族伟大复兴事业，学校设计了一套民族"希望"教育课程体系，作为教育教学的支撑和依据。

整套课程设计分为两个方面：政治思想提升课程体系、综合素质提升课程体系。

政治思想提升课程体系下设党团课程与人文爱国课程。

综合素质提升课程包括文化提升课程、实践活动课程、艺术课程、体育课程、通用技术课程。从五个方面全面提升藏生综合素养。其中文化提升课程包括口才演讲课程、英语阅读听力写作课程、数学思维课程、石化科技课程；实践活动课程包括文艺表演课程、社会实践拓展课程；艺术课程包括音乐提升课程、美术提升课程、舞蹈提升课程；通用技术课程包括日常维修课程、家政课程。

3. 一批民族教育专家学者

学校主导，西藏部主抓，校内校外兼顾，高端引领，班主任核心，全员参与，突出优秀，打造专家，推广成果。

4. 一批西藏未来建设的优秀人才

开设民族特色课程，在民族教育专家学者的引领下教育教学，培养学生健康身心，拓宽学生人文视野，加强民族融合，提升学生文化水平；组建学生会与社团，培养学生管理才能；高考升学达成三个目标，少数同学考入一流名校，多数学生考入重点本科，全部考上本科院校。

5. 一个宣传交流的校园平台

学校承担西藏内高班办学重大任务，全校教师在上级领导的关怀下，在全社会的关注下，学校需要全面、及时地展现宣传西藏内高班办学过程和成果；学生家长千里相隔，家长有及时了解学生在校学习生活的强烈需求；学生在校期间学习生活全过程精彩呈现，获得成长的自信和满足，学生毕业离开学校怀念青春最美好的求学生涯，能找到学习生活完整过程。基于这三个需求，学校形成一整套的宣传交流平台体系，这一宣传交流体系包括四个平台：学校西藏部设立藏生园地校内板报宣传平台，西藏部管理者以及班主任努力创建飞信、微信家校交流平台，学校信息中心积极完善校园网"藏生管理"专版的网络宣传平台，进而建立校友终身互动的校友网宣传交流平台。

6. 一个面向全国的民族教育的科研实践基地

我校内高班办学前五个目标实现，就是说，在希望与生命教育理念的引领下，已经形成一套民族教育的工作思路；打造并开设全套的民族教育精品课程；储备了一批校内校外的民族教育专家学者；培养了一批西藏未来建设的优秀人才；提供一个宣传交流的校园平台体系。

前五个目标基本实现，我校西藏内高班办学便已经形成了自己的民族教育特色，北师大燕化附中便成为全国内高班"民族希望"特色办学的品牌学校。学校在民族教育方面持续的发展动力来自教育科研和实践，因此建立面向全国的民族教育科研实践基地，一方面是提升学校民族教育教学水平的内在需求，另一方面又是全国民族教育工作交流展示的舞台，为民族教育的持续发展提供支持，为民族教育取得更大的成绩做出贡献。

三、多样发展促成长

燕化附中自建立西藏班以来，始终立足于培养建设西藏的中坚力量，努力把藏生的教育教学工作作为学校的首要工作，狠抓西藏班学生行为规范教育和教学过程管理，不断提高教育教学质量。

1. 向课堂要质量

我校坚持"散插班"的原则，我校三个年级143名西藏内高班学生散插在全校27个教学班当中。为解决学生课堂参与程度不同的问题，高一年级以导学案为载体，通过小组互助学习模式，构建高效课堂。在校本课程设置上，一方面开发民族团结教育方面的校本课程，加强民族团结教育方面的校本教材建设，认真编写民族团结教育案例；另一方面，让藏生融入学校，学习具有石化特色、地域特色的校本课程。我校期待着将来有一批石化科技、新材料及能源方面的专家从学校走出。

2. 在课外促发展

针对西藏学生文化基础相对较差、学习压力大的实际情况，节假日、寒暑假，学校为西藏学生单独安排课程，开设了英语、化学、语文、数学和物理五门基础课的拓展训练，做到打牢基础，严格管理，保证教学质量，又注意增强他们的信心，调动积极性。年级部还实行优秀学生与他们"一对一"结对子的办法，帮助他们提高学业成绩。

3. 多彩活动显生机

在西藏新生入校前，我校西藏部，已做了大量准备工作，制订了详尽周密的活动安排。将每年的活动以文件的形式固定下来，并根据每月的具体情况做调整。先后组织西藏班学生参观了燕山石化公司高新技术展览、污水净化处理厂、北京猿人遗址、北京古文化街、故宫、天安门广场、毛泽东纪念堂、国家大剧院、颐和园，并多次参与北京电视台、凤凰卫视、吉林卫视节目制作。同时，每逢节假日均组织西藏班学生举行联欢晚会，使学生与学生、汉族与藏族、学生与老师融为一体。让藏族学生体会到家的温暖，让他们深感祖国统一的好处，让他们明白民族团结的力量，让他们享受首都人民的深情厚谊。

除了为藏生量身打造的各种活动外，学校还组织了大量的特色德育活动。篮球文化节、校园足球联赛、周口店远足寻根、中国电影博物馆、798艺术区学习体验、运动会、健身大赛、阳光长跑等。藏汉学生心手相连，一起享受活动带来的快乐，一起分享活动带来的成长。

在整个教育教学活动中，班主任教师承担着引领的重大责任，学校尤其注重对教师的培养，将承担民族团结教育工作的干部教师的培训纳入继续教育整体规划，不仅重视理论培训，采取各种形式的校本培训，更让干部教师走出去，多接触民族地区的教育，极大提高了干部教师的思想素质和业务水平。可以说，对民族教育的追求永无止境，教师与学生在同一个目标下不断向着更好的方向发展。

学校依托燕山石化地域资源，建成综合石化科技博物馆，凸显石化科技特色，成为燕山石化和办事处的品牌代言，这也将填补北京市没有石化科技博物馆的空白。

两年来，北师大燕化附中根据西藏学生特点和学校的地域特色，不断探索新思路，"明确希望办学思路，建构特色课程内涵，依托石化科技，打造校园文化，实现多维成才"，以"希望"课程为核心，以"希望"文化为标志，用"希望"促进学生多元发展，用文化培育国家栋梁，办好西藏内高班，完成教育援藏任务，创建具有浓郁石化科技特色的北京市高中民族特色学校。

文化浸润心灵美　课程激发爱国情
——北师大燕化附中西藏内高班家国文化与课程建设

李建波

北师大燕化附中承接西藏内高班的根本目的和任务，就是要利用学校的办学条件和师资优势，帮助西藏培养拥护中国共产党、拥护社会主义，自觉维护祖国统一，民族团结，具有初步的科学世界观和较扎实的科学文化知识，以及具备一定劳动技能的建设骨干，有效地促进西藏的改革开放、经济繁荣和事业发展。

学校启动了"希望"民族教育工程，在"希望与生命"办学理念下，形成西藏内高班独特的"家国文化"，培育西藏学子热爱生活、热爱学校、热爱国家的情怀。在此基础上，学校设计构建课程体系，在民族教育方面形成独具特色的教育品牌。

一、构建内高班"家国文化"

国家为培养西藏未来优秀的建设人才，而把这批学生聚集在北师大燕化附中。学生们一方面憧憬个人和家族的梦想，一方面肩负民族和国家的使命。西藏内高班143名学生常年住校，学校的管理范围涉及学生学习和生活的所有方面。

1. 培训学生尊师、爱校、勤学，遵守校规，确保和谐稳定

新生入学三天培训，马校长传播"希望"教育理念，德育校长主讲人生规划，学生处主任宣讲学校校规，宿管部主任强调住宿制度，西藏部主任培训内高班制度，最后全员考核，考核合格方能进班学习。

学校成立西藏部以来，遇到的最大难题是内高班学生手机使用问题。他

们远离家人，需要手机联系沟通。但是在宿舍中给手机充电存在重大安全隐患。所以，学校从四个方面入手解决这一管理难题。①进行宿舍用电安全教育，明确告诉学生正确地使用手机并充电，是避免校园火灾、确保大家安全的有效方法；②采购 USB 安全充电设备，确保学生能合理地给手机充电；③规范学生手机管理制度，让学生签署手机安全使用协议，检查学生手机上交情况，废旧手机统一收归西藏管理教师保管；④改造宿舍插座，避免学生私自给手机充电。

每周末西藏内高班管理大会，回顾一周表现，宣传内高班活动，表彰优秀，指出问题，布置工作。遇到普遍性问题，召开案例研讨，并让学生评价自己的表现。

2. 关爱学生，营造家庭温暖，及时就医确保学生身体健康

143 名学生住校，几乎每天都有生病的学生，感冒爆发季节，生病人数动则几十人。7 至 11 月，西藏内高班护送学生去医院 102 次，其中 11 月就医就高达 34 次。有些病比较紧急，9 月高一新生次旺扎巴同学气胸，25% 肺叶萎缩，送医后及时手术得以康复；11 月高二洛桑久美多吉同学在足球比赛中和同学相撞，耳朵撕裂，送医后缝合 6 针，巴鲁同学膝盖积液，门诊手术后单独住宿半个月，期中考试西藏部老师单独为她开始考场；12 月巴鲁同学半夜胃痉挛，医院急诊，这已经是巴鲁同学第二次半夜就医了。短短四个月，重大病例就医出现 5 次。西藏老师，尤其是姜薇老师，全程陪护，真心关爱，孩子们都亲切地称她为"姜妈"。有"母亲"的关爱，自然就有家的温暖。

3. 学生互帮、互助、互敬、互爱，一同生活共叙兄弟情谊

暑假期间，学校发动高三学生精心策划高一迎新生系列活动。高三学生提前为高一新生打扫宿舍，领好宿舍物品，铺好被褥；新生到校，高三学生打出迎接横幅，"一帮一"为高一学生搬运行李物品，为他们介绍学校概况；精心准备了一场隆重的迎新生文艺晚会。高一、高二同学充分感受到了高三学生的关爱及热情。

开学后，高三学生开始备考，很多有关内高班的任务要移交给高二高一的同学。通过激烈的内高班学生会竞选活动，他们选出了校学生会和年级学生会干部，举行了一场内高班学生会工作交接和经验交流会。高三学生会干部把自己在岗位上的工作一一和大家分享。

中秋节、国庆节系列活动和大型文艺晚会的组织工作，全部移交给了校学生会团队。学生会团队在中秋节举办了篮球文化节、足球文化节等赛事活动，赛事安排充分考虑了全体同学的参与度及各年级的融合氛围，采取了男女跨年级混合编组、团队循环比赛的方式。高三同学参与并享受到学弟学妹们的智慧和热情。

此外，西藏内高班趣味运动会、案例研讨会，及藏文社、足球社、篮球社等诸多文体活动，将内高班学生牢牢地团结起来。

4. 提炼精神形成共同文化追求

通过对内高班的管理，我们归纳出内高班的文化追求：我们都是一家人。

具体内容：互帮互助、互敬互爱、追求卓越、荣誉至上、乐于奉献、团结一心。

班歌：《我们都是一家人》。

> 我的家乡在西藏哦，你的家乡在西藏啊，从前时候是一家人，现在还是一家人，手牵着手，肩并着肩，尽情地唱出我们的歌声，团结起来相亲相爱，因为我们都是一家人。
>
> 我的家乡在北燕哦，你的家乡在北燕啊，从前时候是一家人，现在还是一家人，手牵着手，肩并着肩，轻轻地唱着我们的歌声，团结起来相亲相爱，因为我们都是一家人，现在还是一家人。

通过班级文化建设，学校西藏部专用橱窗以及藏生园地网络来全面宣传。

通过各种会议和活动来强化西藏内高班"我们都是一家人"的文化追求。

建设并实施民族教育课程体系

为培养国家和西藏建设的未来人才，成就中华民族伟大复兴事业，学校设计了一套"希望"教育民族课程体系，作为教育教学的支撑和依据。

整套课程提升学生政治素养为核心，以"文化素养课程"和"实践活动课程"为两翼，通过课堂渗透和活动渗透来助推我校西藏内高班学生全面成长。

5. 党校核心课程培养爱国青年学子

西藏内高班的教育使命最核心的内容就是培养爱国爱党的优秀青年，为西藏未来建设储备栋梁之材。为此，学校专门开设了《我爱中国共产党》党校课程。党校课程由学校校长团队开发和主讲，一共分为五讲：

第一讲：我的中国心——青年学子与中国未来。

第二讲：没有共产党就没有新中国——我们身边的党史。

第三讲：心怀天下——正确的入党动机。

第四讲：我要入党——党的章程和入党程序。

第五讲：社会实践——卢沟桥抗日战争纪念馆参观学习。

主讲人：赵京华副校长。

党校课程从党的光辉历史、中国青年责任、中国未来发展的重大挑战、青年个人发展的和祖国发展的关系等重大课题入手，激发西藏青年学子积极加入中国共产党，发挥自己聪明才智建设美丽家乡，建设伟大祖国的队伍中来。

同时，党校课程配备了《爱我中华》社会实践课程。社会实践课程的目的地有卢沟桥抗战纪念馆、国家博物馆、军事博物馆、航空博物馆、中华民族园和白洋淀爱国主义基地。通过组织学生参加这些爱国主义教育基地的学习实践，生动而直观地激发学生爱国主义热情。通过党校课程的开设，西藏内高班学生积极要求加入中国共产党，立志投身党和人民的伟大建设中来。

6.《我爱首都北京》社会实践课程

学校以首都北京作为课程资源，开发了《我爱首都北京》社会实践课程，利用节假日，带着雪域学子体验伟大祖国的繁荣昌盛，激励爱国自豪的民族情怀。

丰富多彩的校外拓展活动，让学生很快融入北京城广阔的社会舞台。

他们徒步前往燕山石化牛口峪水库参观游览，亲身体验燕山工业、生活污水循环利用的奥秘。他们游览北京城享誉中外的名胜古迹：攀登万里长城，触摸民族的脊梁；畅游颐和园，感受园林艺术的精妙；徒步去周口店寻根问祖，用盛大的歌舞祭奠先祖；走进圆明园，在残垣断壁前坚定振兴中华的决心。他们春天去北京植物园赏花，夏天在体育馆游泳，秋天到西山看红叶，冬天欢聚前门，体验文化古街，共叙民族情谊。此外，他们还参加了很多电视节目的录制。

7. 学校内部民族团结教育

从 2011 年至今，北师大燕化附中承办内高班已两年，学校严格按照教育部办学要求，坚持散插班办学。散插班办学存在诸多管理风险，为避免发生藏汉学生冲突问题，年级部班主任全程管理，西藏部每学期均会对高一新生及家长进行民族团结教育专题讲座。

学校藏生与本地学生相互欣赏，相互学习，相处融洽，亲如一家，涌现出许多民族团结感人事迹。学校搜集整理民族团结故事近40篇，优秀学生成长案例5个，编辑整理成《北师大燕化附中西藏内高班办学纪实》一书。

遇到问题，联合学校、年级部、班主任及时有效处理。球场发生口角、宿舍发生矛盾做到及时有效地妥当处理。

8. 大力宣传内高班学子智慧与精神

学校承担西藏内高班办学重大任务后，全校教师受到上级领导的关怀，受到全社会的关注。学校有全面、及时地展现西藏内高班办学过程和成果的需求。学生家长远隔千里，有迫切了解学生在校状态的强烈需求。学生毕业后离开学校，有追忆青春最美好的求学生涯的需要。基于这三个需求，学校形成一整套的宣传交流平台体系，包括四个方面：学校西藏部设立藏生园地校内板报宣传平台，西藏部管理者及班主任创建飞信、微信家校交流平台，学校信息中心完善校园网"藏生管理"专版网络宣传平台，进而建立校友终身互动的校友网宣传交流平台。

学校西藏内高班第一部宣传短片《格桑花香满京城》，比较完整地呈现北师大燕化附中西藏内高班各方面的办学工作，为我校西藏内高班办学内部宣讲和外部宣传提供了鲜活而精美的视频资料。

浅谈西藏学生学习数学障碍的原因及策略

杨春娟

摘要：通过教学实际，借助实例说明西藏学生学习数学的障碍所在，在此基础上，浅析原因所在，并提出相应的解决策略。

关键词：西藏学生，数学，障碍，原因，策略

自2011年起，我校开设了西藏内高班，承担起了民族教育的大任。西藏学生淳朴、善良、乖巧、能歌善舞、学习勤奋，然而由于种种原因，在学习理科尤其是数学时，相对困难。但是，大多数西藏学生求知欲很强，很愿意学习新知识。那种刻苦学习的精神使得我们教师为之感动。针对这一现状，

作为教师，有必要在平时工作中采取有效措施，切实转化数学学习困难生，为我校民族教育略尽绵薄之力。

在数学学习方面，藏族学生计算能力相对欠缺，理解能力较弱，思维灵活性不够，遇到灵活变通的问题，便会出现不同程度的学习障碍。造成这一现象的原因是多方面的，有智力因素、非智力因素、教学因素、环境因素等。下面对于造成西藏学生学习数学困难的原因进行分析，并提出自己的一点愚见。

一、了解学生思维特点，当慢则慢

西藏学生逻辑思维、抽象思维相对直接，空间想象能力相对欠缺，相应的数学思维能力有待进一步提高。高中数学难度大，公式、定理、法则通常用抽象的逻辑语言表达，晦涩难懂，再加上习题类型繁多，灵活性大，需要学生反复推敲理解，整个知识结构呈现"起点高，难度大，容量多"的特点。这无疑给西藏学生带来了挑战，使得西藏学生在学习中过多地表现出"不聪明"。

比如，在学习函数概念时，我通过原材料、加工程序、产品来形容定义域、对应法则、值域，并期望通过这样的比喻，使学生明白对应法则的含义，为接下来学习换元法做准备，同时使学生明白值域是由定义域和对应法则决定的，也为求函数值域时写出 x 的取值集合埋下伏笔。然而，教师眼中的杰作，在好些西藏学生看来，还是很难理解。经过了解发现，并非是我的比喻不到位，而是解释一遍还不够，学生只是"有点感觉"，朦朦胧胧似懂非懂。

再比如，学习三视图时，尽管教师借助长方体模型，利用多媒体动态演示如何投点、投线，再到面，将三视图还原，但由于空间想象能力的欠缺，西藏学生不能很快地解决相关问题，这就需要教师重复演示，加深学生印象；在学习线面平行、线面垂直、面面平行、面面垂直等的性质、判定与推论时，尽管教师会借助教具等实物模型，充分演示结论的正确性，并借助反证法给予相应证明。然而，一次下来的效果可能也不是那么理想。

鉴于此，在平时工作中，要充分了解西藏学生的思维特点，要有耐心，要特别注重课堂当中的师生对话，根据学生的学习情况，需要慢的时候一定要慢下来，需要重复说明的重难点内容一定要反复几次，以便于学生掌握知识，使学生感受学会、学通的乐趣。

二、把握学生学习过程中的语言障碍，抽象具体化

数学是一门思维量很高的学科，然而在数学学习中，数学思维往往借助于数学语言进行，数学语言是数学逻辑思维的载体。西藏学生学习数学存在双语障碍，藏语是他们的第一语言，汉语是第二语言，对于我们而言的显然，对于西藏学生来说，可能就有些晦涩难懂了，更别说是抽象的数学语言了。所以，在平时的工作中，要更加注重抽象语言"具体化、直白化"。不仅要讲的精彩，还要讲的细致，加深学生对知识的理解，更多地帮学生学习。

比如，在高中阶段，参数的出镜率很高，何为参数，对于西藏学生来说，很难理解。如果说参数是"未知的常数"，问题便好理解了。说它是常数，是因为它不是未知数，在求解方程、不等式等问题时，要当作常数，地位跟一般的数字 1、2、3 等没本质区别；说它未知，是因为它的值不确定，要根据实际情况合理讨论。这样一来，也渗透了分类讨论的思想，使学生明白出现不确定，就要分类讨论的意义所在。

再如，学习频率与概率时，出现了"概率的统计定义"这一说法，学生不理解此云何意。如果在此说法前加一句话"概率是一个理论值，而这个理论值由频率而来，频率是建立在大量重复试验基础之上，这属于统计的范畴，所以概率的这种定义叫作概率的统计定义"。这样的解说，也使学生更深刻地理解了概率与频率之间的关系。高中数学的最大特点之一是抽象，用通俗语言理解抽象内容，是提高学生学习效率的关键。

关于语言方面，最后要说明的是数学语言之间的转化。数学语言包括文字语言、符号语言、图形语言，在平时工作中，要渗透这三种语言之间的转化。比如，在学习不等式（为了更简便说明问题，下面的讨论统一认为二次项系数不为 0）的恒成立问题时，若要求学生直观去理解"恒成立"这一抽象现象，很费劲。如果站在三个二次之间的关系的基础之上，引导学生借助图像形象分析恒成立问题，便容易得多。我这样引导学生学习这一知识：若以 x 轴为分界线将二次函数图像分为上、中、下三部分，要求这个一元二次不等式恒大于 0，那么图像只能在 x 轴上方，此时满足的条件是二次项系数大于 0 并且 $\Delta < 0$。通过图像很形象、直观地看恒成立这个抽象问题，有效提高了学生的学习效率。

三、查漏补缺，做好衔接

西藏地区环境优美，地域辽阔、资源丰富，但由于受地理以及人文等因素的影响，西藏的教育相对落后。藏族学生学习数学出现障碍的另一个主要原因是基础知识普遍薄弱，计算能力欠缺。据初中内高班不完全统计，每年内地西藏班新生（初中）仅占西藏小学毕业生的4%，虽是优中选优，可学生的数学只有小学三年级水平。每年对内地西藏班学生（初中）进行入学水平考试，小学数学考试平均分一般在20分左右，经过内地西藏班（初中）一年预科学习，小学数学成绩有所提高，但预科一年学习小学三年课程，这样一来，与内地初中生还存在明显差距。这给西藏学生高中阶段数学的学习带来很大困扰。俗话说："基础不牢，地动山摇。"前期积累不够，后续的学习很难跟得上。在学习过程中经常出现新知识掌握很到位，然而由于前面知识欠缺，导致整个问题解决不了。

我校内高班学生，一部分来自西藏，一部分来自内地西藏班。来自西藏的生源，由于教育资源以及教材等方面的差异，导致小学、初中的基础并没那么全面扎实；来自内地西藏班的生源，限于学生本身的特点，一些学校降低了对西藏学生的要求，使得西藏学生在知识方面出现了一些缺失。比如，在学习互斥事件概率的加法公式时，一些西藏学生看见异分母分数不知要通分，那么看见分式运算自然也不会想着去通分；在处理一些计算问题时，遇到无理分式时不知分母有理化；求解一元二次方程习惯于用求根公式，即使能想到因式分解法，在很多情况下也会出现各种求解失误。这些基本运算能力欠缺，很明显的一个障碍表现在圆锥曲线方面的学习上。由于此部分知识涉及大量运算，不仅要会基本运算，还要掌握一定的运算技能。

高中数学在知识和思想方法上都上升到了一个新高度，但在很多情况下，由于基础知识掌握不牢，导致学生很难达到既定的高度。当代美国著名教育心理学家奥苏泊尔在他最具有影响力的著作《教育心理学：一种认知观》中写道："如果我不得不把教育心理学的所有内容简约成一条原理的话，我会说：影响学生的最重要因素是学生已知的内容。弄懂了这一点以后，再进行相应的教学。"奥苏泊尔的理论和维果斯基的"最近发展区理论"不谋而合。由此可见，学生现有的知识结构和学习能力，是学生进行新的学习的基础。作为教师，在教学过程中一定要把握住"难与易"这个"度"，不仅要抓当下知识的学习，也要充分了解西藏学生现有的知识结构，及时做到查缺补漏，适时补习小学、初中的数学知识，做好高中数学知识的衔接，使每一位学生都学有所获，争取做到培优、促中、提差。

结束语

关于西藏学生数学知识的学习，需要统筹安排，需要教师充分了解学生现有的知识基础，思维特点，在此基础上合理安排课程，设计出适合西藏学生的课程，做好内地西藏班的教育工作。这不仅关乎学生健康成长，更关乎民族友好团结。让每一个学生全面、健康地发展，成为精神独立、人格完整、情感丰富、热爱祖国热爱家乡、能够自食其力的和谐个体，这是我们的追求。因此，我们有必要不断深入探索藏族学生的身心发展特点、知识结构，与时俱进地采取有效的教育对策，全方位提高学生能力，促进民族团结，为培养具有良好素质的优秀人才打下坚实基础。

值得欣慰的是，我校西藏学生大多数很好学，很听话，很开朗，师生关系融洽，与内地学生相处也很愉快，积极参与学校组织的各种活动。我认为，这归功于老师们的辛苦付出。肩负着民族团结、民族教育的伟大使命，我校教师开发了以"筑梦燕附""印象京藏""心系天下"为核心的西藏内高班"家国文化"课程体系。我校西藏内高班的口号是"我们都是一家人"，班歌为《相亲相爱一家人》，处处体现家的氛围。每逢过节，领导班子都会舍小家为大家，跟西藏学生一起过节庆祝，让远离家乡的西藏学子感受家的温暖。

散插班年级组（部）班主任团队专业化建设探索

李建波

摘要：教育部要求西藏内高班全散插办学，内高班年级部及班主任工作变得更为重要。现在，班主任工作繁难琐碎，班主任专业化研究试图为现代班主任工作找到出路。而班主任专业化研究发现，要维持班级教育系统的运转，需要班主任具备诸多可能超过个人承受能力的专业素养，班主任个人很难维持班级教育体系的运转。因此，许多教师不再把班主任作为自己的职业追求。

在学校管理规模化的背景下，年级组（部）成为学校班主任工作的团队，年级部班主任团队专业化的建设，为班主任专业化发展提供了团队的力量支持，班主任专业化的过程不仅是个人职业化成长的过程，更是教育管理团队专业化发展的过程，没有团队的专业化发展，很难有班主任的专业化成长。

关键词：年级组 年级部 班主任专业化 班主任团队

作为西藏内高班全散插办班学校，每到学年结束，学校都会为甄选新学年班主任而犯愁。年轻教师迫于职称压力愿意做班主任，但是教育管理的专业素养可能有待提升；经验丰富的老教师早已没有职称压力，大多不再愿意做班主任。许多教师不再把班主任视为自己教育生涯的职业追求，魏书生、任小艾这样主动投身班主任工作队伍的人越来越少，"教师不愿意做班主任"。那么做班主任到底有多难呢？班主任专业化成长是破解班主任工作的良方，还是新的工作负担？假如班主任工作无可避免，年级组（部）班主任团队能否成为专业成长的依托？

一、班主任工作有多难

华东师范大学吕星宇教授认为教师之所以不愿意做班主任，主要原因是"专职德育工作者的出现意味着非德育工作者存在。班主任一个人单打独斗，极易因倦怠而滋生不愿意做班主任的想法"。而实际情况可能并没有这么简单。

2010年，南京师范大学班主任研究中心做了一个"全国班主任工作状况调查"。调查发现，班主任感到难度最大的工作依次是：学生的思想道德教育、学生行为规范的教育与训练、学生厌学的问题。班主任最困惑的问题是：学生家长误解与不配合、教师个人的力量太小、如何处理学生之间的关系和学生心理问题。班主任工作的压力主要来自：学科教学工作的发展与班主任工作的矛盾，学生、家长对班主任的期望以及自己对班主任工作效果的高期望。班主任最希望解决的问题是：班主任工作与教学工作的工作量的协调、学校和家长能够配合班主任的工作、提高待遇、有更多的进修学习机会。

班主任工作的困难，来自独生子女时代，家长把承载一个家族命运的独苗都转化成对班主任教育工作的期待。内高班学校西藏学生常年远离父母，管理责任全部压在班主任的肩头。于是学生厌学成了重大的班级管理问题，而不是等待孩子有一天会产生兴趣，缺乏学习动力的教学管理是多么艰难的事；于是学生行为规范和思想道德教育变得如此的棘手，而不是由父母来解决这个问题，事实上许多家长反过来指责班主任工作的不力；于是班主任最希望能多一点时间来研究教学，学校和家长能配合自己的工作，而学校和家长想得正好相反。

二、班主任专业化有多复杂

班主任专业化包含哪些内容呢？

南京师范大学著名的班主任专业化研究专家班华教授对此做了长期深入的研究。班华认为："不是任何一个人都能胜任班主任工作的，也不是任何一个班主任都能体验到班主任劳动的快乐和幸福的"，"班主任的教育劳动是一种专业性的劳动，要胜任班主任的教育劳动，就需要逐渐地走向专业化"。

班主任专业化的主要内容包括：

1.学会精神关怀，要"关心、理解、尊重、信任"学生。

2.学会班级建设，以"班主任为主导"，建立"相互联系的班级教育目标、班级教学、班级学生集体、班级活动、班级文化、班级管理、班级教育合力、学生发展评价"等子系统，"并有机构成的班级教育整体"，"班级教育系统是班主任实施教育的特殊操作系统。当然，班级教育活动有时也邀请任课老师参加，甚至邀请家长、社区的有关人士参加，但他们是作为'班级教育合力'参与的，不能代替班主任在教育中的地位和作用，因为任课教师以及其他人的参与都是协助性的，而班主任负责组织、引导班级学生的教育，这是学校制度化的规定和班主任的角色地位决定的，是班主任的职责"。

3.班主任必须具有师德。"教育过程是道德生活过程，是班主任做人的过程，育人要先育己。"虽然不能要求"班主任在道德上十全十美"，"但应当有在道德上不断进取、严于自律、承认自己不足、保持真挚情感的教师；应当有能与学生心灵沟通、引导道德教育活动、与学生共同学习、相互教育与自我教育的教师"。

除此之外，北师大董奇和王耘教授进一步指出，班主任还应当具备"心理学策略"，"科学地了解和认识学生（心理特征）是班主任工作的基础"，要充分认识班主任在改变学生过程中的职责与能动性"，"勇于担当改变学生的职责"，同时还要确保班主任自身的心理健康。因为"班主任自身心理健康是建立和谐师生关系，改变学生行为的保证"，最后学会运用心理学知识，掌握

"改变学生行为的有效方法"。

按照现代工业化的思维方式，面对一个难题，最好的方式就是通过专业化的途径来解决。这种专业化就似乎意味着自动化的思维方式，其实忽略自动化需要一个专业化的团队来支持整个运行体系，而不是一个人包揽一条流水线。班主任需要具备的专业素养实际包含内容比专家研究的要多得多，其实可能超过了一个人的实际承受能力。在河北衡水中学参观学习时，有位来自成都的副校长问一位公开课的女教师："你是班主任吗？"女教师反问道："您看我这身子骨行吗？"其言下之意，班主任要承载的工作量自不待言，班主任的处境何其艰难！因此，班华教授也承认"不是任何一个人都能胜任班主任的，也不是任何一个班主任都能体验到班主任劳动的快乐和幸福的"。

三、班主任工作在学校的年级组（部）当中

1. 年级组（部）管理成为学校管理的主流

学校班级、学生数量不断增加，学校规模日益扩大。加之各年级教情、学情的差异，学校管理难度不断加大。教育教学通过教学处、学生处统一进行分线管理的模式已经无法进一步兼顾细节。为了进一步落实精细化管理要求，创新体制、加强管理，全国一些优秀的大型学校纷纷采用了年级部管理模式。

1988 年 8 月，国家教委颁布的《中学德育大纲（试行稿）》规定："年级组是实施德育大纲的重要环节。年级组应定期组织年级组教师分析研究本年级学生的思想品德状况，制订有针对性的教育措施，沟通信息，协调各方面的关系，组织本年级教师共同贯彻德育大纲的要求。"在一些规模较大的学校内部，就出现了一种"准建制化"的基层管理组织——"年级组（部）"。形成了由"校长——各处室——年级组（部）——班级——班级教师"所构成的"垂直"管理体系，或者如木渎中学般，形成年级组（部）直接对校长负责的、以学生为中心的"扁平"管理体系。

2. 班主任工作在年级组（部）

无论学校采取何种年级部管理体系，都很少直接甄选组织管理评价班主任的教育管理工作，班主任的日常组织管理评价均由年级组（部）来负责完成。

目前，年级组（部）是全国最基层的班主任管理团队。在团队中，班主

任最困惑的问题"教师个人的力量太小",有可能得到有效解决。面对许多教师不再愿意做班主任的现实,我们必须认识到,任何一个人都很难承受班主任专业化所带来的繁重复杂的工作,都必须加入一个团队,进行有效的分工,承担各自细分工作,贡献每个人的智慧和热情,形成合力,完成复杂的教育管理系统工作。因此,班主任专业化不是个人职业技能的专业化,而是学校教育管理团队的分工合作的专业化。

以学校年级组(部)为核心的班主任团队的分工合作的专业化水平,很大程度上决定了学校班主任专业化工作的效能。换言之,年级组(部)班主任团队的专业化程度决定了班主任专业化水平的高低,决定了现代学校管理效率的高低,也影响了团队中班主任的职业幸福感。

四、年级组(部)班主任团队专业化与班主任专业化

1. 引进专业教育咨询机构

尽管班主任专业化研讨了这么多年,但是据南师大班主任研究中心调查显示"班主任专业化的问题在多数学校并没有得到足够的重视"。这项调查结果反映的可能并不是学校不想重视,实际上我们都知道,现在学校对班主任及其工作都非常重视。那么为什么"班主任专业化"却做得不好呢?原因可能是学校根本不知道什么是"班主任专业化",没有标准和第三方评价机构,何来所谓"班主任专业化"呢!

目前,在北京、上海等一线城市已经有一批专业的教育咨询机构。他们作为第三方,有严格规范的专业化管理评价制度,可以更加客观地评价学校的班主任专业化程度,进而指导学校建立班主任专业化的制度,并定期监督,评价实施的情况。

2. 问题即是课题研究导向

班主任管理班级日常事务,其实烦琐多于高深,琐屑而并不复杂。所谓行为规范问题多为:考勤迟到5分钟、上课吃零食、乱扔垃圾、写作姿势不规范、不做课堂笔记、开大会时聊天等;所谓思想道德问题多为:染发、说脏话、抄袭作业、不主动对长辈问好、做值日时偷懒等。最严重的问题也不过是抽烟、男女生谈恋爱过度亲密、同学打架、顶撞老师罢了。和复杂的社会问题相比,远远算不上严重。但是这些问题却每天纠缠着班主任憔悴的心灵,因为上述这些问题在教育上正是重要的工作。

现在，解决这些琐碎的班主任日常管理工作，一些简单的处理办法不再适用，而应更加灵活。以年级组（部）为核心的班主任团队可以收集本年级学生目前普遍存在的一些问题，将这些问题变成学校德育科研课题，按照自愿原则，或独立承担，或几人合作，共同研究，寻求有效的解决途径。

3. 年级组（部）例会变成研讨会

有了问题即课题的年级组（部）班主任团队研究分工，必然要召开以年级组（部）为单位的德育研讨会。这样班主任的例会就不是学校工作上传下达的一个事务性的会议了，而是班主任团队主题交流自己成果的研讨会。年级例会也不再是年级主任一人的讲坛，而成为每一个班主任主持自己研究的发言席。

4. 建立校内专家队伍

聘请校外名师专家一度成为一种潮流，当然校外的名师专家可以拓宽班主任团队的视野，尤其是可以加强理论修养水平。但是最能解决自己问题的其实就是我们自己，打破"外来的和尚会念经"的陈规，打造自己的校内专家成了班主任专业化的必然成果，也成了年级组（部）班主任团队专业成长水平的一种高度。因为有了问题及课题的班主任团队研究作为基础，又有年级例会变研讨会的强化，校内专家在年级组（部）班主任团队专业发展过程中呼之欲出，成为水到渠成的硕果。

这样在年级组（部）班主任团队内，人人参与课题研究，大家分工合作减轻负担，增加工作实效。最终人人都有课题，人人都有擅长解决的问题，自然人人都成为某个领域的校内专家。学生在年级组（部）班主任团队的专业管理下，得到更显著的进步成长，学生、家长、学校领导以及社会对班主任的认可度就会提高。班主任的职业成就感和幸福感，在年级组（部）班主任团队专业发展中得到满足。

（发表于《基础教育参考》2016 年 06 期）

参考文献

吕星宇. 教师不愿做班主任现象透析［J］. 教学与管理. 2007（11）：39-41.

齐学红，邓佳，张雪. 我国班主任工作状况调查［J］. 中国德育. 2010（6）：7-10.

班华. 专业化：班主任持续发展的过程［J］. 人民教育. 2004（15/16）：9-14.

班华. 班主任与发展性班级教育系统［J］. 河南教育. 2008（2）：8-9.

班华. 师德与班主任专业发展［J］. 人民教育. 2008（11）：21-22.

董奇，王耘. 班主任工作的心理学策略［J］. 人民教育. 2007（20）26-31.

姚海军. 年级部管理模式的运作与思考［J］. 基础教育参考. 2008（8）：48-51，68页.

葛新斌. 年级组的建制及其对超大规模中学内部管理的影响［J］. 教育科学研究. 2007（3）：29-32.

顾志红. 建立以学生为中心的组织结构：规模型高中年级部管理的实践与思考［J］. 中小学管理. 2008（12）.

从作文教学—探语文核心素养乾坤

李建波

摘要：侧重技巧和策略的作文教学存在重大问题，以"语文核心素养"为旗帜的新课改为作文教学打开了全新的局面。作文能力和语文素养水平互为表里，相互依存。从语文核心素养的角度重新审视作文教学的有效实施途径，值得探索和研究。首先，要引导学生发现自身的语文素养储备，为学生写作打好基础；其次，要激发学生重新发现自身个性爱好的经验储备；最后，指导学生进行小论文写作，逐步提升学生写作水平。

关键词：语文核心素养，作文指导，作文提升途径

言为心声。作文品质的高低，实际上是个体生命品质高低的一种反映。文章作为生命体验、感悟、思辨的文字表达，自有其独特内涵。把握核心素养方是提升作文教学效果的关键。

一、侧重技巧指导和模式归纳的作文教学方式正陷入困境

笔者所在学校，学生写作能力和表达愿望均有待提高。据抽样调查结果显示，学校高一、高二、高三讨厌写作文、害怕写作文的学生比例分别是73%，79%，84%。高中三年来百余节的作文课换来的却是学生对写作的厌

烦与畏惧。

人教实验版语文教材"综合性学习·写作·口语交际"并不是专门的作文教学案例，可操作性差，大部分教师在具体的作文教学中，仍是按照"教师命题——学生写作——教师批改讲评"的老模式操作，不能满足学生的求知欲，不能适应学生的心理发展，使学生产生心理疲劳、心理惰性，极大地扼杀了学生的写作激情和创造欲望。同时，教师对于写作训练的应有顺序欠缺精准的把握，对写作教学的内在的本质性规律欠缺深入探索，缺少对学生写作科学、系统的引导，尤其是先期引导不够，而点评也过于笼统、含混，泛泛而谈、大而无当。侧重写作技巧和模式归纳的作文指导是目前高中阶段作文教学的现状，从基础教育的文献资料中可以查阅到有大量的关于作文写作指导的方法。有的教师列举了大量技巧，诸如"细节提升可以提升作文""四种技巧开头会提升作文档次""用好材料是提升作文的关键"。有的教师构建了诸多作文的模式，"真情流露，动人肺腑——情感类作文提升要略与模拟题设计""性灵理论可以促学生个性化作文提升"。作文技术主义，面对应试作文及升学的压力，煞费苦心地希冀用技巧教学来帮助学生作文收获高分。这样的做法充斥着中小学语文教学课堂。语文教育家、上海师大王荣生教授一针见血地指出："文学性的散文"应试化让学生作文"虚情假感"盛行，"我国的语文课几乎没有写作教学"。

二、从语文核心素养视角审视作文教学

此次语文课改旨在"凝练学科核心素养"，"厘清本学科教育对学生成长和终身发展的独特贡献"，"推进语文课程更深层次的改革"。语文学科核心素养主要包括"语言建构与运用""思维发展与提升""审美鉴赏与创造""文化传承与理解"四个方面。写作能力是学生语文核心素养养成的主要能力。

高中写作，就其具体过程而言，实际是充满着联想、判断、推理、分析、综合、抽象、概括等内容的思维过程。从根本上反映着学生写作中思维的深刻性、全面性、创新性以及独特的个性。

作文的提升首先应该是让作文内容回归学生语文素养实际，回归学生生活自身。所谓"我手写我口"，作文教学有很大一部分工作是要引导学生基于自身语文素养，反观、梳理、提升自己生活当中的人事物。在作文指导当中，

引导学生思考、感悟、表达自己的生活，着重在学生的情感点和兴趣点上找突破口，从语言、思维、审美、文化四个层面寻找有效途径。

引导学生重新认识自己的知识储备，为写作打开宝库。阅读促进写作，通过跨媒介阅读、整本书阅读等任务群学习提高学生的认识能力，它可以帮助学生观察社会，认识人生，提高理论水平，通过加强语文素质来从根本上提高写作能力。基于学生自身语文素养层次和自我生活经验水平的写作教学，方能实现将作文的话语权转交给学生，让学生对作文产生兴趣，想说就说，想写能写，写出水平较高的作文。

三、基于语文素养的作文教学的有效途径

1. 引导学生重新认识自己语文素养储备，为写作打开宝库

一般认为学生的写作积累有一定的局限性：一是年龄不大，二是经历简单，三是缺乏记录反思自我的习惯。而实际上可能并非如此，每一个学生其实都有自己多年语文学习的素养积累，有自己多年的爱好积淀，在信息社会和智能时代成长起来的孩子对于自己偏好的信息有惊人的积累，这是确保每一个学生作文得到提升的提前。

阅读促进写作，读书能提高学生的认知能力，它可以帮助学生观察社会，认识人生，传承文化，加强语文素养。"问渠那得清如许，为有源头活水来。"多读书，才能让自己的思想永远鲜活，才思不竭，情操高雅！阅读教学的任务就是不但要完成传统教学中的传授语言知识、发展学生的言语，培养阅读鉴赏能力。而且还要深化课文的内涵和拓展课文的外延，把课文的空间范围引申拓展到社会中相关的人和事，教会学生认识社会、认识生活、认识人性、认识技能，培养学生的自信、自强、自立、自制，发展学生的个性和人性，教会他们会精神享受、能精神享受的能力，丰富情感体验和认知，发展健康个性，丰富自己的精神世界。

作文在心理层面上，信息的获取局限于人的视觉、听觉、触觉、味觉、嗅觉等器官。由于视觉信息的强势，因此学生在写作的时候会纯视觉化，由于认知的归纳习惯，写作上默认的状态是模糊归纳。因此，写作训练要认识到人的这些心理特点，从信息的获取途径上引导学生去丰富生命内涵，从而表现在写作上的生动个性鲜明。

作文提升的最高层面应该是思维、审美、文化、思想内涵的达成，在这

一部分长期以来缺乏有效指导。就中学生写作而言，虽然没有必要要求所有中学生的写作均提升到文化思想层面的高度，但是可以引导优秀学生在这一方面做一些尝试，通过思维提升、时空把握、论文写作这三个方面做一些突破。

2. 高中小论文写作整合学生语文素养积累

"语言建构与运用""思维发展与提升""审美鉴赏与创造""文化传承与理解"为语文核心素养的四个方面。我们需要用一种方式将学生自身的语文素养能力整合起来。小论文写作指导就是一种有效的方式。

从教以来，我一直尝试指导学生进行小论文写作。如何将对某一领域问题的探究过程及成果以论文的形式表述出来，是指导小论文写作的最要紧的一环。第一次写作小论文的学生一般都会犯难，毕竟他们从来没有写过，只是在课文中学习过社科类说明文，诸如《咬文嚼字》《说"木叶"》《作为生物的世界》之类。因此在这些社科文教学的过程中，就应当引导学生注意此类文章的结构特征。比如在学习《说"木叶"》时，我们打破传统的学习方式，完全从研究者的视角，探讨林庚是如何从杜甫名句"无边落木萧萧下"看出"落木"的问题，再联系到屈原的"袅袅兮秋风，洞庭波兮木叶下"，引出诗歌创作中的"木叶"问题。然后搜集古往今来古典诗歌创作中关于这一问题的诗句，对比分析、整理归纳，最后得出结论："木叶"所以是属于风的而不是属于雨的，属于爽朗的晴空而不属于沉沉的阴天；这是一个典型的清秋的性格。至于"落木"呢，则比"木叶"还更显得空阔，它连"叶"这一字所保留下的一点绵密之意也洗净了。

通过这样的反复训练，学生惊奇地发现，看似高深莫测的科学研究很多都是从我们身边的小问题着手的。广泛地搜集资料加以探究论证，最后形成方案或得出结论，写成论文。

四、学生语文素养水平和作文能力互为表里

学生的作文能力展现其语文素养水平，语文素养水平又决定了其作文能力。二者互为表里，相互依存。从语文核心素养角度，作文教学的有效实施途径值得探索和研究：首先要摆脱作文技巧和策略的窠臼转向引导学生发现自身的语文素养水平储备，为作文教学定好基调，为学生写作打好基础；学生自身的生活经验的积累同样是其语文素养的一部分，要鼓励和引导学生做

好系统梳理，拓宽写作素材的视野；小论文写作是整合学生语文素养储备，将学生语文素养专为写作能力的科学方法，可以作为提高写作水平的途径加以尝试。

（发表于《教育家》2018 年 11 月）

参考文献：

中华人民共和国教育部制定《普通高中语文课程标准（2017年版）》. 人民教育出版社.

方锦明，李东斌. 语文写作教学合作学习模式的构想［J］. 江西教育学院学报. 2004.（4）.

郭少玲. 培养中学生写作兴趣的探索［J］. 中国教育学刊. 2004（3）.

钱梦龙. 请给"训练"留个位置［J］. 中学语文教学. 2008（1）.

朱建军. 写作课程范式研究［D］. 华东师范大学. 2010.

李马云. 对有效提升高中生作文写作能力的几点探究［J］. 文理导航. 2012.

潘恩强. 高中作文讲评的有效性探究［J］. 现代语文. 2013.

马琳. 高中作文教学高效性研究［J］. 湖南师范大学. 2012.

肖卫平. 课改背景下高中情境式作文教学研究［J］. 华中师范大学. 2012.

王荣生. 我国语文课为什么几乎没有写作教学?［J］. 语文教学通讯. 2007（35）: 4–7.

吴祖兴. 把兴趣还给学生——小论文写作教学的探索［M］. 北京：北京教育出版社，1998：23.

培养科学精神　提升创新能力
——西藏学生论文写作指导与实践

李建波

摘要：在崇尚创新的时代，在中小学学科教学中，象征着创新精神和能力培养的小论文写作教学多年来备受重视，成为整合多学科知识与能力的综合学习的有效途径。西藏内高班学生在论文写作上的困难更大，一是信息数据搜集能力相对欠缺，二是论文书写能力相对较弱。小论文写作指导要顾及中小学生认知水平，从基础做起，方能见效。小论文写作指导本就是语文学科应该承担的责任，否则小论文写作难免陷于混乱局面。语文学科应当立足学生实际，依托教材，来指导学生学会小论文这种"实用文体"的写作技巧，以体现语文学科的"工具性"。

主题词： 小论文，写作指导，创新，语文学科

一、小论文写作教学与创新精神的培养

论文写作本是大学方才要求掌握的技能，研究性论文是基于对某一领域的研究之后所呈现出来的研究过程及成果。在科学研究领域，研究就意味着探索和创新，因此研究能力的培养在中学教育中被等同于创新精神与能力的培养。杨守学指出：要"鼓励求异思维，培养创新品质"，因为"青年学生的天性是好奇和求异，凡事喜欢问个究竟，喜欢另辟蹊径。对此教师不能压抑，应该引导和鼓励。科学发展史表明，思维的求异往往是创造的开始。拉瓦锡由于对燃素说求异，于是就有了氧气的发现。李四光由于对"中国贫油论"求异，于是就有了大庆油田的成功"。数学教师何秀岭认为："培养学生创造能力，是数学教学的一项重要任务。为了完成这项任务，不但在数学课堂教学中要有计划地积极培养；在课后，通过指导学生写作小论文也是一项较好的方式。"

在培养创新精神和能力的时代要求面前，科学家如大师钱学森，至死不忘的是"科技创新人才的培养问题"。国务院在《国家中长期教育发展规划纲要（公开征求意见稿）》中特别强调创新人才的培养，"着力提高学生服务国家人民的社会责任感、勇于探索的创新精神和善于解决问题的实践能力"。为了适应这种以培养创新精神为目标的教育改革，基础教育系统进行了大规模的课程改革，《义务教育语文课程标准（实验稿）》在总目标中规定"在发展语言能力的同时，发展思维能力，激发想象力和创造潜能"。《普通高中语文课程标准（实验稿）》于课程目标中单列出"发现·创新"，详细阐明对创新的理解与要求。2010年北京高考考纲做出了一系列调整，以语文为例，2010年北京高考语文试卷增加两道分值各10分的阅读延伸题，目标直指考生创新能力。

在这样的时代背景和现实革新之下，小论文写作在中学学科教学中既是

培养学生创新精神与能力的象征，又是提高学生学科综合学习能力的手段。因此很多学科的教师纷纷参与到小论文加写作的潮流中来。

二、小论文写作指导教学中遇到的困境

关于如何进行科研论文写作，各个学科都有自己的经典范式、明确要求及规定，甚至一些知名期刊有自己独特的格式要求。国家也制定了《中华人民共和国国家标准科学技术报告、学位论文和学术论文的编写格式》。

似乎小论文写作应当有法可依、有章可循。永春华侨中学的郑一玲总结了高中政治小论文写作要诀：小、巧、新。"小"即文章篇幅短小精悍，字数在 400～500 字；"巧"即行文要灵巧绝妙；"'新'即论点要新颖独特，因此考生思路要新，所选题目要新，所选角度也要特，要具备换一种思维方式的高屋建瓴的独特思维能力及胆识——源于教材又高于教材，不拾人牙慧，不人云亦云，不步人后尘，而是运用自己独特新颖的论点去论证自己的观点"。依照"小""巧""新"三字诀的写作要求，似乎科研论文和中学生写作的小论文之间的区别仅在于篇幅长短，其他要求尤其是对论文创新的要求简直可以用来评价最优秀的科研论文，北京师范大学对优秀博士毕业论文的要求也不过是"在理论、方法或技术上有创新"。而对中学的小论文却要求"思路要新""题目要新"，并且要有"高屋建瓴的独特思维能力及胆识"。且不说在短小精悍的篇幅里如何承载如此多的创"新"点，这样的要求对于一些普通中小学生来说不是太严苛了吗？至于如何落实这"要诀"就更是水中月、镜中花了。

小论文写作虽然象征着创新精神和能力的培养，主要任务却不是创新。创新的精神、创新的能力和真正意义上的创新不是同一个概念，真正意义上论文的创新指的是科研活动的成果创新，只有在科研上有创新的成果，论文才可能有创新的成果展现。而创新的精神和能力的培养则不然，即便体验一次前人的科研过程，虽然前人已经在这个过程中有了创新的成果，但是我们中小学生仍然可以从这一过程中受到教育，学习前人的创新精神和某一领域的创新能力。创新精神其实一种探索问题、探究疑难的科学精神；创新能力则是探索问题、探究疑难的科研能力。也就是说中学教育的小论写作不一定要有新的成果，而是要在此过程中培养探索探究的科学精神及科学探究的能力，并且科学精神的培养要重于科学探究能力获得，毕竟对于中小学生只能期望，

不能苛求。有些教师把小论文写作定位为"模拟科学研究的基本方法"，即"制订出研究课题，进行考察、观察以及实验等，分析其结果得出结论，再加上自己的认识而最后写出的论文"。对于理科学科的小论文指导是比较准确的。

三、小论文写作在教学中的作用

　　中小学小论文写作教学的重点在于培养学生的创新精神和能力，而不一定要有创新的成果展示。当然在小论文写作过程中，许多教师发现学生在很多方面都有收获。物理教师金瑛通过指导物理小论文的写作，改变了学生对物理"望而生畏的状况"。生物教师牛运涛认为生物总结性小论文是"掌握生物知识的重要途径"，也是"教师检测学生学习效果的形成性评价工具"，"可以帮助学生掌握知识、增长智能、培养科学素质"。数学教师金振宇认为"指导学生写数学小论文是引导学生进行研究性学习的一个很好的方法和途径，也是一种新型的师生交往方式"。因为通过小论文写作，指导学生"学会用数学的思维方式去观察、分析现实生活，解决日常生活和其他学科学习中的问题，增强应用数学的意识"，使学生们"了解数学的价值"。地理教师谭宝千在开展撰写地理小论文活动中发现，"不仅可以丰富学生的课余生活，而且在写小论文活动的过程中，学生也得到了地理教育的自我熏陶，同时，也提高了学生的写作水平"。从各科教师指导小论文写作的经验总结来看，小论文写作除了能够培养学生的创新精神和能力之外，还有以下作用：

　　1. 提高学生学习某一学科的兴趣；

　　2. 更有效地学习某一学科的知识系统；

　　3. 是将学科知识应用于社会生活的重要方法和途径；

　　4. 有益于丰富学生的课余生活；

　　5. 有助于提高学生的写作水平。

当然小论文写作的作用远不是这几点能概括的。有些学科诸如政治，更是把小论文写作上升到教学模式的高度来探讨研究。

　　小论写作教学的作用，可以从三个层次来阐释：

　　第一个层次，学生在写作小论文过程中的收获包括，兴趣的提升，精神的历练，知识和能力的获得及对于自身发展的长远影响，这是小论文教学的核心价值；

　　第二个层次，教师在小论文指导中的收获，包括对于教学改革的积极创新尝试的经历，教学改革成果的总结，教学观念的改变以及对后来教育教学的影响，这是小论文写作的持续价值；

第三个层次，学科教学在小论文写作中的改变，学科知识和能力在学生的主动探究下变得鲜活了，小论文成了学科知识能力习得的新的重要的方法和途径，这是小论文写作的延伸价值。

四、小论文写作在语文学科中应起的作用

在中学教育中，写作教学当属语文教学范畴。义务教育和普通高中语文新课标都明确规定语文课程的性质为"工具性与人文性的统一"，这是"语文课程的基本特点"。关于写作，义务教育语文新课标在课程目标总目标第 8 条中有"能根据日常生活需要，运用常见的表达方式写作"规定。普通高中语文新标准在课程目标"应用·拓展"一项中阐明，"能在生活和其他学习领域中，正确、熟练、有效地运用祖国语言文字"。并且要"注重跨领域学习，拓展语文学习的范围，通过广泛的实践，提高语文综合应用能力"。假如语文学科不来指导学生进行小论文写作，那么语文的"工具性"何在？学生"运用祖国语言文字""写作"的能力何在？所以如果说其他学科指导小论文写作是锦上添花，那么语文学科指导小论文写作则是题中之意。且不可落得其他学科来说"同时也提高了学生的写作水平"的境地，否则语文就没有尽到为其他学科提供"工具"的责任。

既然指导小论文写作是语文学科不可推卸的责任，那么我们该如何来尽这份责任？一说到责任，容易被人误解为小论文是凭空而来的负担，小论文写作在本质上属于写作范畴。关于写作，义务教育阶段和普通高中阶段的课程标准都有详细的专章论述，在此不加赘述。因此指导学生写作成了语文教学的重点和难点，重要性不言而喻，写作水平的优劣在一定意义上标志着语文水平的高低。作文指导之难，难在学生作文在内容上怎样才能言之有物，在思想上怎样才能表达得清晰、透彻、深刻，在写作动机上怎样才能有浓厚的兴趣、在写作时融入自己的真情实感，所谓"文以载道"者是也。而小论文写作正好是解决写作内容、思想和动机这三方面难点的有效途径。其实无须多加论证，上文"小论文写作的作用"说得很清楚了。在逻辑上也很容易理解，小论文写作立足于学生的兴趣，因为没有兴趣的东西就不会去研究，也就不可能有写作小轮这一环节；小论文写作是对所研究问题的过程及结论的

阐释和展现，因此只要是基于某种研究的小论文，在内容都会言之有物；小论写作先有对问题的研究，因此行文写作的思维逻辑就是问题研究的认知思辨过程，在思想上可能不深刻但是清晰明白是可以做到的。

即小论文写作是提高学生写作能力的有效的训练方式。联系到其他学科对小论文写作的需要，以及将来学生升入高等学府后更是必须掌握论文写作技能，可见小论文写作指导既具有现实的使用价值，又具有深远的影响意义。

但是现实状况是，许多有这方面需求的教师自觉地承担了小论文写作指导的工作。华南师大数学系的陈德崇在《中学生怎样写数学小论文》中，引导学生从一个比较感兴趣的问题谈起"美妙的莫雷定理"。政治教师赵伟在《怎样指导学生撰写政治小论文》中，认为政治小论文应该具有"政治性""科学性""现实性""理论性""逻辑性"和"短线精悍"的特征。邵阳市卫校的刘运喜在《如何指导学生写小论文》中总结，"指导学生写小论文需五个环节：首先要有正确的指导思想，其次要确定好选题，再次要明确特点要求，第四要反复修改润色，第五要及时阅读讲评"。阅读了这么多小论文指导经验总结，忽略它们的学科特性不说，除了"小"这一特点是共识外，其他地方似乎找不到共同点。从普遍意义上看，小论文写作指导仍处于混乱阶段。

生物教师谭达文甚至认为，生物小论文"不同于平常教学中的实验报告，更不同于语文课中的写文章，它是一篇有理有据的科学报告"。至于"科学报告"是不是属于语文写作的范畴，普通高中语文课程标准中有明确规定，"能根据需要，按照有关格式和要求，写作应用文，力求准确、简明、得体。"从这一误解可以看出，语文学科对小论文写作指导的缺位是多么令人遗憾的事情。

五、语文学科应该如何指导小论文写作

在语文教学界，最早探索指导小论写作的当属原北大附中语文教师章熊先生。在20世纪80年代，章熊老师吸取国外中学生论文写作经验，在北大附中尝试小论文写作。吴祖兴编写的《把学习兴趣还给学生——小论文写作教学的探索》一书介绍了北大附中语文组多年来坚持小论文写作的艰难而丰硕的指导历程，详细介绍了小论文写作指导要点，包括"（一）导引、（二）选题、（三）收集材料、（四）拟写提纲、（五）成文装订、（六）论文交流"。与其说是"要点"，倒不如说小论文写作指导的流程。为了落实写作流程规定

的步骤，也就是所谓"要点"，他们把小论写作建成了一门独立的课程，这在教学时间和教学指导上有了保证。

本人从教以来一直尝试指导学生进行小论文写作，从实施写作指导的经验来看，北大附中总结的六个小论文写作指导要点，其实是指导的流程，而不是学生写作小论文的过程。前文已经说过，小论文和科研论文的区别一在于篇幅短小，二在于论文的成果有无真正创新的必须。除了这两点之外，其他都应该是相同或相似的，都应该在某一领域有疑问，都应该对某一领域的疑问点做必要的探究，最终形成一定的方案或结论。简单来说，学生写作小论文的过程就是发现问题，产生兴趣，研究问题，解决问题，最后以论文的形式写下来的过程。从学生的角度来弄清楚小论文的形成过程，才不至于在指导的时候过分强调所谓"新""巧""科学性""理论性"等高标准。其实那些过高的要求只能作为期待，不能作为小论写作的指导标准，否则不仅使小论文写作无法实施，更是打击了学生研究的积极性。

小论写作最关键的一环是写作，无论文章长短，如何将对某一领域问题的探究过程及成果以论文的形式表述出来，这种表达上的功夫成了最要紧的一环。这也应该是语文学科发挥优势作用的地方。第一次写作小论文的学生一般都会犯难，毕竟他们从来没有写过小论文，只是在课文中学习过社科类说明文，诸如《咬文嚼字》《说"木叶"》《作为生物的世界》之类。因此，教师在教学过程中，就应当引导学生注意此类文章的结构特征。比如，在学习《说"木叶"》时，我们打破传统的学习方式，完全从研究者的视角，探讨林庚是如何从杜甫名句"无边落木萧萧下"看出"落木"的问题，再联系到屈原的"袅袅兮秋风，洞庭波兮木叶下"，引出诗歌创作中的"木叶"问题。然后搜集古往今来古典诗歌创作中关于这一问题的诗句，对比分析、整理归纳，最后得出结论："木叶"所以是属于风的而不是属于雨的，属于爽朗的晴空而不属于沉沉的阴天；这是一个典型的清秋的性格。至于"落木"呢，则比"木叶"还更显得空阔，它连"叶"这一字所保留下的一点绵密之意也洗净了。通过这样的反复训练，学生惊奇地发现，很多看似高深莫测的科学研究都是从身边的小问题着手，广泛地搜集资料加以探究论证，最后形成方案或得出结论，写成论文。

那么论文的基本结构是什么样的呢？在社科文行文基础上，总结出小论文写作可分为四个部分：

文章开头，提出要探究的问题，说明得出问题的背景；

文章进展，整理别人对这一问题的一些看法，提出自己的研究设想；

文章中心，依据整理的相关资料来论证自己的观点；

文章结尾，评价前人观点，总结自己的研究的结论。

当然，此结构完全从学生写作实际出发来设定，是简化又简化的论文结构模式，但是和真正的科研论文的结构又是一致的，至少不相悖。

通过借鉴北大附中小论文写作指导的步骤，厘清中学生探究问题的思维过程。从研究者和写作者的角度来学习和模仿这些经典科普文章，以社科文作文为范本，以体验科学研究的方式，学习小论文写作的步骤，明确小论文结构上的四个部分。

做好以上前期工作之后，才真正拉开了辅导学生写作小论文的序幕。毋庸置疑，即便做好了看似烦琐的准备工作，在开始阶段进展仍然艰难。为了降低难度，第一阶段的小论写作不是所有学生都参加，而是教师挑选班里最精干的力量参加小论文写作实验。即便如此，真实写作时还是问题重重。我们每天下午都召开会议，以便及时解决学生在选题研究、搜集别人观点、查找材料、分析材料及写作时，遇到的诸多问题。有的学生甚至坚持不下去了，教师要进行心理疏导。所以当读到章熊老先生"为了这块新开辟的试验田投入了大量的精力。写作期间他几乎每天起早摸黑地利用课外时间逐个地与学生个别谈话，对学生的论文稿进行讨论推敲"时，颇有同感。

最后，我想用温家宝同志在北京35中的讲话来勉励奋战在中小学小论文写作指导工作中的同仁："教育要符合自身发展规律的要求。"习近平总书记在西藏工作座谈会上强调："改变藏区面貌，根本要靠教育""要加大教育援藏力度，重点加强以数理化学科为主的内地教师进藏支教"。西藏内高班学生创新精神和能力的养成，需要从基础教育做起。陶行知先生说："教是为了不教。"即注重启发式教育，激发学生的学习兴趣，创造自由的环境，培养学生创新的思维，教会学生如何学习，不仅学会书本的东西，特别要学会书本以外的知识。我曾经把学、思、知、行这四个字结合起来，提出作为教学的要求。也就是说要做到学思的联系、知行的统一，使学生不仅学到知识，还要学会动手，学会动脑，学会做事，学会思考，学会生存，学会做人。

参考文献

杨守学. 鼓励求异思维　培养创造品质——谈谈政治小论文写作教学〔J〕. 中学政治教学参考. 2001（03）.

何秀岭. 在指导写作小论文中培养中学生数学学习的创造力〔J〕. 数学通报. 1988（03）.

《钱学森的最后一次系统谈话——谈科技创新人才的培养问题》，涂元季、顾吉环、李明整理。

郑一玲. 高中政治小论文"三字诀"——"小"、"巧"、"新"〔J〕. 福建教育学院学报. 2004（11）：84.

谭达文. 指导中学生撰写生物小论文大有裨益〔J〕. 河池师专学报（理科）. 1997（02）.

金瑛. 让学生在"科学小论文"中放飞自己〔J〕. 课程教材教学研究（中教研究）. 2005（Z2）.

牛运涛. 掌握生物知识的重要途径——总结性小论文〔J〕. 中小学教材教学. 2002（15）.

金振宇. 指导数学小论文——学生数学学习的有效拓展〔J〕. 中小学教材教学. 2005（12）.

陆宝千. 指导学生写好地理小论文〔J〕. 中学地理教学参考. 1997（04）.

黄金荣. 探索"政治小论文"式教学〔J〕. 山东教育. 2000（17）.

陈德崇. 中学生怎样写数学小论文〔J〕. 数学通报. 1991（09）.

赵伟. 怎样指导学生撰写政治小论文〔J〕. 教学与管理. 2003（22）：71.

刘运喜. 如何指导学生写小论文〔J〕. 辽宁教育学院学报. 2001（10）.

谭达文. 指导中学生撰写生物小论文大有裨益〔J〕. 河池师专学报（理科）. 1997（02）.

吴祖兴. 把兴趣还给学生——小论文写作教学的探索〔M〕. 北京：北京教育出版社，1998.

普通高中古代论述体散文教学研究

李建波

论述体文章是我国古代散文中最为发达的文体之一。先秦诸子的滔滔雄辩为论述体散文之滥觞，汉代政论文名篇迭出，到了唐宋时期，八大家贡献了许多词锋犀利、胸怀天下的论辩文，在思想表述和艺术技巧方面拓展了崭新的境界。

一、该主题的学科知识的深层次理解

（一）古代散文教学其实是母语教学

关于古代散文教学的论述颇多，求同存异，共识有二：一是大家都认识到"文言文教学有传承文化的作用"（北京大学林焘），学习文言文"是对我国古代优秀传统文化的学习和借鉴"（南京大学鲁国尧）；二是大家都承认"现代文是由文言文发展过来的"（周正逵），现代汉语"很多精华还要从文言里面去学"（北师大王宁），学习文言文可以"对汉语有一个语感上的了解"（北京大学温儒敏）。

新的语文课程标准关于古代散文的教学，特别强调"学习中国古代优秀作品，体会其中蕴涵的中华民族精神，为形成一定的传统文化底蕴奠定基础"，"学习从历史发展的角度理解古代文学的内容价值，从中汲取民族智慧"。课标没有明确古代汉语与现代汉语的这种传承性。

为什么要突出这两点共识？因为这涉及古代散文教学在现代语文教学改革大潮中该怎么办的问题，也就是我们如何实施古代散文教学才比较合适的问题。钱梦龙在《文言文教学改革刍议》一文中所言，"教学方法是受教学观念支配的。有什么样的教学观念，必然会采取什么样的教学方法"。钱老关于文言文教学观念提了两条：第一条"文言文中的古代书面语，对本国学生来说，也是一种母语，而不是外国语"，第二条"文言文，首先是'文'，而不是文言词句的任意堆砌"。这两条其实与前面的共识是一回事，只是顺序和表达方式有区别而已，不过钱老的顺序和表达方式是针对"文言文教学改革"

这一现实问题的。现实问题是什么，北师大王宁教授总结有两点，其一"像学古汉语文选似的一个字一个字把它掰碎了，揉碎了，把它搞成古汉语去教学"；其二"就是拿了篇文章来，文章还没有看明白呢，就开始总结思想、分析形象"。

因为很长一段时间我们没有明确"古代汉语"其实也是汉语，或者说从汉语发展历史来看"文言文"（古代汉语），文言文所使用的时间要远远超过现代汉语，要意识到"文言文"是母语，而不是外语。意识到这一点我们才会发现，其实"文言文和现代文有内在的联系（周正逵）"。钱老进一步指出这种联系，"古今汉语虽然变化很大，但同一民族的语言毕竟是有继承性的，现代汉语是古代汉语的继承和发展，现代汉语的词汇、句法和修辞手段都不可能割断和古代文学语言的血缘关系；很多古代汉语常用词的词义、句子的结构方式，不仅古今没有多少变化，而且还常常出现在现代汉语里，尤其是现代的书面语言里"。

关于学习古代散文要树立什么样的观念，归纳起来有两点：

古代散文教学隶属于母语习得，文言文和现代汉语是传承发展的关系；

古代散文教学重在传承我国古代优秀文化传统，以提高学生的语文素养为目的。

（二）高中古代散文文选特征

课标中对必修的古代散文选文标准是"阅读浅易文言文"，选修的标准是"阅读古今中外优秀"的"散文作品"，"读懂不太艰深的我国古代诗文"。各种版本的教材本着这个原则，选文主要以《史记》和"唐宋八大家"文献为主，苏教版更是在选修教材中专门有《史记选读》和《唐宋八大家散文选读》两册。在高考文言文考试中也有选"廿四史"和"八大家"文献的喜好。不过一些省市的考题有了一定尝试，比如2010年湖南卷选的是陈亮《诸葛孔明》，2010年福建卷选的是张惠言《周维城传》。

（三）古代论述体散文在高中教学中的地位

新课改教材相较于旧教材的最大区别就是大量增加了文言文选文的篇目，在文言文教学中越来越重视文体差异的问题。下面从高中语文教材选编与高考试题选测两个维度，看看古代论述体散文在高中教学中的地位。

以人教版和苏教版为例，分别对必修与选修教材中古代论述类散文的分布情况进行梳理，了解古代论述体散文在高中语文教材中的地位。同时，汇总 2009—2010 两年语文高考文言文阅读试题，了解古代论述体散文在高考选文中所占比例。

1．教材分布情况

表 1　人教版必修 1-5 教材

必修	文言文篇数	论述体篇数	论述体文言文篇目
一	3	0	
二	3	0	
三	4	4	《寡人之于国也》《劝学》《过秦论》《师说》
四	3	0	
五	4	0	

表 2　人教版选修教材《中国古代诗歌散文欣赏》

文言文篇数	论述体篇数	论述体文言文篇目
18	2	《阿房宫赋》《西六国论》

表 3　苏教版必修 1-5 教材

必修	文言文篇数	论述体篇数	论述体文言文篇目
一	4	2	《劝学》《师说》
二	2	2	《六国论》《阿房宫赋》
三	8	0	
四	4	0	
五	4	0	

表 4　苏教版选修教材《唐宋八大家散文选读》

文言文篇数	文体种类	论述体篇数	论述体文言文篇目
32	11	4	《原毁》《桐叶封弟辩》《朋党论》《留侯论》

2．高考试题情况

表5　2009—2010年语文高考论述体选文

年份	高考试题套数	论述体选文份数	所占比例	选文出处
2009年	17	2	11.8%	《贞观政要·贪鄙》（重庆） 《慈溪县学记》（四川）
2010年	18	2	11.1%	《南阳县君谢氏墓志铭》（江苏卷） 《原弊》（湖北）

结论：表1至表5的数据显示，论述类在教材和高考文言文中所占比例比较少，大概是因为新课标中要求阅读"浅易文言文"的缘故，论述类文言文大多结构严谨、思维缜密、思想宏大、情思精微，就显得不那么"浅易"了，尤其是论述类文言文大多有或深或浅的历史文化背景，这也给现代中学生阅读带来了比较大的困难。尽管苏教版选修教材专门有《唐宋八大家散文选读》一书，收录有大量的"八大家"史论、政论、碑记、散论文章，但不知道在教学的实际过程中会保留多少。在高考的文言文选文上论述类是绝对的少数，大多数是史传类散文，不过可以看到史传类散文中潜藏着论述的因素。比如《史记》中的"太史公曰"可算作史论，2010年北京卷《宋清传》中"清之取利远，远故大"也同样属于论述。因此学习和阅读这类文章，带动其他类型文章的学习，通过对语文知识、能力、学习方法和情感、态度、价值观等方面要素的融汇整合，提高学生语文素养，尤其是思维能力和探究能力的培养，从而获得有益的人生启示，形成严谨的思维写作习惯，具有一定深度的思想水平和宽广宏大的情怀。

二、论述体古代散文的教学策略

（一）《普通高中语文课程标准》要求

《普通高中语文课程标准》关于文言文阅读提出的要求是阅读"浅易文言文"。对文言文阅读的基本定位是"读懂"，即"能借助注释和工具书，理解词句含义，读懂文章内容"。在读懂文章的基础上，要了解并梳理常见的文言实词、文言虚词、文言句式的意义和用法，并能够在文言文阅读实践中举一反三。

通过学习论述体文言文，让学生体会"其中蕴涵的中华民族精神"，"汲取民族智慧","为形成一定的传统文化底蕴奠定基础"。并在此基础上"背诵一定数量的名篇";阅读古代"优秀散文作品","理解作品的思想内涵,探索作品的丰富意蕴,领悟作品的艺术魅力",以切实提高语文素养。

学习方法其实也隐含在课标之中,概括起来有:

借助注释和工具书;

诵读文章,并背诵一定数量名篇;

了解并梳理常见的文言知识,注重阅读实践应用;

探索、领悟作品的深厚内涵与丰富意蕴,学习多角度、多层次地阅读;

用历史的眼光和现代的观念审视古代诗文的思想内容,并给予恰当的评价。

(二)教学重点、难点

论述类古代散文文体类别繁杂,包括议辩、碑铭、表、志、铭、碣、诔、对、问答、说、传、吊、赞、箴、戒、序、记、启、奏等体例,但是新课标和高考考纲中明确"阅读浅易文言文"的要求,因此目前各种通行的教材版本的古代散文选文所选的论述体文言文以史论文和政论文居多,诸如《过秦论》《谏太宗十思疏》,此外兼有一些散论,诸如《劝学》《逍遥游》。

论述类文章是古代散文中最为发达的文体之一。先秦诸子散文开启了论辩的端绪,汉代政论文名篇迭出。到了唐宋时期,八大家贡献了许多词锋犀利、雄辩滔滔的论辩文,在思想表述和艺术技巧方面拓展了崭新的境界。由于唐宋八大家对于散文艺术的自觉追求,他们的论辩文章大多带有很强的文学性,无论在语言上还是篇章结构上都堪称典范。他们对论文中不同体裁也做了探索。一般来说,"论"注重从正面树立一个观点,然后围绕它作逻辑严密的论证,"辩"则带有辩驳、辩说的意味。

论述体文言文中最具代表性是史论文和政论文。史论是由文人对前代历史的记载与总结而产生的一种文体,是一种最富主观色彩,文学性质很高的评论文体。史论的发展贯穿着我国各个朝代,春秋时代的左史、右史、春秋开启了后世史论的思维模式,汉代司马迁所著《史记》"究天人之际,通古今之变"创立了"太史公曰"的史论范式。到宋朝时,科举考试由重诗赋转向重经义策论,形成了议论风气鼎盛、论政氛围弥漫的文化氛围,史论文章得到了广泛的发展。"一门父子三词客,千古文章八大家。"仅苏洵、苏轼、苏辙父子三人就有史论百余篇。史论中含思辨之美,文章多雄辩滔滔、气势纵横，议论与文采交融，感情与理智并注，语言明快畅达，长于形象的说理，具有独特的艺术特色，如苏轼的《论管仲》《留侯论》《贾谊论》。

关于政论文，金振邦在《文章体裁词典》中对这个概念做了解释："所谓'政论文'，即政论性的文字的简称。从政治角度阐述和评论当前重大时事事件和社会问题的议论文字。"然而他又举贾谊的《过秦论》为例，说是政论文的典范，说明这个"政论文"的概念又包括"史论"。这说明政论文和史论文写作的目的其实都集中在切中时弊、补救时政上，都是本着"经世济民"的宏大思想情怀来为文。

不过史论文还是有其独特之处的，王基伦在《苏轼史论散文与本事本意的研究》中提到，史论作者具有阅读者和作者的双重身份。那么史论文其实是人们在不断反观历史的过程中，在思辨中吸收那些对当下有用的经验与教训的文体。因此史论文总是试图从旧有典籍中找出新的诠释意义，给予当代政治环境崭新的思考。这样史论的主题大多集中在国君、大臣身上，三皇五帝的淳美之治更是论述的重点。

论述体散文——无论史论政论或是散文，多阐释某种人生或社会理想，寻求人生困境出路或找到"经世济民"的良方，这些内容正是课标中"中华民族精神"的核心价值，是提升学生"高尚情趣"和"道德修养"绝佳范例。这样在阅读和写作教学中就有了共同的抓手和依托。

鉴于论述体文言文的特点，教学的重点、难点如下：

教学重点：

1.结合语境积累实虚词、古今异词、特殊句式等文言知识和论述体文言文的文学、文化、文体知识的积累；

2.学习古人为文的严谨态度，不断提高探究能力，逐步养成严谨、求实的学风。养成独立思考、质疑探究的习惯，增强思维的严密性、深刻性和批判性。

教学难点：

1.通过阅读古人的史论政论，学习用历史眼光和现代观念审视古代作品的内容和思想倾向，提出自己的看法。

2.在写作上学习论说文联系时政提观点的使命意识，结合史料求实证的严谨态度，使文章结构安排合理，思路清晰连贯，感情真实健康，思想古朴大气。

（三）教学策略

论述体古代散文的突出特点及教学实施：

1. 立论境界高远

中国古代知识分子大多有以天下为己任的远大抱负，他们怀有高度的社会责任感和历史使命感。普林斯顿大学华人历史学家余英时在《士与中国文化》一书中说：

> 孔子最先解释的"士志于道"便已规定了"士"是基本价值的维护者；曾参发挥师教，说得更为明白："士不可以不弘毅，任重而道远。仁以为己任，不亦重乎？死而后已，不亦远乎？"这一原始教义对后世的"士"产生了深远的影响，而且愈是在"天下无道"的时代也愈显出它的力量。所以汉末党锢领袖如李膺，史言其"高自标持，欲以天下风教是非为己任"，又如陈蕃、范滂则皆"有澄清天下之志"。北宋承五代之浇漓，范仲淹起而提倡"士当先天下之忧而忧，后天下之乐而乐"，终于激动了一代读书人的理想和豪情。晚明东林人物的"事事关心"一直到最近还能振动现代中国知识分子的心弦。

受儒家思想的影响，中国知识分子把尧、舜、禹等圣贤当作自己最理想的人格典范，追求"穷则独善其身，达则兼济天下"的人生理想，来修炼自己崇高的人生境界。在为文写作上几乎都在论述这些宏大的思想的合理与必然。

诸如《劝学》选段，荀子阐释学习对于修身行世的重要意义；《寡人之于国也》，孟子描绘了仁政的治国蓝图；苏洵《六国论》，文章通过六国灭亡的历史分析，强调贿赂敌国对于国家的危害，并于文末警示当权者。通过反复诵读、背诵，领悟中国知识分子强烈的历史责任感和宏大精微的思想情怀。

2. 论证逻辑严密

古人慎于著述，孔子说要"敏于行而慎于言"，因此自己"述而不作"，传世《论语》也不是出自夫子之手，而是弟子及再传弟子所记。所编修的鲁国史书《春秋》，记载鲁国数代君王几百年的风云历史，用字亦不过万余，以"微言大义"为后世称道。吕不韦编修《吕氏春秋》，悬赏千金而难易一字。

后世文人多坚持这样的教导，所以有"二句三年得，一吟双泪流"的贾岛，有"为人性僻耽佳句，语不惊人死不休"的杜甫。

教学中明确古人看似自然流畅的行文背后谨严的结构是重点，不过很容易把每篇文章的结构孤立起来看。其实文章的结构是作者行文思维的产物，从认识问题、分析问题、解决问题的论述思维角度来看待每一篇文章的结构，就会发现其中的相同点和不同点，在比较同异之中体会结构的奥妙。

以韩愈《师说》为例，全文共四段，整体上是按照"正—反—合"的逻辑顺序来行文的。第一段，以教师的重要作用总论从师的必要性和从师的原则，提出中心论点；第二段，论述"师道之不传"，批判"士大夫之族"耻于从师的恶劣风气，从反面论证中心论点；第三段，以孔子为例，进一步从正面论证中心论点；第四段，点明写作缘由。《师说》展现了古代论述体散文一个传统的模式——起、承、转、合，实际揭示了说理的一般思路及结构形式。

《师说》结构图示：

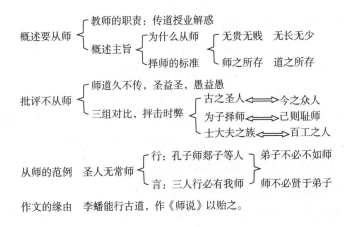

3. 取材视野开阔

《文心雕龙·神思第二十六》在论述行文写作时有言：文之思也，其神远矣。故寂然凝虑，思接千载；悄焉动容，视通万里；吟咏之间，吐纳珠玉之声……登山则情满于山，观海则意溢于海，我才之多少，将与风云而并驱矣……或理在方寸而求之域表，或义在咫尺而思隔山河。

意思是说：作家开始构思的时候，无数的意念都涌上心头。因此安静地聚精会神思考，所思考的东西贯通千年之间，忧愁的样子与神情，可以看通千万里。说话吟咏的时候，吐纳有类似玉珠（落盘）的美妙声音……作家一想到登山，胸中便充满了山色；一想到观海，心里就腾涌起海景。本人的全部才力，都随着风云变幻而任意驰骋。……有时意思就在心中，却要到天涯去探求；有时道理就在眼前，却又像远隔山河。

古人写作，思接千载，神通万里，因此往往"其称文小而其指极大，举类迩而见义远"。行文写作几乎没有不用的素材。

过往的历史人物和事件是论述体文章常用的素材，诸如《过秦论》《阿房宫赋》等，儒家推崇的三皇五帝时代的人物事迹尤为受到重视，因此苏轼在科举考场上胡诌的一个关于"陶皋"的典故，主考欧阳修因自己不确知而倍加赞赏苏轼的《刑赏忠厚之至论》，传为佳话。

社会时政更是文人官宦关心的焦点，苏洵《六国论》有"苟以天下之大而从六国破灭之故事，是又在六国下矣"一句，则表明文章的宗旨在讽谏时政，至于如《出师表》《谏太宗十思疏》之类的"疏""表"奏章那必定是这样的。

生活中的琐碎小事也时常出现在很多传世名作之中，如《劝学》中"青蓝"之喻"风雨"之说，有《寡人之于国也》的"五十步笑百步"经典譬喻。

有时汪洋恣肆的寓言故事也会出现在论述体的散文当中，典型的有刘禹锡《陋室铭》中"有龙则灵"和"有仙则名"的类比，有庄子《逍遥游》中"不知其几万里"的大鲲鱼和"抟扶摇而上者九万里"大鹏鸟，这本是志怪《齐偕》中的神话故事，庄子加以巧妙的修饰，成为文章阐述观点的重要依托。

至于引用俗谚或经典句段，也是有的，《劝学》有"君子曰"一说，《陋室铭》有"何陋之有"一句，常见的引用多出自儒家经典。

因此，论述类文言文涉及知识面很广，要学习了解的知识点繁多，给日常教学带来诸多困难，所以学习论述体散文时，需要有相关的背景资料的补充，以增加积累，理解文意。

4. 说理形象生动

我国古代论述体散文，多表述对自然和人生的理性认识，阐发政治主张和学术观点，都不仅依靠逻辑推理和抽象思辨来完成，还灌注了浓烈的情感，运用了生动的感性形象。寄寓深刻的寓言、譬喻，常有抒情因素。这种形象性和抒情性，使论述类说理散文自身具有了文学意味，对后代散文的发展尤其是小品文杂文，具有积极深远的影响。因此，在教学上可以和这类散文比较学习，以明晰其传承发展关系，学习形象说理的精要，在写作中有所体现。古代论述体散文的形象说理具体体现为善用比喻、多用寓言、大量排比、层层类比、构思奇妙、取象生动。

教材中，荀子《劝学》节选文字所用比喻20余处，这是训练形象说理中比喻论证的绝佳范例。庄子《逍遥游》节选，反复使用寓言故事来论证。孟子《寡人之于国也》层层类推，并营造生动的场景形象地证明王道之于国家治理的重要性。杜牧《阿房宫赋》用南亩之农夫、机上之工女、在庾之粟粒、周身之帛缕、九土之城郭、市人之言语等一连串生动的形象，证明秦朝骄奢暴政而亡的必然结局。这些形象说理的集中范例都是阅读和写作训练的重点。

三、常见错误的分析和解决策略

（一）文言知识与语法学习不能脱离语境

表情达意是语言发生存在留传的价值，对于语言知识和语法的研究是更高层次的学术要求，学习文言知识和语法是为了更好地理解文章的内涵。因此，理解探究文章的内容是目的，学习运用文言知识和语法是手段，文章的内涵是本，文言知识和语法是末。认清本末，切不可本末倒置。这就要求在学习文言知识和语法的时要结合语境。这里的语境有两种：一是具体学习的那篇文章，每篇文章都有比较典型的知识点；二是学习文章时的当下语言背景，毕竟文言是母语。

结合文章语境，重点学习一篇文章的典型知识点。所谓典型知识点即第一次出现的、集中出现的、比较罕见的，或是反复出现又容易错的一些文言知识和语法。比如《六国论》中"洎牧以谗诛"中的"洎"一词，是在高中文言学习中第一次出现并且比较罕见的一个词，所以必须在这篇文章中学会这个词的意义和用法。又如虚词"而"在人教版必修三《劝学》一篇367个字的选文中竟出现16次之多，不仅如此，这16处集中了"而"作为连词的大部分用法，这篇文章中"而"就是重点文言知识点。

结合当下语境，认识到文言学习其实是母语学习的实质后，就会发现在我们现有语言储备中有很多可资借鉴的材料。著名语文教育专家李镗老师在讲《劝学》"金就砺则利"一句中"就"字的时候，结合了现代汉语"就近上学"一句来引导学生思考。这样学生很快明白，"就"是"靠近，接近"的意思，这是结合当下语境学习文言的经典范例。大体上有两类：一是要利用好现在的成语。现在使用的成语，因为成语本身就直接来源于古代汉语，因此保存了最为完整古代汉语的形态，比如"惟命是从"和"马首是瞻"就是典型的宾语前置，"披肝沥胆""披荆斩棘"和"披沙拣金"三个成语中的"披"是分开、裂开之意，苏轼《后赤壁赋》"披蒙茸"一句中的"披"就是这个意思，当然"披星戴月"和"披坚执锐"的"披"则不同。

二是要注意挖掘现代汉语丰富意蕴。"见+动词"表示被动或者偏指一方的语法现象比较难懂，表被动比如《廉颇蔺相如列传》有"徒见欺"和"恐见欺于王而负赵"两句，表偏指比如李密《陈情表》有"慈父见背"一句。在现代汉语中经常使用"见"这两种看似难懂的语法功能，比如日常生活中常用的见笑、见教、见谅、见怪等词语，"见笑"表被动，"见教""见谅""见怪"表偏指。

这样的例子很多，结合学生自身的语言储备来学习文言知识和语法，既避免了枯燥地学习文言知识和语法的乏味，提高了学习效率，又训练了学生综合分析语言问题的能力，提升了思维的水平。

（二）要重视古今文化差异

谈及学生学习文言的障碍，一般会认为：一是文言实虚词，二是文言语法诸如词类活用特殊句式，学生也深信不疑。当然文言词语和文言语法是文言学习的障碍，但不是全部。钱梦龙老先生在《文言文教学改革刍议》一文中曾举《陋室铭》为例，说明文言词语和语法对理解全文不构成大的障碍。

《陋室铭》全文81字，除少数双音词外，大多是单音词，可以说其中绝大部分的词古今完全同义，如：山、水、高、深、上、入、苔痕、草色、谈笑、往来，等等；少数词虽然用法有些变化，但仍可以看出变化的脉络，如"有仙则名"的"名"，本是"名声"的意思，属名词，这里用作动词，作"出名"讲，学生只要细心揣摩，是不难意会的。可能成为阅读障碍的，实际上只有少数几个词（如"鸿儒""白丁"）以及结尾处涉及的人名、地名，但看看注解也都不难解决。在句法方面，除了末句"何陋之有"词序有些特别外，其余都和现代汉语的表达习惯别无二致。

钱老指出了此文文言词语和语法不是阅读的大障碍，不过除此之外就没有别的阅读障碍了吗？这篇短小的论说文中，有一个词很多教材的注释也是不妥当的。"素琴"一词在北京教育科学研究院和北京出版社合编的《北京市义务教育课程改革实验教材》14册中的注释为"素雅的古琴"，其实素琴与东晋田园诗人陶潜有关。《宋书·陶潜传》记载说："潜不解音声，而畜素琴一张，无弦，每有酒适，辄抚弄以寄其意。"李白有首诗可以做"素琴"的注解，"陶令日日醉，不知五柳春。素琴本无弦，漉酒用葛巾"。(《戏赠郑溧阳》) 不了解这个典故，又怎能体味陋室之绝俗与主人刘禹锡的淡泊。

时代更迭，风俗变迁，导致文化上的古今差异，这种文化差异也是文言阅读的障碍。

并且这种文化上的阻隔，在论说类文言文阅读中表现得更加突出。因为论说类文章需要大量的诸如史实时政类文献作为论据，而在使用这类论据时是以当时人（多智识阶层）的认识水平为依据的，因此文化上的差异会更多地影响到论述类文章的阅读。这大概也是高考文言文多用史传等故事性强的文献，而很少涉及论述类的文本，比如 2010 年全国高考 17 套语文试卷中，只有湖北卷的文言选段为欧阳修的《原弊》，属于论述类文本，其中翻译题有"而今之为吏者不然，簿书听断而已矣"一句，对古代为官没点了解，所谓"簿书听断"就不好理解并翻译了。

在课文学习中也是如此，比如学习苏洵《六国论》，学生就必须对秦灭六国的史实有一个基本的了解，否则很难懂"洎牧以谗诛，邯郸为郡"一句。《阿房宫赋》的"戍卒叫，函谷举，楚人一炬，可怜焦土"中的陈胜吴广起义与项羽火烧阿房宫的历史也是必须了解的。当然一般课文注释都会加以说明，因此对课下注释的详细了解是部分解决文化障碍的便捷方法，要是课下注释没有注则需要教师和学生自己去查阅资料补充。不过在考试的时候，更多需要调用学生的文化常识积累。

我们在意识到文言知识是学生的阅读障碍的同时，也同样要意识古今文化差异带来的阅读障碍。关于文言知识的这一阅读障碍的界定及相关解决策略的论述很多，在此不再添足。至于文化常识积累，很容易片面地理解为识记一些诸如天干地支之类的条文。"文化"是个模糊宏大的概念，中学教学没必要陷在学术的囹圄中，因为积累文化常识的目的是为了了解古代散文内容，或者深入理解作者的思想情怀。依托教材内容进行文化常识的拓展延伸和积累才是切实有效的办法。

（三）古人慎于著述并且思想境界宏大

想必没有比思维习惯和思想境界上的差距更能造成阅读上的障碍了。许多同学在做 2009 年广东卷社科文阅读感到很困难，因为选文是爱因斯坦的

《自由与科学》，爱因斯坦严密的思维逻辑和崇高的思想境界让学生们很不习惯，这不能用单纯的知识缺乏来搪塞，这是我们精神世界的苍白在学生身上的集中反应，而社会生活则被影视娱乐和购物刺激所遮蔽。

由于深受儒家思想影响，中国知识分子普遍有"以天下为己任"宏图大志。此外古人慎于著述，孔子说要"敏于行而慎于行"，因此自己"述而不作"，传世《论语》也不是出自夫子之手，而是弟子及再传弟子所记。后世文人多坚持这样的教导，所以有"二句三年得，一吟双泪流"的贾岛，有"为人性僻耽佳句，语不惊人死不休"的杜甫。甚至近代大学者黄侃先生都坚守"年五十，当著书"的信条，可惜英年早逝，只为后世留下大批未经整理的点校笺识古籍的遗稿。当然在历史上也有作诗为文援笔立就的，比如唐代王勃，《新唐书》记载："勃属文，初不精思，先磨墨数升，则酣饮被覆面卧，及寤，援笔成篇不易一字，时人谓勃为腹稿。"且不说这段史料是否可靠，退一步说，即便可靠，王勃"腹稿"成名篇的事在文学史上也实属特例。古人对于写文章这种谨慎的态度，与现代人快餐式的消费文章的态度形成强烈反差，因此论述类文言文多成为学生阅读的最大障碍。

《五人墓碑记》的作者张溥读书的"七录七焚"的故事或许能带来一些启示。《明史·张溥列传》记载："溥幼嗜学。所读书必手抄，抄已朗诵一过，即焚之，又抄，如是者六七始已。右手握管处，指掌成茧。冬日手皲，日沃汤数次。后名读书之斋曰'七录'。"张溥读书必手抄朗诵六七次，这样潜心刻苦，自然能领悟到古文中诸多精奥。古人为了读书，士大夫常常沐浴焚香，然后才开卷读书。

今天我们虽然不一定非要求学生有如古人般近乎刻板的阅读习惯，但是在阅读时也应该放弃快餐式的快速阅读的方式，保证阅读的时间，对于一些名篇尽量熟读背诵，在此基础上，提供必要的文章文化背景资料，一起探究文章的严谨的立论方式和宏大深邃的思想境界。

四、论述类文言文学生学习目标的检测

新课标"评价建议"把"促进学生语文素养的全面提高"作为语文学科评价根本目的，因此有人据此质疑高考语文命题"以能力立意"的取向，认为"语文素养"的提法涵盖了所谓"识记、理解、分析综合、表达应用和鉴赏评价"五种语文基本能力表述，假如高考以"语文素养立意"，则"既强化了语

文的基本能力，又不局限于语文基本能力，还涉及做人的基本要素"。从这一质疑中可以清楚地看到，语文五种基本能力是高考语文检测的主要内容，也是"语文素养"的基础，不过绝不是"语文素养"的全部，"语文素养"有更宽广深厚的内涵和要求，尽管目前为止对"语文素养"还没有权威的明确界定。

关于文言文的阅读评价，"重点考察借助语感和必要的文言常识阅读浅易文言文的能力。要考查学生对传统文化是否热爱和有兴趣，在文言文阅读中能否有意识地了解文化背景，感受中国文化精神。评价要有助于学生确立古为今用的意识，用现代观念审视作品的内容和思想倾向"。考察评价点有：文言语感、文言常识、阅读兴趣、文化背景、基于现实的探究评价。

不难看出这是基于提高学生"语文素养"的目的而设定的。因此，全国各地的高考考试大纲中有"探究"一说，高考试题中有了阅读延伸拓展题型。文言文是这类题型的重点设题篇目，论述类文言文因为提供了许多可以"古为今用"的立论方法和思想，尤其受到出题者青睐。2008年，上海卷高考题第25题"第③段可分为两层，概括层次大意"，考察的是文言论述的段落层次。第26题"本文首尾都提到'秋寻'，分析其作用"检测的是整篇文言的行文结构的重要特色：开头交代了"秋寻"的缘由，结尾点明诗集的主要题材；首尾呼应，结构严谨；"秋寻"作为线索，贯穿全文（参考答案）。也有探究思想情怀的，典型的就是2010年北京卷第10题，要求对文言文《宋清传》中所说的"清之取利远，远故大"在理解的基础上结合现实探究其思想价值。当然，论述类文言文在写作上的训练价值也是很大的，从《赤兔之死》《站在黄花岗烈士陵园的门口》等高考奇文的横空出世也能看出，许多语文教师和考生在利用文言文进行写作训练上是颇为用心的。

这样在形式和思想内容上都能深得文言论述精髓的奇文的出现，固然可喜可贺，只是那些撇开文言的表达形式，学习古人为文的态度和思想的写作更是值得提倡推广的，毕竟汉语是要向前发展的。

参考文献

桑哲. "淡化文言文教学"大家谈［J］. 现代语文（文学研究版）. 2007（01）：4-6.

严澜. 论苏轼史论散文的艺术特色［J］. 南方论坛. 2006（11）：90-91.

金振邦. 文章体裁词典［M］. 长春：东北师范大学出版社，1987.

刘永康. 质疑高考语文命题"以能力立意"［J］. 语文建设. 2009（11）.

古诗文阅读应该重视文化常识积累

李建波

摘要: 学生学习古代诗文,常常抱怨叫苦,深究其中原因,可以分为两个层面:一是不理解古诗文的字词句,二是不了解古代的文化常识。反思多年来的语文教学,发现近年来古诗文教学多注重古诗文的字词句的分解,忽视了系统的古代文化常识教育,导致学生古代文化常识积累的贫乏。古诗文教学当重视文化常识积累。

主题词: 古代文化常识,古诗文阅读

一、学生古代文化常识积累匮乏

平素教学,学习文言文部分,学生抱怨之声不绝,学习诗词部分,学生叫苦之言四起。追问其中原因,多表示古诗文读不懂。这"不懂"的意思似乎很明显,所指便是字词句读不懂无疑了,于是古诗文教学之重莫过于字词句。针对文言字词句的问题,尝试辅助学生建立比较完备的文言知识体系,包括诸如通假、古今异义、实虚词的意义用法、词类活用类型及规律、特殊句式及固定用法。如今高三过半,高考在望,做到古诗文阅读,仍然有许多学生说读不懂。在做 2007 年北京东城区高三期末试卷时,学生普遍反映文言文中有句话读不懂:

惠公曰:"昔王季历葬于楚山之尾,水啮其墓,见棺之前和。文王曰:'嘻!先君必欲一见群臣百姓也夫,故使水见之。'于是出而为之张于朝,百姓皆见之,三日而后更葬。……"

《战国策》卷三十二

上文"季历""前和"二字有注释,此外文段在字词句上均没有难处,学生却读不懂。寻思良久,原来学生在这里不懂的并非是字词句,而是词句间所表达的丧葬之事。古人强调"慎终追远",重视宗庙祭祀,因此历代皇帝不

惜劳民伤财大行丧葬之事，不明白这一点又怎么能晓得所谓"文王之德"呢？究其原因，是学生不了解古代的丧葬文化。

此时，再回想学生所谓读不懂古诗文的疑惑，若有所悟，五千年文明，多少朝代更迭；几万里河山，众多民族纷呈。时代的变迁，地域的阻隔，小小年纪的中学生对古代文化知识难免陌生。因此这"不懂"应该有两层含义：一是不懂古诗文的字词句，二是不懂古代的文化常识。基于这样的思量，着手给学生准备，来加强学生的文化常识积累，扫清学生阅读古诗文的障碍。但是新的更大的问题接踵而至，中国文化博大精深，古代文化知识浩如烟海，内心犹疑，下笔盘桓，似乎只能望洋兴叹。思虑再三，何不研读高考诗文阅读篇目，摘取其中涉及古代文化的词句，归纳分类然后适度拓展引申，窥见古代文化常识的范畴，以期柳暗花明！

二、古诗文阅读中涉及文化常识积累的几个案例

1. 古诗文中的历史典故

古诗文中的历史典故成为学生阅读中的难点，2007年北京高考文言文便是一个典型，文中共有孔曾之行、伯夷之廉、孔子弟子七十养徒三千人、墨子服役者百八十人、越为之（刻肌肤，镊皮革，被创流血）以求荣也、文王举太公望召公奭而王、桓公任管仲隰朋而霸、夫差用太宰嚭而灭、秦任李斯赵高而亡九个典故。学生反映由于对这九个历史典故不甚了解，导致读不懂文章内容，诸如不知孤竹国伯夷叔齐让国及后来他们不食周粟而亡的事，又怎么知道所谓伯夷之廉确指什么；不懂得《孝经》上所说的"身体发肤受诸父母，不敢毁伤，孝之始也"，怎么晓得越人断发文身在古人看来是难以理解的事情。这让我想起了学生背诵得很熟练的辛弃疾的《永遇乐·京口北固亭怀古》，一首短词使用了五处典故：孙仲谋、寄奴、佛狸祠、元嘉草草封狼居胥、廉颇老矣。很多学生即使能背诵，也把握不好那些包含典故的词句。因此，加强学生对一些常见的历史典故的积累十分必要。

2. 古诗文中的古代社会文化

时代变迁，历史已成过往；疆域辽阔，民族风情万种。古代中国社会文化纷繁复杂，这必然给成长在现代社会的中学生造成文化的陌生感。诸如北京高考文言文有"金玉其行"和"微趣"两词比较不好理解，为什么呢？因为金玉自古为最贵重的东西，神仙住处为"玉楼金阙"，其侍者也是"金童玉

女"，金玉代表最高最纯的美质，所以"金玉其行"多用以形容人美好的品行，曹雪芹在《红楼梦》叹妙玉"可怜金玉质"，祭晴雯则说"其为质则金玉不足喻其贵"，尤三姐对她姐姐说"咱们金玉一般的人"。《易·谦》有"谦谦君子，卑以自牧也"的话，古人以谦卑为美德，因此称自己内心的志向为微趣。又比如北京高考 2005 年诗歌试题，选的是陆游的《夜游宫记梦寄师伯浑》，中有一句"封侯在万里"，万里封侯便是典型的中国古代士人的理想，他们认为大丈夫应该从军戍边，保家卫国，远行求取功名，士子们追求的是"功名只向马上取，真是英雄一丈夫"（岑参《送李副使赴碛西官军》），因此常在诗文当中用万里封侯表达英雄气概。

三、文言文教学当重视文化常识积累

《普通高中语文课程标准（实验）》明确指出："语文是最重要的交际工具，是人类文化的重要组成部分，工具性与人文性的统一，是语文课程的基本特点。"古代文化常识在语文教学中的地位自不待言。只是中国古代文化何其博大精深，圈定中学语文教学所教授之古代文化常识有两难：一是范畴难明，二是深浅难知。若不解决这两难，便会出现四弊端：范畴太广则迷失烟海，范畴太窄则约束视野，内容过深则沉陷深渊，内容过浅则流于浮泛。钱穆先生在《中国历史研究法》一文中点明文化讨论"必有凭有据，步步踏实"，先生之言中其肯綮，振聋发聩。宏观上翻阅文化典籍，知道古代文化之广之深所在；微观处分析高考古诗文篇目，明晓古代文化常识范畴大小与内容深浅。不过理有固然，事无必至，虽才疏学浅而心向往之。

参考文献

陈书禄.中国文化通论［M］.南京：南京师范大学出版社，2000.

王力.古代汉语［M］.北京：中华书局，1999.

第二节 课堂教学保质量

北师大燕化附中学科核心素养校本化实践研究实施方案

李晶莹

一、实施背景

长期以来，教育教学改革效果不理想：一些学校功利地追求升学率，忽视教学的育人功能；教师依然以学科知识教学为目标，忽视学生能力的培养；学生单纯追求考试分数，适应社会能力不强、实践和创新能力不足。针对改革面临的问题，国家又出台了一系列举措，助推教育教学改革工作的开展。

十八届三中全会提出："全面贯彻党的教育方针，坚持立德树人，加强社会主义核心价值体系教育，完善中华优秀传统文化教育，形成爱学习、爱劳动、爱祖国活动的有效形式和长效机制，增强学生社会责任感、创新精神、实践能力。"会议明确了中国教育教学改革的方向以及对人才培养的要求。

为把党的十八大和十八届三中全会关于立德树人的要求落到实处，《教育部关于全面深化课程改革落实立德树人根本任务的意见（教基二〔2014〕4号）》提出："教育部将组织研究提出各学段学生发展核心素养体系，明确学生应具备的适应终身发展和社会发展需要的必备品格和关键能力，突出强调个人修养、社会关爱、家国情怀，更加注重自主发展、合作参与、创新实践。"同时提出"研究制订中小学各学科学业质量标准和高等学校相关学科专业类教学质量国家标准，根据核心素养体系，各级各类学校要从实际情况和学生特点出发，把核心素养和学业质量要求落实到各学科教学中"的要求。

2016 年"中国学生发展核心素养研究成果发布会"在北京师范大学举行，正式公布中国学生发展核心素养包括人文底蕴、科学精神、学会学习、健康生活、责任担当、实践创新 6 大素养 18 个基本要点。核心素养具体明确了培养人才的要求和标准。

新修订的课程标准也围绕核心素养的落实，各学科以核心素养为纲进行课程建设以及设计教学实施方案，明确具体教学内容的内涵，并进行水平划分，形成基于核心素养的学业质量标准。

十九大对新时代教育发展提出了新的要求：要全面贯彻落实党的教育方针，落实立德树人的根本任务，发展素质教育，推进教育公平，培养德智体美全面发展的社会主义建设者和接班人。习近平主席的报告进一步明确了中国教育培养怎样的人，为中小学推进素质教育，落实核心素养提供了有力的支撑。

中国学生发展核心素养体系的建构给了中小学明确具体的育人纲领和目标，以学科教学为阵地，各中小学开始了核心素养如何"落地"的实践探索。

北京师范大学燕化附属中学，作为北京市示范高中校和民族团结示范校，依托燕山石化的地域资源，首先开展了课程整合的研究工作，使国家课程、校本课程和地方课程校本化；接着，以课堂和学科实践活动为载体，开展了核心素养在学科教学中的实践探索。

二、实施目标

推动学科组践行核心素养，为教师和学生发展搭建平台，促进学校教学改革工作的发展。

学习学科核心素养的内涵并在学科教学中的落实应用，促进教师的专业成长。

发挥核心素养在学科教学中的育人功能，培养学生能力，提升学生全面而有个性的发展。

三、组织领导

为保障学科核心素养的学习与践行工作顺序进行，学校领导和教研组长组建领导小组，具体负责、监督工作的实施、评价等工作。

四、实施过程

第一阶段：学习本学科核心素养的内容、研讨其考查的内容和形式。

（1）学科组交流研讨。以"考试院"成绩分析为导向，以2017年北京市高考试卷和2018年高三海淀期末试卷为样本，研究核心素养考查的情况。

（2）专家培训引领。第一次培训：各教研组长请期末试卷命题专家"结合试卷命题谈核心素养的落实"；第二次培训：各教研组长请专家"结合实例谈如何落实学科核心素养"。

第二阶段：以研究课为载体，进行学科核心素养落实的实践探索。

7～12年教龄教师研究课比赛，校级骨干教师比赛；每个教研组出一至二人参加区级研究课比赛，进行课堂实践。

第三阶段：看课、评课。

看课：各学科组自选一节本组教师的研究视频课，全组共同观看；评课：针对课例研讨学科核心素养的体现情况。

第四阶段：落实学科核心素养的学习成果交流分享会。

基于学习和落实学科核心素养的情况，各学科教研组长进行汇报交流。

整合石化特色资源　提升西藏学生科学素养

张爱平

北师大燕化附中整合地域石化资源，开发适合西藏内高班学生进行实践创新活动的课程、场所、组织和评价机制等，是拓展和提升我校内高班办学的教育教学质量和特色的重要思路；结合学校石化科技特色办学的实施情况，对前期的教育指导理念、资源开发情况、课程实施及反馈、保障机制建设等进行系统分析，为提升学校西藏内高班学生的科学素养开拓创新，为学校希望民族团结进步教育保驾护航。

一、依托石化资源谋办学

学校依托燕山石化科技独特资源，已经初步开发出适合高中生学习和实践的特色课程。我校2011年承办首都教育援藏任务，开班西藏内地高中班，同年学校盘活地域石化科技资源，成功申请获批北京市"翱翔计划"课程基地校，2012年获批并开办北京市特色实验班——"石化科技实验班"，再到2013年申请并获批"大型综合性石化科技开放实验室"；我校从整合开发地域资源、建设实践基地、创建课程体系、探索教学组织模式与评价机制等方面着手做了积极的实践与探索，并取得了丰硕的成果。成果主要由硬件和软件两部分组成。

硬件方面，按照设计规划方案，改造实验楼三层基本装修，建设成生物科技空间、化学探究空间、科技创客空间共三间专业实验室，以及配套的资料室、仪器室和工作室；同时在过道、门口进行石化科技沙盘、数码教学设备、文化展板的建设；为学生开展科技活动和科技拓展课程提供专业的场地和设备等硬件支持。

软件方面，我们已开发了校本课程、石化科技课程和科技社团课程。

二、统筹设计开创新模式

1. 顶层设计，统筹管理

学校科技教育由校长负责，副校长主抓，并专门成立了创新工作室，协调安排科技教育的具体事宜；同时，学校有20余位研究生学历的科技教师，主要由化学、物理、生物和信息技术教师兼任，负责科技课程的开发、教学和科技课程教学实践等工作。

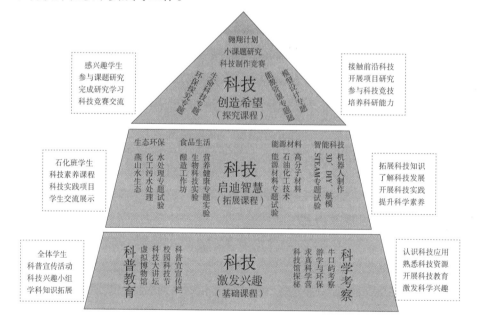

2. 专题建设，过程监督

针对学生多层次的需求，学校依据"科技激发兴趣、科技启迪智慧、科技创造希望"的层级课程设置思路，按照"能源与资源""环境与生态""营养与健康""智能与科技"的专题引领，开设了满足学生个性化发展需求的系列科技课程和社团课程，经学生自主选课后开展实践教学；科技课程的开发和教学主要由学校相关学科教师承担，每门科技课程都需要在开学初，通过由创新工作室组织的教学计划和课程筹备的审核，且合格后方可开课。同时，期中、期末各有一次对该课程的学生问卷调查及反馈座谈。另外，创新工作室专门编订了《科技实践学生成长记录手册》和《科技实践教师工作记录手册》，作为方便学生和教师每次课程前后记录教学过程和心得体会等的载体，同时也作为学期末优秀教师和优秀学生评选的重要参考凭证。

3. 校企合作，资源开发

学校与北京师范大学、北京化工研究院燕山分院、北京燕山威立雅水务公司等大学、科研院所及企业的教授、专家合作，结合高中学段理、化、生等学科的知识特点，围绕能源、材料和环境等主题，开发了几十个科技实践和动手实验项目，建成多项科技类校本课程、社团课程，并持续开展教学实践；同时，带领同学们定期走近生产、研发一线，开展科学考察和科技交流活动。

4. 多元课程，落实素养

邀请中国老科学家科普演讲团、北京燕化关工委等的科技专家们定期走进校园，为学生提供科技报告和交流；另外，学校以准备或组织各类科技比赛和成果展示为抓手，创新科技教育形式，落实学生科学素养培养。学校开设的层级专题科技课程，既突出了拓展课程的趣味性、活动性、应用性和体验性，又关注了不同基础学生的差异性、层次性、选择性和自主性，已成为学校深化课程改革、拓宽学生视野、丰富学生课余生活、全面提高学生科学素养、促进校园文化建设的有效途径。

三、提升科学素养结硕果

1. 石化科技课程的教学实践及优化建设

结合学校的课程计划，主要在周二、周四学生活动时段以及周六下午，按照石化科技拓展课程的课时需求，由教务统一与国家课程一起排课，设置学期科技课程课表。创新工作室会督促并协助教师进行课程筹备和学生管理，并在教学实践时安排专人进行课堂检查和记录。系统规范的课程管理方式和教学组织形式，确保科技拓展课程的有效开展。

以化学拓展实验课程建设为例，参照北京市开发式科技实践活动的规范模式，基于区域特色（学校处于石化卫星城），按照课程整合（与原有校本、石化科技班课程）策略，以培养学生可持续发展素养为育人目标，围绕能源与资源、环境与生态、营养与健康、STEM 综合四大主题，在高一、高二石化科技班每一学期开展 8 次拓展实验，受到石化科技班学生的热烈欢迎。

学校的石化科技课程目前已基本达到了"三个保证"，即时间、人员和质量保证。对近年成绩显著的化学拓展实验等课程，学校一方面鼓励教师自主开发教学内容，全力扶持保证教学设施的齐备，保持教师队伍稳定且长期坚持。另一方面积极借力社会资源，优化和提升科技课程品质与质量，努力打造一批精品课程、品牌课程，探索一条课程建设的可持续发展之路。

2. 基于生物科技空间设备使用的生物科技课程开发及教学

生物科技空间小型无土栽培系统是师生开展无土栽培活动认知与实践的重要设备，其中包括浅液流、深液流、喷灌、基质栽培等多种无土栽培方式，使学生能够充分了解无土栽培的相关原理，并能在此基础上开展多项研究活动。生物科技空间超净工作台与恒温培养箱、光照培养箱等的配置，为师生开展微生物培养、植物组织培养等相关生物技术实验提供了便利的条件，学生可以在此充分体会相关实验操作，还能够基于一定的课程内容自行设计小实验并在此进行实践探究活动。生物科技空间还配备了一系列不同类型的显微镜，包括实体解剖镜、电光源显微镜、带成像采集系统的显微镜等，能够满足在校师生不同的实验需求。此外，生物科技空间内有大量的展示架，学生在活动期间的各种成果都可以展示出来。现今，展示架上已经摆满了同学们所制作的 DNA 模型、细胞结构模型、细胞分裂过程染色体示意模型，还有提取植物精油之后制作的各种唇膏、香皂，及包埋了小昆虫、植物花粉的人工琥珀。大量的绿植也是生物空间的亮点之一，除了无土栽培系统内的植被外，空间的窗台、地面、展示架也种满了各种植物，把整个空间打造成了人工氧吧，为在此学习与活动的师生创造了舒适的环境。基于这些设备和器材，我校生物组的老师组织开展了多种多样的生物科技教学活动，包括：人工琥珀的制作、果酒果醋的酿制、微生物的培养、精油唇膏与精油皂的制作、植物组织培养、植物标本制作等。这些活动丰富了同学们的课外生活，也为同学们提供了与生物科技零距离接触的机会，让他们亲历科学探究的过程，培养了对科学的兴趣，也锻炼了探索科学的能力。

3. 规范有序的科技社团课程建设案例之航海模型社团课程

开学第一周，学生可根据创新工作室制作的科技社团课程"菜单"和宣传海报，提前与授课教师或相关学长沟通交流，然后在规定时间内进入校园选课平台，进行网络自由选课。一般科技社团课程每班10—20人，以动手制作和科技实践为主。

航海模型社团活动从材料的选择，到工具的使用，直至模型的完整制作和操纵，无一不是亲力亲为的过程，因此，实践性是它的一个鲜明特点。我校海模社团共有20位同学，通过一个学期的时间，从开始的一知半解，到后来的操作熟练，再到后来的对海模这门课程深深的喜爱……学生们通过自己的探索、相互之间的帮助都获得了很好的学习成果。社团老师也尽自己最大的努力去帮助孩子们，一个学期下来硕果累累，制作的导弹驱逐舰、遥控赛艇、导弹护卫舰、南极科考船等模型更是让人眼花缭乱、赞叹不已。每一位同学都有自己的作品，每个作品都凝聚着学生们的汗水，学生都认为海模所涉及的历史、数学、物理等方面的知识，使他们在分析问题和各学科融会贯通上得到了很大的提高。就在前不久，我校部分海模社团成员还报名参加了北京市海模比赛，同学们都信心满满，相信自己一定会取得好成绩。在我校海模活动中，学生不仅掌握了知识，培养了技能，同时也在课程中发展了自己的个性，特别是锻炼了学生的严谨治学的态度、顽强拼搏的意志。

学校科技教育在课题、论文、学生成果、各项比赛及会议交流上都有亮点呈现，逐渐形成了分工明确、操作有序、协同发展的操作管理平台。学校西藏内高班学生科学素养得到明显提升，理科选课人数明显占据多数，2018年开始选课走班，内高学生选理科的学生占三分之二。目前，学校的科技教育受到社会的广泛认可，已经成为学校教育工作的特色亮点。

人文实践课程"阅读经典 探访名居"研究报告

金英华 李建波 宋 倩

2016年寒假，北师大燕化附中语文组教师专门为留校西藏学生开设人文实践课程《"阅读经典 探访名居"——走进北京古迹名居》。课程为期10天，分为三个阶段实施，采取校内学习和校外参观相结合的方法，深入了解孔子、曹雪芹、史铁生等历史文化名人，同时对《论语》《红楼梦》《我与地坛》等名篇有进一步理解。在学习的过程中，采取导师负责，小组合作学习方式，充分利用数据库查找文献资料，利用自媒体进行交流展示。

一、开发背景

1. 西藏学生求学的需要

阅读经典时存在障碍；

寒假拥有相对宽裕集中的时间；

团队合作分享，促进个性思考，深入文本领会；

课程资源丰富，首都人文资源集中而多样。

2. 考试改革的需要

落实《语文学科改进意见》《招生制度改革意见》；

将社会主义核心价值观融入教育教学，提高学生人文素养，推进学校内涵发展。

3.教师发展的需要

观念的变革：共同学习的合作者；

实践的提升：课程设计、参与、改进、反思；

团队的合作：资源共享、智慧碰撞、发挥特长。

二、实践过程

人文实践课程《"阅读经典 探访名居"——走进北京古迹名居》，一共60课时（10天），分为三站。

1.第一站：曹雪芹故居

时间：2016年1月26日

游学价值：靠近曹雪芹，走进中国文人的内心。

寒假期间，学生阅读《红楼梦》，对曹雪芹其人非常感兴趣。1971年4月4日，在香山地区正白旗村39号发现的一座带有几组题壁诗的老式民居被部分专家认为是他著书之所。1983年4月22日，根据有关诗文所说曹雪芹晚年"著书西山黄叶村"及其他描述，特于北京植物园（原正白旗所在地）中辟地8公顷，建成曹雪芹纪念馆，借名"黄叶村"。曹雪芹纪念馆分别展示了曹雪芹的家世、经历和《红楼梦》的成就、研究、影响，力求做到真实性、知识性、趣味性。探访曹雪芹故居，感受曹雪芹晚年在此处著书的辛酸和点滴，走进曹雪芹的内心。

2.第二站：走进《红楼梦》

时间：2016年2月1日

游学价值：走进大观园，走进《红楼梦》；畅游北海，感受古老神话。

《普通高中语文教材必修（一）》的"梳理探究"板块设计有《奇妙的对联》一节，从"对联常识""对联欣赏""对联作法"三方面学习对联。北京大观园中的楹联非常丰富，比如"绕堤柳借三篙翠 隔岸花分一脉香"，是学生学习对联的好资源。北京大观园中的对联来源于《红楼梦》，参观大观园有助于学生学习《红楼梦》中的典型楹联。在阅读《红楼梦》和参观大观园的基础上，可以引导学生创作对联，培养学生的语言能力。大观园园内的园林建筑、山形水系、植物造景、室内陈设、小品点缀等都尽力忠实于原著的时代风情和具体描绘，再现了文学大师曹雪芹笔下《红楼梦》中的官府园林风采。园内主要景观有大观园正门、西街门、怡红院、潇湘馆、蘅芜院、省亲别墅、秋爽斋、稻香村、栊翠庵、凹晶溪馆、凸碧山庄、暖香坞、芦雪庭、缀锦楼、红香圃、花溆、曲径通幽、沁芳亭、大观楼、滴翠亭、紫菱洲，等等。

距离大观园不远处有北海公园，北海公园的建设源于一个古老的神话。历代皇帝都喜欢仿效"一池三山"的形式来建造皇家宫苑。北海象征太液池，琼华岛象征蓬莱，原在水中的团城和犀山台则象征瀛洲和方丈。园中有吕公洞、仙人庵、铜仙承露盘等求仙遗迹。陈运和《北海公园》诗云：

北海
其实不是海
没有浪花喧哗
没有潮水澎湃
静静的 静静的
就像一幅珍藏的古字画
上面有朝廷遥远的记载
一度金碧辉煌的中国龙
难以从九龙壁中飞出来
而悠久的历史却爱走进
铁影壁摄下自己不想遗忘的年代

3. 第三站：地坛、国子监、孔庙、雍和宫

时间：2016 年 2 月 19 日

游学价值：走进"地坛"，靠近史铁生；走进国子监和孔庙，感受《论语》中的传统文化和时代精神。

学生阅读史铁生的《我与地坛》后，初步感受到了史铁生身上强大的生命力，也因为此文，学生对北京地坛有了兴趣，此次参观地坛，即是靠近史铁生，感受地坛带给史铁生的生命意志。

学生从小学习《论语》，《论语》中关于学习的名言也很多。比如，"知之为知之，不知为不知，是知也。""盖有不知而作者，我无是也。多闻，择其善者而从之；多见而识之。""敏而好学，不耻下问。""温故而知新，可以为师矣。""不愤不启，不悱不发。举一隅不以三隅反，则不复也。"此次参观国子监和孔庙，是将圣人之言与圣人传道之所相结合，不仅有助于学生了解儒家

文化，更可以激励学生一心向学。

雍和宫与地坛、国子监、孔庙距离很近，是北京最大的藏传佛教寺院，整个寺院布局完整，巍峨壮观，具有汉、满、藏、蒙民族特色，有助于学生了解多元文化。

4. 每一站包含三个阶段

第一阶段：校内学习选切点。围绕游学景点，在网络教室阅读教师推荐资料和其他相关网络资源，选择认识该景点的兴趣点，小组合作形成初步认识该景点的交流方案。

第二阶段：校外实践多体验。走进该景点，在参观的过程中，用手机、笔记本等，记录自己的随感随悟。

第三阶段：校内交流固成果。在参观的基础上，上午进一步完善第一天小组形成的初步交流方案，下午小组之间采取多种形式（PPT、视频、纪录片、感悟集等）进行交流学习，固化成果。

三、实践效果

综合性社会实践课程不同于传统课程，它具有探究性、自主性、开放性、生成性、实践性等特征。在面对一些较复杂的课题时，学生并没有能力自主完成。教师只有及时地引导、启发，才能保证学习活动的成功实施。《普通高中语文课程标准》指出："能在生活和其他学习领域中，正确、熟练、有效地运用语言文字。在语文应用中开阔视野，初步认识自己学习语文的潜能和倾向……增强文化意识，重视人类文化遗产的传承，尊重和理解多元文化，关注当代文化生活……通过广泛的实践，提高语文综合应用能力。"由此可见，语文教学应该与社会实践活动紧密结合，相辅相成，在语文教学中挖掘综合实践课程的资源。

学生通过导师指导，小组合作进行课内课外多维度学习实践与交流展示。

1. 让西藏学生亲近经典

很多西藏学生由于语言、学习背景等诸多原因，对经典传统文化缺乏理解和兴趣。寒假期间的多维度综合性社会实践课程，穿越边界、突破人本，助力学生亲近经典，领悟传统文化的魅力。

普国杰同学说："文学研究课活动特别多，所以上课期间不仅不会觉得累，反而觉得很有趣。上课期间精力十足，学到的东西特别多。平时我一看到《红楼梦》这样的书就犯困，但是这次奇迹般地读进去了。不仅如此，老师还带我们去参观了一些跟我们所学的有关的地方，让我们在实践中学到了不少东西，也让我们感受到了中国古文化的魅力。在这之前，我语文成绩一直不好，也不想学语文。但是通过这次的课，我的这种观念完全被改变了。"

达瓦拉珍同学说："这个假期我们由书本走进了古迹，由古迹回归心灵。这整个过程是书本上根本学不到的。所谓'读万卷书，行万里路'，两者相互依存才能够进步。很感谢有这样的一次机会，充实了我们的寒假生活，也提高了我们对名著和名迹的认识。贴近作者，熟悉名著。"

2. 有团队，一起协作走得更远

通过种种的分组活动、比赛，学生们觉得自己懂得了许许多多的道理。

琼琼卓玛同学后来在总结里说道："通过这次活动，我意识到了集体团结的重要性。虽然这次我并没有参加知识竞赛，但其他同学的表现也对我有所启发。以后遇到类似的活动，我会踊跃参加，并为集体奉献自己的力量。"

有的同学更是强烈地感受到了团队力量。

德吉同学在日志里分享："借这次寒假的机会，老师们付出自己休息的时间，来陪我们一起搞这次的活动。这次活动老师把我们高一高二的同学都混在一起，然后分组。这样的安排也是为了我们高一高二的同学之间搞好关系吧！刚开始分组的时候，我们都不怎么说话，因为彼此之间不熟悉，后面相处时间久了，就没有这种感觉了。我们互相讨论问题，谁有好的想法都提出来，每位成员都会认认真真地做自己所分配到的任务，没有一个是不合群的，各组之间都非常的团结。"

米玛同学感受到了自己的成长："在这次的活动里，我深深体会到了个人实践和团队合作的重要性。刚开始的时候我们组根本没有什么思路，但是经过老师的帮助和同学们积极参与，团队合作之后，最后我们做的汇报很不错，赢得了老师和同学们的热烈掌声。我记得老师说过，在一个团队里要充分发挥每个人的才能，不管是现在还是以后在工作岗位上，我想这对我们很有启发与帮助。我以后要通过学校为我们提供的各种平台来锻炼自己的能力。"

四、成果特色与创新

1. 核心素养的养成

人文实践课程的开发着眼于对西藏内高班学生核心素养的培养，打破传统课堂局限于学校的空间束缚，以丰富的首都文化资源作为课程实施的课堂，促进个性思考，深入文本领会，全方位体验传统文化经典内容。

2. 评价方法跟进

由教师的观察记录（30分）、小组内部考核（30分）和学生个人的学习过程记录（40分）三部分组成。

教师的观察记录：教师积极观察自己所负责的学生，发现亮点和问题点，及时记录。

小组内部考核：小组成员之间根据每位成员的贡献大小进行相互评价。

学生个人的学习过程记录：包括第一天"校内学习"阶段读书笔记的完成情况，第二天"校外实践"阶段拍摄的照片和写的感悟，第三天"校内交流"阶段自己为小组交流所做的工作等。

诗意人文地图——泰山曲阜

李建波

江河山川那起伏的轮廓线，描绘着中国人千百年来的悲欢离合。多少狂歌，几多浅唱，"平生塞北江南"，陌路成知己，他乡有故知，得意失意都在路上，或躁或静自有风流。

一处山水，一段风月，在慢慢长路上跋涉，在寂静长河中淘洗，经由诗人心口，凝固在诗歌的字里行间。山水等待你来游目驰骋，诗文等待你来开卷吟咏。浸润在历史人文中的华夏山川就在这里，让我们用脚步丈量风景，让我们用心灵歌咏诗文。

这一次，我们同去齐鲁之巅——东岳泰山，儒家圣地、孔子故里——曲阜。

课标依据：

《北京市中小学语文学科教学改进意见》中提出："高中积极引导学生感悟中华优秀传统文化的精神内涵。可以采用专题学习的形式，加深学生对中华璀璨国学文化、悠久历史文化的了解，教育学生弘扬民族精神，传承民族文化，发扬传统美德。"在新一轮中高考改革中，特别强调对经典文化的考查。

因此，设计"读经典访景点"系列课程，符合语文学科教学改进的需要。

课程目标：

通过校内学习和校外参观相结合的方式，多角度研习泰山、曲阜三孔历史文化名胜古迹，对《论语》及与之相关的历代诗文有进一步理解；

在学习的过程中，能够利用网络定点查找资料，通过阅读笔记整理搜索到的信息，为己所用。

课程纲目：

一、了解泰山、曲阜三孔

观赏电影《孔子》及《世界文化遗产在中国》之"泰山""三孔"，选出自己的兴趣所在。

二、品读诗歌

1.查找与泰山、曲阜三孔相关的诗文，找出五首以上，书法书写三首，背熟三首以上。

2.画一幅图，想象一下泰山、曲阜三孔图，把相关诗文撰写其上。

三、制定旅行方案

1.组建旅行团队，每队5人，男女生混合，选出组长，明确每个人的分工。

2.根据学习内容，制定本组在途中及在景点的主要活动事项。

3.制定并汇报旅行设计方案，包括旅行主题、步骤、成果形成过程及分工等。

4.准备旅行物品，每个人列出旅行中应该准备的所有物品，并说明物品用途，说明小组内能公用的物品有哪些。

5.准备应急预案，针对旅途中可能发生的意外，列出相应的应对措施。

6.列出旅行中坐车、就餐、住宿、游览时应注意的礼仪事项。

7.每人列出自己在旅行中可以展示的才艺，如唱歌、照相等。

8.每人轮流撰写本组旅行日志，每天在小组微信群里发布。

四、旅行出发

1.带着自己小组的旅行手册出发。

2.小组每天聚会，每人说说自己的感受、遇到的困难、任务完成情况等，然后设计第二天行程的任务分工。

"阅经典　访河山"学习实践系列之一东线
——访泰山、拜孔庙游学专题课程设计

李晶莹

课标依据：

课教育部考试中心主任姜钢在《坚持以立德树人为核心深化高考考试内容改革》的文章中指出：在命题工作中更加注重渗透核心价值理念，弘扬优秀传统文化，注重理论联系实际，加强应用能力考查。语文学科要考查学生运用中华优秀传统文化内容，并且提升思考、体悟的能力。

《北京市中小学语文学科教学改进意见》指出：高中积极引导学生感悟中华优秀传统文化的精神内涵。可以采用专题学习的形式，加深学生对中华璀璨国学文化、悠久历史文化的了解，教育学生弘扬民族精神，传承民族文化，发扬传统美德。

加强教学和社会实践的联系，将不低于10%的课时用于以语文应用为主的综合实践活动，发展听说读写能力。鼓励学校和资源单位合作研发校本课程。

在新一轮中高考改革中，特别强调对经典文化的考查。因此，设计"阅经典 访河山"系列课程，符合语文学科教学改进的需要。

课程目标：

1. 弘扬优秀传统文化，做到理论联系实际，加强应用能力考查，进行我校"希望课堂"改革实验探索，突破课程边界，以孔子和泰山为主要课程素材，设计不同的学习任务。以导师指导，学生分组研讨学习、交流展示学习成果的方式，培养学生自主学习、团队合作研究、交流互补提升的能力。

2. 将游学方案与实践体验结合起来，运用中华优秀传统文化内容，培养学生思考、体悟的能力。

课程内容：

我设计了以下几个专题版块，由教师任务引领、学生自由选择成组、分工合作等方式来完成游学专题的学习。

一、孔子六艺城

学习任务：

介绍"六艺"具体内容。

二、孔庙文化

学习任务：

1. 查找孔庙景观介绍，以导游的身份讲解一下。

2. 介绍孔庙的文化内涵。

三、有关泰山的传说、成语、俗语

学习任务：

查阅资料，整理有关泰山的传说、成语或俗语，并进行分类。

要求：

1. 分类的依据可以是形式上，也可以是内容上。

2. 简要说明分类理由。

四、泰山封禅

学习任务：

查阅资料，整理有关泰山封禅的故事并说明封禅的意义。

五、泰山碑文化

学习任务：

收集有关泰山石碑的图片，摘抄并整理石碑上的文字，并对这些碑文的书写字体、内涵进行解说。

自主、合作、探究：

学生自主选择结成学习小组，领取任务，组内进行分工，查阅资料，筛选和整合信息，小组汇总，并在游学过程中像导游一样进行介绍。

领略泰山壮美　走进孔孟故里

张　革

一、准备出发

1.在中国政区空白图中填注：山东省及其周边的省区名称；北京、渤海、黄海的名称；朝鲜、韩国、日本的名称。

2.在中国北方地区图上填注：华北平原、山东丘陵、黄河、京杭大运河、济南市的名称。

3.依据背景资料，将泰山玉皇顶的名称和符号填在图中。

4.依据背景资料，确定我们应该带哪些旅行用品？

5.我们选择哪条高铁线路到达山东曲阜？

二、体验孔子六艺城

根据亲身体验和背景资料，评价孔子六艺城旅游资源的开发条件。

三、登泰山

1.泰山于1987年12月被列入世界自然与文化遗产目录，通过登山感受其价值所在，并记录（文字、照片、素描等形式均可）。

2.寻找泰山成因的证据（照片、文字、素描等均可）。

3.收集景区导游图，沿途拍照、记录，评价不同游览线路的优点、缺点。

4.典型例题演练。

四、漫步三孔景区

1. 搜集景区形象设计资料，尝试自己设计一款。

2. 观察、记录景区内的植被特点。

五、实用信息

景点地址：山东省曲阜市春秋路 15 号。

配套设施：景区内停车场可停车 100 余辆。

旅游区定期举办的旅游活动：每天 10：00、15：00 在孔子六艺大剧院上演孔子六艺乐舞和仿古祭孔乐舞。

特色餐饮：孔府三大宴（家宴、寿宴、喜宴）。

推荐旅游线路：孔子广场—孔子列国行铜雕—礼厅—书厅

交通信息：孔子六艺城位于曲阜市南新区春秋路东首，东邻 104 国道，北靠 327 国道，京沪、兖石铁路从东西两边经过，距兖州火车站 15 公里，距济南飞机场 160 公里，距济宁飞机场 45 公里，距市中心和孔府、孔子庙、孔林、曲阜汽车站均 1 公里，距曲阜火车站 2.5 公里，游人可乘坐人力三轮车、仿古马车、出租车及 3 路、5 路公共汽车来城参观，交通便利。

数学与传统文化

杨春娟

课程依据：

这是一个改革与转变的时代，教育要随着时代的步伐，时刻更新教学内容、教学方法。现阶段，提倡各个学科与中国传统文化的整合，渗透社会主义核心价值观，注重在情感态度价值观方面多方位培养学生，提高学生的综合素养。此次游学，重在开阔学生视野，使学生体会传统文化中的数学知识，感受儒家思想对数学发展的重要影响。

课程设计：

本着数学知识在传统文化中的应用这一主题，结合学生所见实物，提出问题，使学生思考客观现象背后的理论依据。

齐鲁游学课程任务单

主题	学习内容	涉及学科
课前准备	1.阅读有关孔子六艺城、孟府孟庙、泰山、三孔的文献、视频，了解历史文化背景。	综合
	2.查阅如何科学爬山，学会保护自己。	
	3.古代建筑有哪些常见结构？查阅资料，至少了解三种。	
	4.查阅资料，了解儒家思想的核心。	
	5.查阅资料，至少找出三个《九章算术》中涉及的数学问题。	
孔子六艺城	1.基础知识：介绍孔子，孔子倡导的六艺是什么？谈谈你对六艺的认识。	语文
	2.整体分析：六艺城建筑采用中国古代天圆地方的建筑特点，这种建筑中用了哪些数学知识？	人文、数学
	3.青铜群雕：雕塑中运用了哪些数学知识？你知道哪些著名的古代雕塑？	人文、数学
	4.三角形的重心、内心、外心、垂心各是什么？如何证明三角形中的这些线交于一点？	数学
	5.礼厅建造中运用了哪些数学知识？这样的建筑有何好处？你能举出身边符合这种特点的建筑吗？	数学、人文
	6.音乐中也运用了数学知识，你了解多少？	数学、艺术
	7.射击时，如何提高命中率？构建数学模型，解决实际生活中的问题。	数学、应用能力
	8.从数学角度认识孔子圣迹图。假设一只蚂蚁在长方体上爬行，如何前进，所走路程最短？ 从A点到B点最短路径。	数学、想象能力
	9.你了解算筹的起源与意义吗？算筹对生活产生了哪些影响？	数学史、人文

主题	学习内容	涉及学科
孟府孟庙	1.你认为柱状建筑有哪些好处？生活中的茶叶筒、水桶、水杯等容器为什么都是圆柱形的？	数学、应用
	2.中国古代歇山式斗拱、悬山式、硬山式建筑有哪些优势？	数学、工程
	3.你知道什么是回文诗吗？	数学、人文
泰山	1.泰山为什么是五岳之首？	历史
	2.泰山上整体建筑有什么特点？这样的建筑有什么好处？	数学、人文
	3.为什么平地走路比爬坡省力？	数学、物理
	4.爬山时为什么走S形曲线比走直线省力？	数学、物理
三孔——孔府、孔庙、孔林	1.儒家思想的核心是什么？	人文
	2.你了解哪些九章算术中的问题？	数学史
成果展示（至少完成两项）	1.找出一些艺术作品（雕塑、画作、音乐等），论述这些作品中运用了哪些数学知识。	
	2.写出一两首回文诗，题目自拟。	
	3.你觉得数学知识有哪些应用？举例说明。	

《手足相亲、守望相助、团结和睦、共同发展
——唯物辩证法的联系观》
教学设计

刘江波

教案基本信息			
作者姓名	刘江波	所用教科书	书名：《思想政治必修4生活与哲学》 出版社：人民教育出版社
所教年级	高二	所教册次、单元	第三单元：第七课
课题	手足相亲、守望相助、团结和睦、共同发展——唯物辩证法的联系观		

整体设计思路、指导依据说明

1.设计指导依据

教育部《关于全面深化课程改革落实立德树人根本任务的意见》指出，要全面深化课程改革，落实立德树人根本任务。本节课通过典型案例、身边人物、故事分享等形式，真正实现民族团结教育入耳、入脑、入心、入课堂。

2.设计整体思路

本节课是哲学复习课。充分挖掘学生身边的典型案例，如"本校教师二次教育援疆故事""国家统筹规划，促进东西协调发展""本校教师民族属性连连看""拜谒江孜宗山英雄纪念碑故事""齐鲁研学旅行路上中美文化碰撞的故事"等，采用学生喜闻乐见的方式，巧妙贯穿唯物辩证法的联系观：联系的普遍性、客观性，整体与部分关系原理，系统优化的方法等，从马克思主义哲学角度理解和体会"三个离不开"的重要思想（汉族离不开少数民族，少数民族离不开汉族，各少数民族相互离不开），平等、团结、互助、和谐的新型民族关系，及东部支持西部，东西部协同发展的必要性。

教学背景分析

教学内容分析：

本节课是必修4《生活与哲学》第三单元第七课的内容：唯物辩证法的联系观。其主要内容为：联系的普遍性、客观性、多样性，整体与部分关系原理，系统优化的方法。本节课教学内容与民族团结教育有着密切的联系，是很好的切入点。

学生情况分析：

本课授课对象是选课走班制下的部分选择政治学科的同学。由于是复习课，学生对于知识点的内容有所了解，概念较清楚。但是哲学模块对于学生来说总体是抽象的，记忆有余而理解不足，尤其是结合生活实际，运用哲学思维分析社会现象经历不多；另一方面，本班学生中，西藏内高班学生占据了一定比例，他们学习认真，刻苦努力，但课堂参与度不高，不够活跃，需要进一步调动积极性。

续表

教学目标分析

知识目标：通过学习，帮助学生掌握联系的普遍性、客观性、多样性、整体与部分关系原理，系统优化的方法。

能力目标：通过学习，提高学生理论联系实际的能力，灵活运用唯物辩证法的联系观，看待和分析我国56个民族在历史发展过程中，休戚与共、互助合作的紧密关系，运用整体与部分的关系原理或者系统优化的方法，分析党和政府支持西部少数民族地区发展各项政策的重要性，东部支持西部、东西部协调发展的必要性。

学科素养目标：

通过学习，深刻理解"三个离不开"重要思想，体会党和政府对少说民族地区发展的关注、关心和支持，增强民族凝聚力，激发爱党爱国的热情，增强政治认同感。帮助学生自觉维护平等、团结、互助、和谐的社会主义民族关系，为祖国大家庭的繁荣富强，为中华民族的伟大复兴而共同努力。

教学重点、难点分析

教学重点：整体与部分关系原理、系统优化的方法。

教学难点：理论联系实际，运用哲学原理分析东西部协调发展的重要性。

教学过程设计

环节一：心系西部，二次援疆

教师活动：杜铁屹老师是我校地理教师，总务处主任。舍小家为大家，远赴新疆，二次教育援疆。学校马熙玲校长号召全校教职员工学习杜铁屹老师的奉献精神，并亲自填词以示褒扬。

《蝶恋花·西望和田》

青春理想凯歌唱。黄土高坡，曾为少年狂。支教援疆燃梦想。荒漠绿洲操练场。

几回梦里恋和田。两次援疆，情满昆仑放。胸怀天下心向党。诠释中华好儿郎。

设计意图：设置情景，由学生熟悉的老师说开来，让学生真切感受到党和国家对于少数民族地区发展的支持，以及各民族大家庭之间互助、和谐的民族关系。

环节二：统筹规划，协调发展

问题一：少数民族地区发展相对落后的原因分析。

问题二：国家正在采取哪些相应措施努力改变西部地区的这种现状？

学生活动：分组讨论分析

原因：地理环境相对闭塞，对外交流不畅；经济发展落后；观念落后；

措施：教育部等四部委万人援藏援疆计划、对口支援工程、引进来、走出去、内地班、师资培训，及新疆、西藏地区交通运输大发展，调整产业结构，大力发展旅游业……

设计意图：通过原因分析，理解联系的普遍性、多样性、客观性；理解十九大关于社会主要矛盾的科学论述。通过思考讨论引领学生了解、理解国家各项援助西部民族地区的扶持政策，发展少数民族地区各项事业。体现了联系虽然是客观的、多样的，但我们可以根据事物固有的联系，改变事物的状态，调整原有的联系，建立新的联系。

问题三：国家高度重视少数民族地区发展，统筹规划，采取各种扶持政策促进东中西部协调发展，给予我们哪些哲学启示？

　　学生活动：思考并运用所学知识发表看法。

　　设计意图：培育发散思维，运用整体与部分辩证关系原理或者系统优化的思维方法或其他哲学原理，理论联系实际进行分析解读。引领学生体会到党和国家对民族地区各项事业发展的关心、关爱与支持！培育国家认同意识。

　　环节三：民族花园，和谐共荣

　　设置情景：部分燕化附中教师民族属性连连看。

　　教师活动：请大家猜一猜，我校的这些优秀教师属于哪个民族？

　　设计意图：采用活泼的形式，用身边的场景引领学生切身体会到中华民族是一个多民族的大家庭，具有大杂居、小聚集、交错杂居的特点。我们生活在中华民族这个大花园里，和谐共荣。

　　环节四：携手同心，我是中国

　　设置情景：故事一：藏地家访路上拜谒江孜宗山英雄纪念碑。

　　教师活动：展示图片，讲故事，播放电影视频，板书。

　　问题四：影片中，藏族头人说："藏族、汉族、蒙古族、回族，还有满族、维吾尔族，许许多多的族，既然祖先让我们组成一个家，家里的事就不用外人来管了！"请大家运用联系的观点，谈谈你对电影视频中头人所言的感受。

　　学生活动：理论联系实践谈感受。

　　教师感受：中华民族生生不息，靠的是各民族团结友爱。一个家庭不团结，可能亲人反目；一个民族不团结，可能一盘散沙；一个国家不团结，可能分崩离析。伟大祖国的广阔疆域是千百年来各族人民共同开拓的，边疆地区的稳定、繁荣、发展也是由各族人民共同维护的。正如影片中头人所说，我们各族人民是一个大家庭，既然祖先让我们结成一个家，我们就没有理由不去珍惜她、爱护她！

　　设计意图：进行爱国主义教育，培育政治认同。各民族在反对共同敌人的斗争中形成了休戚与共、荣辱一体的命运共同体。在同仇敌忾、共御外侮的过程中，中华民族从自在的联合走向自觉的联合，团结一致走上了通向伟大复兴的崭新征程。

　　设置情景：故事二：齐鲁研学路上的中美文化碰撞。

　　教师活动：展示图片，讲故事，播放电影视频。

　　2016年春天，以藏生为主的本校"齐鲁研学团"在高铁上偶遇美国中学生游学团，两国青年人在高铁车厢里展开了一场文化碰撞，一场中西方文化的PK，双方年轻人你来我往，欢声笑语。我校藏族学生不辱使命，勇敢亮剑，用合唱、独唱、汉语、藏语、英语轮番上阵，完胜美国中学生，双方愉快地合影留念。

　　问题五：针对这场中美中学生的文化PK，有两种观点：

　　1.有朋自远方来不亦乐乎？输赢无所谓，文化交流，友谊第一，高兴就好。

　　2.涉外事务无小事。在中国文化圣地，我们很有必要拿下这场文化PK，展现中国中学生的精神面貌。

　　你同意哪一种观点，请说明理由。

　　学生感言：略

续表

　　设计意图：激发爱国情怀，培养"我就是中国"的观念，引导学生脚踏实地，从我做起，身体力行，在关键时刻勇于站出来，自觉维护国家、民族的利益。

　　教师总结：老师也有很多感动和感慨：

　　1.我们藏族同学不辱使命，给中国人长了脸，提了气。我们的青年一代是值得信赖的，关键时刻是能够挺身而出，敢于亮剑的，招之即来，来之能战，战之能胜的！

　　2.此时此刻，在外国人眼里，没有藏族，没有汉族，也没有其他民族之分，你只有一个身份，你就是中国，就是中华民族的代表。

　　结束语：你所站立的地方，就是你的中国，你怎样，中国便怎样；你是什么，中国便是什么；你有光明，中国便不再黑暗！——崔卫平教授于2010年9月

　　习近平总书记说：青年兴则国家兴，青年强则国家强。青年一代有理想、有本领、有担当，国家就有前途，民族就有希望。希望我们各民族同学手足相亲、守望相助，同心共筑中国梦！建设各民族共有的精神家园！

6.板书设计

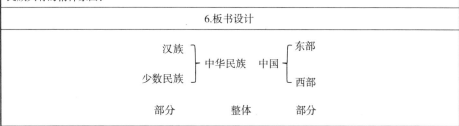

《创意的魅力——招贴设计》
教学设计

常　岩

教学基本信息	
课题	创意的魅力——招贴设计（第1课时）
授课人	常岩
授课时间	2018年11月22日
授课班级	高一（2）班
授课教材	人美版高中美术"设计"模块

续表

指导思想与理论依据

指导思想：

民族团结进步事业是建设中国特色社会主义伟大事业的重要组成部分。发展中国民族团结进步事业，就是要在巩固和发展社会主义民族关系的基础上，全国各族人民和睦相处、和衷共济、和谐发展，促进社会主义祖国的繁荣昌盛，维护社会主义祖国的统一安全，同心同德为建设中国特色社会主义、实现中华民族的伟大复兴而奋斗。

《普通高中美术课程标准》（2017年版）明确指出：美术学科课程教学作为艺术学习领域的必修课程，是"立德树人，以美育人，培育健康审美观念，陶冶高尚情操；认识文明成果，坚定文化自信，树立正确的文化观；激发想象力和创造力，培养创新精神，促进学生全面而有个性发展"的有效手段。

在信息技术高速发展的今天，美术广泛而深度地融入社会，以丰富和多样的视觉形态促进交流、传播文化、发展创意、服务社会，突显其人文性和工具性价值。设计可谓"无处不在"。《普通高中美术课程标准》（2017年版）将设计定位为"在造物活动中，根据一定的功能和审美要求进行创意性构想、计划的艺术门类"。而设计模块的学习就是建立在课本设计理论基础之上的实践性和创新性的学习。"美育无课堂"，设计作品及文化创意衍生品遍布大街小巷，并作为独特的"城市面孔"，以其独特的表达形式及广泛性、传播性，超越其原有的商业价值，成为体现城市形象、促进文化交流、传播社会主义核心价值观的重要载体。而招贴设计作为平面设计学习中的重要组成部分，是启发学生通过识读、甄别、鉴赏各类设计作品，并通过积极参与创意实践去理解和表达人文思想，进而培养学生核心素养和正向价值观的有效手段。

理论依据：

建构主义理论认为，学习是学生自己建构知识的过程。学生不是简单被动地接受信息，而是主动地建构知识的意义。学习是学习者根据自己的经验背景，对外部信息进行主动地选择、加工和处理。对所接受到的信息进行解释，生成了个人的意义或者说是自己的理解。个人头脑中已有的知识经验不同，调动的知识经验相异，对所接收的信息的解释就不同。

勒温的团体动力学理论认为：团体绝不是各个互不相干的个体的集合，而是有着联系的个体间的一组关系。作为团体它不是由各个个体的特征所决定的，而取决于团体成员相互依存的那种内在的关系。由此认为，虽然团体的行动要看构成团体的成员本身，但已经建立起来的一个团体有着很强的纽带使个体成员的动机与团体目标几乎混为一体，难以区分。本节课根据建构主义学习理论，帮助学生将所学内容与已有的知识、经验进行意义建构；运用团体动力学理论形成小组合作学习、完成招贴海报的共同的目标与合作氛围。教师在整个过程中充当知识建构的引导者，通过情境设计、问题解决，引导学生理解招贴的概念、分类及掌握招贴设计的创意方法等。

教学背景分析

教材分析：

本课是设计模块教材第五课《创意的魅力——招贴设计》内容的教学延伸。第五课涉及的招贴设计是平面设计模块的基础，也是平面设计内容中的难点。本课主要分两个部分，一是学生探究招贴的基本理论，包括招贴的基本概念、构成元素、分类等内容；二是从招贴设计创意开发的角度，通过学生探究招贴设计的创意方法，参与创意实践过程，体验招贴设计的方法和步骤，最终进行美术表现、完成作品，并阐释创意思想。

学情分析：

1.学生知识水平分析

本课的学习对象是本校高一年级的学生，在初中时"设计·应用"学习领域，学生已初步了解了一些设计艺术的基本语言和特点，能简单运用图形、文字和材料元素表现作品。课前针对学生的知识基础，设计了《创意的魅力——招贴设计》导学案，学生通过教材可自学关于招贴设计的概念、特点及分类方法的相关知识。而招贴设计中的创意方法既是本节课的核心内容，也是学生较难理解与掌握的部分，因此作为本节课的重点内容进行课堂讲解与练习。本节课不仅培养了学生的招贴作品识读、审美判断能力，也培养了学生的创意实践及设计表现技能。而学生对社会现实主题的关注度有待提高，运用创意表现主题和文化理念的习惯有待培养。

2.学生认知能力分析

高中生的认知结构体系已基本建成。高中生认知结构的各种要素迅速发展，各种认知能力不断完善，思维能力更加成熟，基本上完成了向理论思维的转化。抽象逻辑思维占了优势地位，辩证思维和创造性思维有了很大发展。高中学生的观察力、联想能力的发展都进入快速发展时期，具有较强的创新意识、探究精神，也具备一定的合作能力，能从感性方面去感知、从理性层面去思考解决问题的方案。

教学方式：

主要采用探究式教学、问题导向式及合作学习的方法。基于问题引导学生主动探究基本知识、自主分析课题，在合作学习的过程中促进信息交流、技能互动，以强化知识的实践运用，提高学习的自主性，激发探究欲。

教学手段：

多媒体课件、招贴实例辅助教学，通过案例的直观呈现创设学习情境帮助学生进入理性思考，加快学生对知识的理解、掌握和应用。

教学准备：

多媒体教学设备、教学课件、视频、教具（纸、笔）。

教学目标及重难点分析

教学目标：

了解招贴概念、构成元素、分类，学生能以联系、比较的方法进行整体观看，感受招贴的造型、色彩、材质等形式特征，识别与解读招贴图像的内涵和意义。

增强对于各类招贴形式的鉴赏和品评的能力；通过参与招贴设计创意开发活动，培养发散思维、集结创意，并能够综合运用多种工具、材料进行美术表现；在生活情境中用自己独特的招贴设计语言表达对文化的理解。

体验招贴作品的"创意的艺术魅力"，养成从文化的角度观察和理解招贴作品的习惯；通过对招贴作品的理解，了解美术与文化的关系；感受不同地区、民族的艺术语言；提高对社会的担当，坚守中华文化立场，坚定文化自信，凝聚民族共识，让民族团结和爱国主义意识扎根于心中。

教学重点：

让学生感受创意的神奇与魅力，灵活恰当地运用招贴设计的创意方法，合理构成画面，准确表达主题。

教学难点：

如何突破学生的常规思维，提出新的设计思路，寻求合适的表现方法。

续表

教学过程		
教学过程	学生活动	设计意图
一、导入 1.展示招贴作品。 2.教师提问：从招贴的内容和功能上划分，以下作品属于哪种类型的招贴？ 教师：看来同学们能够通过招贴作品所传达出的图像进行分类。 板书：创意的魅力——招贴设计	学生参与探究活动，对教师展示的每一幅招贴作品进行观看、识别和解读，探究招贴作品所传达的视觉文化现象。 学生答问： 商业招贴　文化招贴	识读日常生活中的招贴设计作品图像，引发学习兴趣，进入学习情境。
创设情境激发兴趣 **二、课堂检测** 教师提问：课前老师给同学们布置了导学案，下面我们一起看一下大家的完成情况。 问题： **（一）什么是招贴？** 教师总结：招贴的概念——招贴设计是张贴于公共场所、为广泛地传播信息的一种视觉传达媒体，它的可复制性及传播方式使其具有快速、广泛及制作成本低廉的特点，它是平面设计的重要门类之一。 **（二）招贴由哪些元素构成呢？** 教师：课件逐一出示——外形尺寸规格、主体创意图形、背景图像图形、主题标题、详细内容说明文案。 	学生根据课前自学导学案进行回答。 学生回答： 1.主体人物：吴京饰演的冷锋和小主人公娜塔沙。 2.电影的大标题《战狼Ⅱ》 3.小标题："犯我中华者，虽远必诛！" 4.故事的大背景的展示。	以导学案的形式启发学生课前自主探究，主动进行审美判断，融入教学环节。

续表

教学过程		
教学过程	学生活动	设计意图
问题回顾 加深理解	（三）招贴设计是如何分类的？ 教师：以探究活动形式，出示两组画面效果具有混淆性的招贴作品，让学生进行分类。 组图一： 组图二： 教师归纳总结：招贴作品一般可分为商业类招贴和文化类招贴。 商业招贴：是以凸显商品的功能与特性为目的来进行创意而设计的招贴作品； 文化招贴：是以弘扬文化思想、推广公益活动为目的来进行创意而设计的招贴作品。	学生通过思考、辨析，通过对教师展示图像所传达的内容和审美进行感知、描述和分析，进而进行归类。 1.商业招贴 	通过探究活动，培养图像识读与审美判断能力。
问题引导 主动探究	**三、招贴设计的创意方法** 教师提问：招贴设计的核心是什么？ 教师总结：图形创意方法是一幅招贴作品创意的核心。好的招贴魅力就在于有一个好的创意去表达主题。创意就是用创造性的思维去观察和理解平凡的事物，使之变得不平凡。创意好比调味剂，掌控着招贴作品的"味道"，缺乏调味剂的作品黯然无光，平淡无味。那么招贴设计有哪些创意方法呢？	学生思考、回答：图形、创意。 学生识读学案中的招贴作品。分组讨论。 学生理解招贴所用的创意方法，并尝试用自己的语言描述招贴作品所表达的主题，以及如何使用相应的创意方法来表现主题。	通过导学案引导学生自主探究招贴作品的创意方法，重要的是理解招贴作品所体现出的文化内涵，通过"保护环境""祖国统一""民族团结"等题材的招贴作品展示，激发保护环境的意识和爱国情怀！

续表

教学过程		
教学过程	学生活动	设计意图
问题引导 主动探究	分组讨论：学案中的招贴作品运用了什么创意方法？表现了什么主题？ 教师介绍招贴设计常用的创意方法。 **正负图形：** 正形和负形相互借用、相互依存所形成的图形。 **夸张：** 把作品所宣传的形象、特征、程度或性质的某个方面特意放大和渲染。 **重复图形：** 单一元素反复延伸和增加所构成的图形形式。 	学生回答：这是正负图形的创意方法，圆形代表地球，整幅作品在表达人类向地球无节制的索取资源的同时，地球也在寻求拯救！ 学生回答：夸张的手法，表达了现在的污染就好像一大桶油漆倒入大海里一样严重。 学生回答：重复的手法。通过被砍伐的树木的不断重复，以及鲜明的色彩，高度概括了保护树木、势在必行！ 学生回答：鸽子象征和平，表达了人们渴望和平，反对战争的主题。 学生回答：替换的手法。将56个民族的人物形象与中国的版图进行替换，表达民族大团结的主题。	

教学过程			
	教学过程	学生活动	设计意图
问题引导 主动探究	**象征：** 用具体的事物表达某种特殊的意义，是对事物原型的延伸，是超越性的存在。 **置换：** 主要是指通过替换的方法，将事物对象的一部分更换，扰乱人们的正常思维习惯，进行创意。 **文字创意：** 以文字为构造元素进行图形创造。 	学生回答：通过文字来设计的。招贴上的文字竖着看是"囍"字，横过来看是中国香港的英文"HONG KONG"，以此来表达1997年香港回归祖国这一举国同庆的大事件。	
设计实践 展示评价	**四、课堂练习** 下面请同学们欣赏一幅招贴作品，思考这幅招贴是如何创意的？表达了什么主题？ 播放视频、教师总结：这幅招贴运用了置换的方法。	学生回答：用各族人民的笑脸照片构成一个心形，表达了不同民族，同一颗中国心的主题。	检验学生对招贴创意方法的掌握，夯实学生运用理论知识进行图像识读的能力。并使学生能从文化的角度观察和理解招贴作品，了解美术与文化的关系。

续表

教学过程		
教学过程	学生活动	设计意图
设计实践　展示评价 我们学校也是一个多民族汇聚的大家庭，大家学习、生活于此，自己一定都有对于民族融合、团结方面的理解与感受。我想同学们也希望用自己独特的创意和多样的方法来进行表现。接下来，请同学们运用自己掌握的招贴设计的知识，以小组为单位，共同完成一幅以"民族团结"为主题的招贴作品。工具：铅笔、马克笔等。要求：紧扣主题发散思维，充分运用视觉语言进行设计；构图饱满、创意新颖、视觉冲击力强。	学生分组实践，通过分工合作完成招贴创意草图。	学生灵活运用所学理论知识，自主分工合作、构思创意，积极探索表现方法，主动参与创意实践过程，提高美术表现能力。 通过展示交流活动，学生身体力行地分享自己的创意思想，切身体验团结协作的创作过程，在潜移默化中接受民族团结教育，有效发挥美术教育的育人功能。
五、展示评价 选择若干幅招贴作品，请小组成员代表上台展示交流，分享自己的创意思想、创意方法及创作过程。并鼓励学生进行自评。教师对学生运用的创意方法和画面效果进行总结性评价。教师展示：为了今天的主题，老师也提前设计了一幅招贴作品，来表达我对民族团结的理解，并且希望各位同学能与我一起完成，成为我们师生的共同创作。	学生根据课堂所学知识点讲解自己的创意思路及创意方法，并运用专业语言表达自己所要设计表现的主题。学生积极参与课堂活动，共同完成《民族团结一家亲》的集体招贴设计作品。	

续表

教学过程		
教学过程	学生活动	设计意图
六、课堂小结 今天我们不但学习了招贴设计的概念、构成元素、类别及六种创意方法，更体会到设计与文化的关系，感受到艺术语言的魅力。尤其是最后我们师生共同完成的作品，不但表现了我校的办学特色，更表达了我们希望来自不同地区、不同民族的师生能够团结一心、和谐共处的愿望！ 视频播放：习近平关于民族团结的讲话。 **七、课后拓展** 招贴设计还有哪些表现方法？请同学们课下搜集各种新型创意方法的相关资料，以创意为核心，综合运用材质、媒介等要素进行设计，为下节课招贴设计表现技法的学习做好充分的准备。	学生回顾本节课所学的重点内容。 学生观看视频。 学生课下收集相关资料。	复习本节课知识点，同时通过对于本课民族团结主题的总结，凝聚民族共识，唤起学生的爱国主义意识，潜移默化地提升学生的情感和价值观。 为下节课对招贴表现技法的学习做好铺垫。

(课堂小结 拓展延伸)

板书设计

创意的魅力——招贴设计

一、招贴的概念

二、招贴的构成元素

三、招贴的分类

四、招贴设计的创意方法

学习效果评价设计

学生互评：在课堂作业基本完成后，学生对展示板上所有招贴作品的创意方法归类是否正确逐个给予评价，如"这幅招贴作品归类是正确的，使用的是同构图形的创意方法"等。

学生自评：教师鼓励已展示自己作品的学生自评，每组一位同学结合本课重点知识点讲解个人招贴作品使用的创意方法及如何表现主题。

教师讲评：教师逐个讲以6种创意方法进行归类创作的招贴作品，并对学生运用的创意方法和画面效果进行总结性评价。

评价量规			
课题名称	创意的魅力——招贴设计		
班级	姓名	模块	日期
评价项目	评价内容	评价方式	评价等级（A\B\C\D）
学习态度与方法	学生能够积极进行探究活动，参与课堂教学环节，主动展示个人作业并与积极与同学分享创意、交流思想。	自评	
		小组评	
课堂参与	学生能够运用课堂所学创意方法，通过大胆的创意来表现主题，体现创意精神，能够积极实践，并从实践过程中总结创意规律、表达创意思想。	自评	
		小组评	
作业评价	作品基本符合作业要求，创意新颖、画面完整、构图合理、立意明确、价值观积极向上，但图形语言欠缺深入表现。	自评	
		小组评	
教师评价	教师评语： 　　　　　　　　　最后评定等级： 　　　　教师签名：　　　　日期：		

《文质彬彬，然后君子——文化塑造人生》
教学设计

杨江燕

教案基本信息			
作者姓名	杨江燕		
所用教科书	书名：《思想政治必修2文化生活》出版社：人民教育出版社		
所教年级	高二	所教册次	第一单元：文化塑造人生
课题	文质彬彬，然后君子——文化塑造人生		
整体设计思路、指导依据说明			

1.设计指导依据

教育部《关于全面深化课程改革落实立德树人根本任务的意见》指出，要全面深化课程改革，落实立德树人根本任务。培养学生的学科核心素养，实现知识本位到素养本位的转变。

在"立德树人"思想引领下，高中政治教学在课程学习方面的发展趋势呈现为把理论知识教学的"讲授型"课程、"教师主导型"课程，塑造成"活动型"课程、"研究型"课程；在内容呈现方面发展趋势更体现出真实性、复杂性；在过程体验方面，更多以开放性、"角色扮演"型为主。

根据建构主义的观点，课堂不是简单的传道授业，而是学生基于原有的知识经验，在一定情境下，借助他人（教师或学习伙伴等）的帮助生成意义、主动建构知识的过程。因而课堂是一种交互合作关系下具有生成性和创造性的活动。

2.设计整体思路

本课在设计过程中以"优秀文化塑造人生"为主线，学生通过活动、经典诗歌等多种形式，体验不同文化塑造不同人生，所以我们要创设优秀的文化环境，自觉继承、弘扬、创新我们的优秀文化，用优秀文化引领、塑造人，从而树立文化自觉、文化自信。

续表

教学背景分析
1.教学内容分析 　　本课是《文化生活》第一单元第二课第二框的内容：文化塑造人生。其内容实质为优秀文化对个人的作用：丰富人的精神世界，增强人的精神力量，促进人的全面发展。文化是一种精神力量，是无形之力，需要通过一定的载体即文化环境，对人产生潜移默化、深远持久的作用，所以课堂注重营造良好氛围，调动学生感受力。 　　2.学生情况分析 　　本课授课对象是拉萨市第三高级中学的同学，根据内高班的教学经验，藏族同学们热情、好动、课堂参与度高，因而教学环节的设计尽量发挥学生的特点、优势，让他们多做、多想、多讲。充分调动他们的积极性，深度参与课堂。 　　为此我采用如下教学方法： 　　情境导入法：捏泥人，激发学生的学习兴趣和对知识探索的欲望，活跃课堂气氛。 　　活动探究法：引导学生团队合作，展开研究性学习。 　　故事探析法：探析励志故事，反思生活。 　　问题探究法：通过问题探究，引导学生把感性生活经验升华为理性思考，培养理论感。 　　角色扮演法：通过角色扮演，达到旁观者清的效果，更好地反观自己。
教学目标分析
知识目标：探究不良文化环境对人的影响，理解人是环境的产物，自觉提高辨别、抵御能力，明白社会主义先进文化和大众文化的重要性；通过《苔》片段分析、感受、探究，使学生理解、感悟优秀文化的作用：丰富人的精神世界、增强人的精神力量、促进人的全面发展。 　　能力目标：通过捏泥人，培养学生想象创造力；通过团队合作共商环境创设方案提高问题探析能力、团队协作能力；锻炼语言的组织、表达能力；通过各种情境创设，培养感悟力。 　　素养目标：通过捏泥人，塑造生物人到有灵魂的社会人，培养生命意识；通过观看、感悟故事，发现生活，感恩生活，热爱生活，敢于改变生活；通过不良文化环境探究，树立危机感，增强个人自觉性，自觉接受中国特色社会主义先进文化，培养文化认同。
教学重点、难点分析
教学重点：文化如何塑造人；人是环境的产物。 　　教学难点：提高文化感悟力。
教学过程设计
步骤1：塑造情境，捏泥人、晒亲子照。 　　设计意图：营造活跃、有趣的课堂氛围，契合本课主题——文化环境塑造人生；通过把泥人当作自己的宝宝，从家长的角度换位思考该如何培养孩子。换位思考能让人更好地反观自己，旁观者清，更具教育意义。 　　步骤2：作为家长，你对孩子成长环境有哪些担忧？ 　　设计意图：深刻感受文化环境的重要性，人是环境的产物，以反面实例，深刻体会不良文化环境会对我们的生命成长造成的负面影响，甚至严重危害。启示我们要提高辨别落后文化（迷信、愚昧、颓废、庸俗，如电脑算命）和腐朽文化（如淫秽色情文化、邪教文化、拜金主义、极端个人主义）的能力，增强抵御能力，自觉接受喜闻乐见的大众文化、社会主义先进文化。培养生命自觉意识，树立文化认同。

续表

步骤3：优秀环境的创设。

分享《经典咏流传》之《苔》片段，谈谈节目给我们带来了哪些感动和启发。

设计意图：人是环境的产物，优秀文化环境丰富人的精神世界，增强人的精神力量，促进人的全面发展。层层剖析节目中的三种优秀文化：经典诗歌文化、节目创设的喜闻乐见的大众文化、梁老师创设的育人文化，为大山里的孩子们点亮生命之灯。感人故事直击学生内心，激励他们更加努力地绽放自己，将来有能力也像梁老师一样为他人绽放，这是多么一件幸福的事；启发他们自觉去传承、挖掘、创新优秀传统文化，为成长营造良好的文化环境。与上一环节一正一反相呼应，更凸显了优秀文化环境的重要性。

步骤4：通过前面的探究和故事，我们更加明白了环境的重要性。

作为家长，你期望家庭、学校、社会为孩子的成长提供怎样的环境，如何提供并说明理由。小组展示分享。（三组）

设计意图：不同的环境及其组合塑造不同的生命，引导学生思考一个生命成长需要哪些优良环境，又如何提供这些环境，对自己和后代培养都具有重要意义。同时也培养了团队合作意识和能力，锻炼了语言逻辑表达能力。

步骤5：总结升华。朗诵梁启超《少年中国说》片段。

设计意图：少年强，离不开优秀文化的熏陶、浸润。本课中泥人既是自己的孩子，更是比喻我们自己。我们渴望生命中遇到良师益友，渴望优秀文化环境。为此激励学生自觉继承、挖掘、创新优秀传统文化，"优秀传统文化是中华民族的精神之根和文化之魂。优秀传统文化在思想上有大智，在科学上有大真，在伦理上有大善，在艺术上有大美"，是独特的文化使"我们成为我们"，成为炎黄子孙，成为龙的传人。通过朗诵《少年中国说》感受中华优秀传统文化和以爱国主义为核心的伟大民族精神的力量，使情感达到高潮。以良好的文化氛围结束课堂，首尾呼应，升华主题，培养爱国主义和民族自豪感，落实学科核心素养。

板书设计

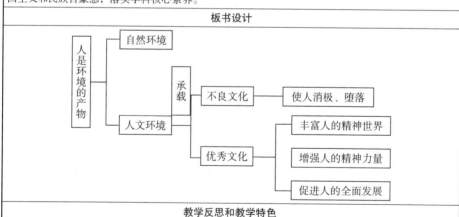

教学反思和教学特色

1.教学反思

本课优点：

本课知识点较为简单，难点不在于知识，而在于学生的感受力。课堂的成功与否在于：学生是否真正发自内心感受到优秀文化对人的精神世界的丰富，对人生道路上的鼓舞和激励，是生命成长的可贵因素；学生是否发自内心感受到优秀文化能够直击内心，塑造灵魂，指引我们战胜挫折。从这个角度看，本节课较好地打动、感染了学生，实现知识本位向素养本位转变，实现文化育人，培育提升了学生的文化素养，实现立德树人。

本课的亮点在于对《苔》的挖掘和运用。首先选材非常契合西藏学生，拉萨第三高级中学的学生，生源录取顺序是第四个批次，录取线200多分，对于这些孩子来讲，他们非常需要鼓励，需要自信。而"苔花如米小，也学牡丹开"给了他们最深的安慰和激励，梁老师和贵州孩子就是他们的缩影：身在不发达地区，甚至是大山里，自己不是最帅的那一个，也不是成绩最好的那一个，但都应该有苔的精神，在没有阳光的地方，如牡丹一样绽放。

围绕"优秀文化塑造人生"议题，融会贯通课本中不同模块知识，而这些知识的运用贴切、恰当，与课堂融为一体，较好地实现了活动型课程和议题式教学的初衷和目的。

课堂层次鲜明，层层拨开。从自己—孩子—家长—回归自己，角色不断调整；距离从近—远—近。使课堂跌宕起伏，逐步引领学生深度思考。

本课不足：

课堂时间安排和掌控能力还需不断提升。本课课堂每个步骤大致时间分配为：捏泥人（5）、孩子成长环境的担忧（5）、《苔》的感动和启发（15）、优秀环境的创设（12）、朗诵升华寄语（3）。步骤一，没有明确规定时间，超时，但超时不多；步骤二"对孩子成长环境有哪些担忧"，学生反应远低于预设效果，所以花费了约10分钟去引导学生。其原因与学生基础、生活视野和我的课堂掌控能力都有关系，所以导致"优秀环境的创设"没能开展只能作为课后作业，这是一个遗憾，所幸没影响课堂的整体效果。这也反映出我需要定量思考问题，让课堂更加严谨细致，精细化。

对学生学情的认知不够。本次是西藏教育厅组织的比赛，赛制是课前10分钟临时从三个课题中抽取赛课课题和班级，所以难以深入了解学情。西藏本地的学生更多需要老师去直接引导，内地的思维惯性没有快速适应学情，所以整体看学生参与度还有待提高。这启示自己今后需要快速从以下几个方面了解学情：学习习惯和特点（主动还是被动）、学习方法（是否擅长发言、小组合作）、学生知识结构、生活视野、学生课堂表现（如哪些学生课上活跃，应多调动这些学生以带动班级氛围）。通过快速了解学情以随时微调课堂方式，这些都是以后努力的方向。

2.课堂特色

角色扮演和切换，巧妙实现德育目标。从自己—孩子—家长—自己，角色不断调整；距离从近—远—近，使课堂跌宕起伏，逐步引领学生深度思考。通过捏泥人，并假定为自己的"小宝宝"，实现我与学生角色平等，课堂民主融洽。引导学生从家长的角度去探讨对孩子的担忧。虽是为自己的"宝宝"进行的思考，但学生内心已经能够感受到，自己对孩子的期待就是现实中家长对自己的写照。旁观者清，这种独特的方式使学生体会到家长的用心良苦，更易达到课堂效果。

围绕议题，贯通多个框题内容：文化是精神力量需要物质载体、文化对人的影响来自特定的文化环境、文化市场喜与忧和个人选择、传统文化和民族精神等。以议题为主线，课本知识服务于教学问题，恰当地处理好课堂情境、课堂任务和教学内容三者的关系，实现知识本位向素养本位转变，落实学科核心素养，实现立德树人。

《EQ ∶ IQ — Success comes with a high EQ》
教学设计

张冬梅

教案基本信息		
作者姓名	张冬梅	
所用教科书	北师大版英语	
所教年级	高二	所教册次、单元	模块5第13单元
课题	Lesson1 EQ∶IQ — Success comes with a high EQ (成功源自高情商)	

1.整体设计思路、指导依据说明

整体设计思路：

本课为典型的议论文，论题为"成功源自高情商"。在英语学科核心素养的背景下，通过本文的教学，培养学生的逻辑思维，及概括信息、合作探究解决问题的能力。首先，学生带着任务阅读，把握文章整体内容，发现情商比智商更重要；其次，在教师的引导下对文章深入理解，分析、概括高情商者的特点；再次，小组讨论进行思想碰撞，补充交流高情商者的特点；最后，学生尝试用高情商来解决实际问题。本课教学过程引导学生从发现问题，到分析问题，最后到解决问题。任务由易到难，层层递进，并最终联系学生实际生活。

指导依据说明：

依据《普通高中英语课程标准（实验）》和英语学科核心素养的要求，高二学生应具有以下几方面能力：

有明确和持续的学习动机和自主学习意识；能就熟悉的话题提出问题并陈述自己的意见和建议；能在教师的指导下，主动参与计划、组织和实施语言实践活动；能主动扩展和利用学习资源，多渠道获取信息，并利用所获得的信息进行清楚和有条理地表达；积极运用和主动调适英语学习策略，拓宽英语学习渠道，提升英语学习效率。

2.教学背景分析

教学内容分析：

本课选自北师大版普通高中课程标准实验教科书英语（必修模块5），本模块涉及People、Careers和Learning三个单元，本课选自第13单元，话题为"People"，学生了解情商（EQ）和智商（IQ）的概念以及高情商对成功的重要性；谈论人们的个性及工作；描述人物外貌和性格特征；理解这些个性特征对人们交流的影响。

续表

本课"EQ：IQ"为第一课，是议论文，通过引用两位科学家关于情商和智商实验研究的结论，论证情商和智商的关系。结论是情商与智商同等重要，但是在生活工作中情商更重要，而且情商是可以通过教育逐渐改善提高的。本单元的其他内容均是围绕描述人物和性格特点展开：第二课"Personality and Jobs"，学生可以通过听力训练，提高听力能力，继续谈论不同的性格特点和工作；第三课"Making Guesses about People"，帮助学生练习正确地使用情态动词表示对人的猜测；第四课"First Impressions"是阅读课，有助于提高学生的推断能力和语言表达能力；"Communication Workshop"，帮助学生提高口语表达能力和对人物的描述能力。

本课教学内容预计两课时完成，本教学设计为第一课时。在本课时，学生进行阅读技巧训练；读后小组讨论，总结高情商者的特点，培养学生的总结能力，引导学生有意识地提高情商。学生通过不断探究，提高了回归原文查找特定信息的能力，并能跟着教师的思路回答教师不断追问的问题。最终目标是学生能将课文内容与周围的人和事联系起来，从自身实际出发，有意识地提升自我情商。

学生情况分析：

本课教学对象为拉萨市北京实验中学高二年级学生。通过对本人所任教学校西藏内高班学生的观察与访谈，大致了解了该班学生的英语学习程度：西藏地区学生英语基础薄弱，尤其是阅读能力提升空间很大；口语表达方面普遍存在担心说错而不积极发言的现象；英语学习兴趣有待进一步激发；英语学习能力有待提高。但是他们性格纯朴，学习态度认真，学习习惯较好，本课所涉及的"成功源自高情商"的话题与其学习生活密切相关，且与他们对智商和情商的传统思想有信息差，学生应该会有一定的阅读兴趣。

基于以上学情分析，在阅读方面，教师通过形式多样的活动，给学生搭建台阶，逐渐提升难度，使学生对文本的理解逐渐加深；在口语表达方面，在答题环节前给学生充分的时间核对答案，弥补信息差；在小组展示前进行小组讨论，减轻学生的焦虑和畏惧心理，培养他们的自信心。

3.教学目标分析

基于《普通高中英语课程标准（实验）》的要求，高二学生应做到"能从一般性文章中获取和处理主要信息""能通过上下文克服生词困难，理解语篇意义""能理解文章主旨和作者意图""能根据熟悉的话题，稍做准备后，有条理地做简短的发言""能就一般性话题进行讨论""能根据要求与人交流、合作，共同完成任务"，本课时设置以下目标：

In this class, Ss will be able to:

1. find out detailed information in the passage.

2. summarize the features of people with high EQs and write down more adjectives related to a high EQ.

3. solve a problem with a high EQ.

4.教学重点、难点分析

教学重点：提高学生回归原文查找特定信息的能力；归纳总结高情商者的特点与解决问题的方式。

教学难点：口语表达怎样解决问题的过程。

难点突破：让学生在小组讨论的过程中，用英语组织语言并记录解决问题的过程，然后推举一名成员大声朗读，展示分享。

5.教学过程设计		
教学步骤与时间预算	教学活动	设计意图
Pre- reading		
Step 1: Leading in and predicting （2'）	1. T asks Ss questions according to Howkins' picture. 2. T asks Ss to predict the content of the text.	导入本课时教学话题，唤起学生对所阅读材料的兴趣。
While- reading		
Step 2: First- reading （2'）	Ss go through the text to find out what IQ and EQ tell us and talk about their importance.	核对预测结果，激发学习兴趣。
Step 3: Second-reading （10'）	1. T asks Ss to read for the second time and finish the handout with some detailed information. 2. Ss check the handout in pairs, answer some related questions and find out the relationship between EQ and IQ. 3. Ss have a discussion about the subtitle and write it down.	训练阅读技巧，明确文章结构，培养学生对信息的提炼概括能力。引导学生分析问题，让学生学做helpful、kind、caring等高情商的人，为解决问题做铺垫。 结对活动是为了减轻学生焦虑情绪，创造自主合作学习的氛围。
Step 4: Third- reading （16'）	1. Ss find out what people with high EQs are like and use suitable adjectives to describe them. 2. Ss work in groups to brainstorm more adjectives to describe people with high EQs. One or two groups share ideas with class and lead the class to read. Other groups add more adjectives.	培养学生提炼概括的能力和进行合作探究的能力。强调学做open-minded、flexible等高情商的人，提炼文章标题，再次为用高情商解决问题做铺垫。
Post- reading		
Step 5: Solving a problem （10'）	Ss solve a problem with high EQs in groups and share with the class.	引导学生站在高情商者的角度上合作探究解决问题。培养学生创新思维的能力，检测目标达成。 小组活动和用英语记录解决问题的过程是为了减轻学生对口语表达的畏惧心理。

续表

6. 作业与板书

布置作业： Describe a person around you with a high EQ and share with others next class.	设计意图： 落实课堂讨论成果，敦促学生反思。
板书设计： 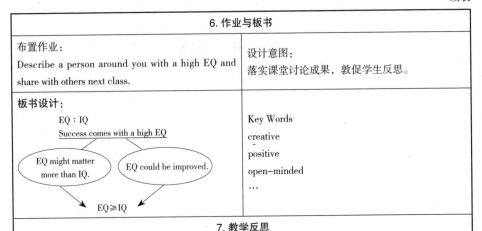	Key Words creative positive open-minded …

7. 教学反思

亮点：

（1）本课的教学设计新颖、环环相扣。文章主旨归纳等阅读任务的设置，培养、提高了学生的阅读技巧。学案的设计有助于学生理清思路，明确篇章结构。

（2）教师能依据拉萨学情恰当地调整教学内容和速度，稳步推进教学内容，且在规定时间内完成教学任务。教师随机追问学生，培养学生的逻辑思维、批判性思维和主动思考等深层次思维能力。

（3）教学环节由易到难，由课本到生活，讲道理同时接地气，层层递进。

（4）本教学设计中的学情分析细致到位，尤其是分析了学生的优势、劣势及应对措施，这是其他参赛选手欠缺的。

不足：

（1）教师指令性语言稍难，尤其在学生听不懂或未能作出反应时应将其转变成为稍简单的语言。

（2）对于一篇词汇和句式如此复杂的文章，应采用恰当多样的形式处理词汇，减少学生的阅读障碍。

走进《论语》人物

教学设计

李建波

教学基本信息	
主题	走进《论语》人物
授课人	李建波
授课班级	高二（5）班
授课教材	《论语》
教学背景分析	

教材分析：

《论语》是儒家经典，语录体散文，鲜活生动地记录了孔子及门人的处境、言行、思想。

学情分析：

问卷调查显示，大部分同学都读过《论语》，但是很少有同学通读；对论语人物、名言名句等知识有基本的了解；学习的困难来自文言文翻译较难理解。

解决策略：引入自带设备，解决文言翻译的词句问题；以人物为线索，引导学生比较深入地阅读和理解《论语》原著，避免碎片化理解。

教学目标及重难点分析

教学目标：

1.知识与能力目标

把握《论语》人物在名著文本中的言语细节，搜集多种历史文献，构建学生自己的《论语》人物形象记忆，进而加深对《论语》原著的理解。

2.过程与方法目标

通读原著，圈点批注；绘制思维导图，把握《论语》人物群像；精选人物专题研读，搜集历史文献，比较阅读丰富人物形象。

3.情感、态度与价值观目标

走进《论语》人物，亲近传统文化。

教学重点、难点：

精选人物专题研读，搜集历史文献，比较阅读丰富人物形象，进而构建个性化的《论语》形象记忆。

续表

<table>
<tr><td colspan="4" align="center">教学过程</td></tr>
</table>

课时安排： 5课时。

教学方式： 启发式教学与讨论法。

教学手段： 学生自学、分组讨论、教师引导。

技术准备： 微信群、机房、多媒体音频与PPT课件。

具体过程： （如下）

教学过程		学生活动	设计意图
导入	侍座篇情境表演。交流对人物的理解。	表演，诵读，评价	激趣入境
独立阅读	阅读《孔子家语》农山言志片段，疏通语义，比较农山言志和侍座篇中子路言志一段的异同。	独立阅读	对比深入
组内合作	仿照农山言志，改写侍座篇曾皙、冉有、公西华言志的语段内容。重新设计侍座篇台词、人物舞台动作，并说明原因。	改写，研讨	小组协作 语言运用
展示探究	各组调整方案，尝试丰富形象，交流。	展示交流	展示交流中深入了解人物，切近传统文化
课后思考	在微信群里撰写一份展演体会。	完成微信任务	微信交流，持续拓展
板书设计	走进《论语》人物 侍座言志 农山言志 〕多文本丰富人物形象		
教学反思	**1.学生表现精彩** 　　高二（5）班学生平常学习多有点不着调，散漫无端。教师发现学生喜欢参与到教学活动中来，只是缺少活动锻炼，缺乏表演自信，所以参与了很多自主活动都效果不佳。这次的课本剧创意编排本来没有抱太大希望，直到第一次上课学生迅速编排剧本进行分工演练，才看到了创造学习舞台，让每一位学生参与进来是值得尝试的。晚自习的全班展演效果很好，人人上台，个个参与，大家把本来没有兴趣的《论语》篇章演出来，或庄或谐，精彩纷呈。这一次导入环节的学生课本剧就来是从全班组编的7个课本剧投票选出来的，配上汉服道具，学生们更加入戏了，人物也丰满了很多。演出过程中，学生们多次鼓掌，演出结束后，演出组同学也被自己的精彩震惊了。		

续表

	2.学生全程参与度很高
	导入阶段的课本剧表演有学生自己编演展示，展演完之后，学生对剧中人物进行了采访对话，问孔子怎么看待子路的鲁莽勇猛和曾皙的智慧平和，追问子路曾皙能不能合作。曾皙竟然拒绝和勇猛刚毅的子路合作，因为觉得用不着。课堂上随后转入侍座篇和农山言志的文本深入研读上，小组形成成果，大家深入文献对人物进行细致入微的探究，精彩之点频现。
	3.自带设备提高效率
	学生普遍喜欢使用手机，班级构建微信圈交流，课上基础知识解决速度大为提高。学生交流更为通畅。微信圈调查问卷和学习成果监测也更为时效，分析结果专业可靠。

在过往的人事物中寻求深刻
——提升作文的文化内涵

李建波

设计依据：

新课标在课程目标"应用·拓展"一项中要求"增强文化意识，重视人类文化遗产的传承"，以便"提高语文综合应用能力"。2010年北京考试说明明确"提倡写思想深刻，选材新颖、想象力丰富，有文采的文章"。高考阅卷关于作文的四个"关注"，其中就有关注作文的人文情怀、文化素养一条。区分考场作文的高下，人文情怀和文化素养是一个很重要的评价标尺。

北京卷2005年的"说安"、2006年的"北京的符号"、2007年的"刘长卿诗"、2008年的"石头、沙子和水"、2009年的"我有一双隐形的翅膀"、2010年的"仰望星空与脚踏实地"等都透露出来浓厚的文化意味，这与北京文化之都地位是相匹配的。

学情分析：

从高三近三次考试的情况来看，学生的考场作文有一部分素材单一贫乏，写记叙文像流水账，枯燥乏味；写议论文像自言自语的胡话，单薄乏力。而另一部分水平较高的作文则普遍存在材料堆砌，不分详略主次的情况。这样的文章结构不清晰明朗，表达的思想情感也比较肤浅。还有一种情况在文科班学生中频频出现。文科班学生常使用历史素材来写作，这是一种很好的写作意识，但是往往这些作文就历史谈历史，不知道以史为鉴的道理，凭吊历史是为了寄托情怀，吸取智慧。因此在教学上有必要指导学生解决这些问题，以提升学生作文的文化内涵。

学习任务：

通过温故《故都的秋》和《都江堰》这两篇文章，和学生一起探究提升作文文化内涵的方法。即写作时要有时间意识，注意三个做法：

1.在写作过程中要从过往的人事物中寻求写作素材。

2.使用人文素材时，详写注意细节，略写注意归类。

3.文章最终要走出历史，回到现实。

学习方法：探究交流、训练巩固。

学习过程：

一、课前学习准备

本次高三月考的作文为话题"痕迹"，文科班的学生作文有使用人文素材的意识，但是普遍存在材料堆砌，不分详略主次的情况，往往这些作文就历史谈历史，不知道以史为鉴的道理，凭吊历史是为了寄托情怀，吸取智慧。这样文章表达的思想情感也比较肤浅，没有人文意味。因此在教学上有必要指导学生探究这些问题，以提升学生作文的文化内涵。

在人教版教材中有两篇散文可以拿出来示范，一是必修教材里的郁达夫的《故都的秋》，另外一篇是《都江堰》。故都北平和都江堰本身就饱含着丰富的文化因素，为凸显其身独特的文化内涵，两篇文章采用了大量对比、类比的写作手法，诸如南北国秋景的对比，都江堰和长城的对比，水系图谱和裁军数据及登月线路的类比。为挖掘其深厚的文化内涵，《故都的秋》从写秋景联想到了中外文学里关于秋天的诗文，点出秋天特别能引起深沉，幽远，严厉，萧索的感触来的，一如中国文人里的所谓"秋士"的文化情趣。《都江堰》则通过还原历史细节来传达其中的文化意味，"死于两千年前，却明明还在指挥水流。站在江心的岗亭前，'你走这边，他走那边'的吆喝声、劝诫声、慰抚声，声声入耳。"通过都江堰展现出李冰服务于民，鞠躬尽瘁为官品格。特别是引用一位现在作家向现代官场的诘问：活着或死了应该站在哪里？强化了古代文化和智慧的现实意义。

通过复习这两篇文章，意识到写作时要从过往的人事物中寻求写作素材；使用人文素材时详写注意细节，略写注意归类；文章结尾要走出历史，回到现实。

二、本次课堂教学

导入：背诵《念奴娇赤壁怀古》

苏轼在人生入暮之时，感慨自己功业未成。在历史的长河中，我们只是一条小鱼，只有畅游在历史的大江大海中，我们才能克服生命短暂和渺小的现实恐惧。当我们想到历史的时候，我们不由得有一种厚重感和使命感。所以孔子说"慎终追远，民德归厚矣"，我们的写作时要有一种神通古今的时间意识，所谓除去时间，古今一体。

设计目的：通过复习诵读这首词，把学生迅速带入一种宏大的历史时间背景中，为本节课"提升作文文化内涵"这一主题铺垫。

（一）预习作业展示

课文《故都的秋》和《都江堰》二文包含丰富的人文意味，温故知新，探究文章提升文化内涵的方法，借鉴以提升我们作文文化内涵。

学生作业择优幻灯展示：

1. 发挥文科生的优势，联系政史地等知识，用文学语言表现出来，提升作文的文化内涵。——左思雨

2. 对问题要深入分析。停留在表象而不深入挖掘会使文章显得没有内涵，白白浪费了好的话题与素材。——史迪

3. 要注重运用对比、类比等写作手法来突出中心。——周志鹏

4. 联想到历史和现实，还原历史的细节，会深入反思。——任跃东

5. 两篇文章都善于抓住事物的细节特征来进行阐述，而我们的写作往往是将其空洞化，似是而非的认为那些描写无关紧要。——刘晴

教师评价总结：

与过往的人事物中求深刻，提升作文的文化内涵，要具备历史时间意识，总结起来有两种做法：

1. 使用人文素材要详写注意细节，略写注意归类；

2. 文章最终要走出历史，回到现实。

设计目的：李锴老师强调，任何一节课都不是孤立的，都应该放在整个高

中的教学序列中去，以明确教学任务，提高教学效率。此处温故知新的设计便是本着这样的理念做的，这样把一个本来很难讲清楚的问题——提升文章文化内涵的方法，通过学生对两篇经典课文的复习探究，从而比较容易清楚的解决了。

（二）从整体上分析《夏至》一文的问题所在

欣赏同学的考场作文《夏至》一文，注意思考：

1. 文章是写青春岁月的追求梦想的历程，还是通过写和朋友的往事来会议美好的友谊？

2. 文章的主旨和后海这个包含丰富人文意蕴的地方有什么关系呢？

分析：

《夏至》一文最大的问题是主旨不明确，不知道是写追求青春岁月追求梦想的心路历程，还是写青春年少的美好友谊。因此要修改这篇文章首先要提纯文章的主旨。今天我们选择抒写青春岁月的追求梦想的心路历程为主旨，以此为中心来修改文章。

这篇文章的一大遗憾是，没有将后海的人文意蕴和文章要表达的主旨很好地结合起来，如何结合呢？当我们把现实的情怀或困境放在历史的长河中去考虑，我们会许多历史的人事物中找到情怀的寄托或是摆脱困境的智慧和勇气。《夏至》一文第二节中其实已经提到了一些后海具有历史感的事物，比如后海、望海楼、宋庆龄故居、九门小吃。

那么我们该如何修改这一段，以提升其文化内涵？

设计目的：在课上遇到的最大学习障碍是学生不知道如何具体下笔修改文章，以提升作品的文化内涵。几次搭桥都不大成功，第一次是通过对比同学的另外一篇同是写青春题材的文章，但是那篇文章全然没有文化的元素，两相对照，学生觉得有文化元素文章才更有味道，但是学生并不知道该如何使用这些人文素材。前面有铺垫，使用素材要注意详略，但是学生由于以前就没有意识，但是学习课文，大部分同学还是不会。第三次尝试是让熟悉后海的同学上来介绍后海的人事物，让学生在相互启发中获得写作的感觉，有一些同学明白了写作的大概方案。第四次尝试是教师拿出修改的下水文，学生有了很直观的感受，开始着手写，由于没有总结下水文写作修改的规律性思路，所以只有少数同学明白了该怎么下笔。

听课的老师们都感觉到了这里的学习障碍，都一致认为这次课没有很好地解决这个学习障碍。

李铠老师使用课堂观察的方法，非常客观准确的指出了问题，并提出了详细的解决方案。要解决这个学习障碍，上述方法都不得要领，因此课堂一直处于僵持状态。提升作文的文化内涵是一个很复杂的过程，而面对复杂问题的方法是提纯，明确这次课的教学任务后，将问题单一化，将干扰的问题尽可能去除掉，问题越单一明确越是便于控制和落实。因此李老师认为，作文修改一定要先从整体上明确这篇文章的问题所在，然后明确此次课程的任务。《夏至》一文最大的问题在于文章主旨不明确，因此在修改局部的时候学生就会有疑惑，就会出现多个修改方向。明确了主旨然后再明确指出我们这节课的任务是解决段落修改问题，即如何处理文化素材，如何详写，如何略写。教师示范，总结规律，让学生通过模仿体会规律，最终初步掌握使用材料的要领。

因此这一节的设置便是这样一个将复杂问题单一提纯的过程。

（三）如何有详有略的处理材料，使文章主次分明

《夏至》第二章节的问题所在：材料堆砌，不分详略主次。

头顶蓊郁的绿叶，伴着凉风，听你给我俩讲望海楼的由来和各种生活趣事。我想就算游人再多，那儿的路也会留下我们的印记吧，因为那一天那么深刻地印在我的心中。脚印在一处湖岸转了一会儿，因为有一个老奶奶游泳时抽筋，正在被救助；脚印在宋庆龄故居陷了一点，因为我们犹豫要不要进去；脚印在九门小吃转了好几圈，因为我在选吃的；脚印在小店前杂乱了一会，因为那儿的漂亮灯笼挑花了我的眼……

教师给出示例：

夏日的后海，游人如织，当我们在宋庆龄故居前犹豫，要不要花5块钱进去的时候，湖面上传来骚动，一老奶奶游泳时抽筋，有人下水去救人来上岸。

我突然想，若在几百年前，当然那时此地是皇家独享的一泓清泉，要落入水中的也必定是嫔妃宫女。有宫女落入水中，想必皇帝

即使是真龙，也必定不会下水来救的，多半会是一群太监纷纷尖叫着如鸭子般下水。不过若有一白衣少年，释卷开门，平步青云，踏水来救……即便我们不知道此人是谁，也会痴迷这美丽的图景。宋庆龄故居就是明珠相府的后花园，这踏水而来的便是那清朝"第一词手"——纳兰性德。人生若有如此初见，我真希望是几百年前这湖中的落水者。

学生很喜欢这段文字，顺势总结这段文字的写作思路：

抓住原材料的一个点或者重新加入一个点，调动自己的知识储备，生活积累，产生联想和想象，用细节描写的方式，有声有色的还原某种历史场景，来突出写作的目的。

再看老师的第三章的修改，验证这个写作思路的合理性和可行性：

2009 年，夏至已过。

再去后海，阴雨连绵。我和嘉嘉撑着一把伞，飞快经过宋庆龄故居。下雨的天气有些凉，我们有些饿。终于，又到了九门，我只点了一碗酸汤水饺。红色的浓汤上漂着鲜红的辣椒，入口的醋酸混着辣味，将我们全身都暖了起来。

在回去的路上，看见烟雨中的石桥凄凄婉约，再看那桥上或驻足或行走的游人，真如下之琳的《断章》：

你站在桥上看风景，看风景的人在楼上看你。

明月装饰了你的窗子，你装饰了别人的梦。

我应该用什么的梦来慰藉我这十七岁的年华！

注：文章这段文字不像上一段文字一样是抓住了老奶奶落水和宋庆龄故居这两个原文中有的点，这一段是重新加入了石桥这个详写的出发点，以表达青春岁月追求梦想的迷茫感。为文章最后的反思做出铺垫。

设计目的：通过教师的示范，总结规律性的修改思路。

（四）学生修改，巩固提高

1.学生明确修改问题处理材料的思路后尝试修改文章第二节，然后交流展示。

学生学习障碍推测：

（1）大部分同学会模仿教师的写作，但是忽略了文章的主旨对局部修改的限制。

（2）有一部分学生可能对后海的景观不是很了解，会限制他的想象发挥。

找学生来介绍后海景致，以激起学生对后海的回忆和丰富对后海的了解。

2.找熟悉后海景致的学生介绍后海，在 ppt 上打出文章的主旨，分组探究修改的方案，一人主持，一人发言，其他人负责提供方案。在此修改之后互相展示，相互学习。

学习障碍推测：班级可能还是有一部分文字能力较差，想象力不够丰富的学生难以掌握，通过课下的单独辅导交流来完成教学。

设计目的：通过对修改示范的感知，对修改思路的逐步掌握，再加上同学之间的有效交流，这样反复的碰撞训练交流，让学生整体上掌握如何有详有略的使用认为素材，使主次分明，内涵饱满，意味丰厚。

三、结束语

王羲之《兰亭集序》说"后之视今，亦尤今之视昔"。

在永恒的时间长河中，活在当下的时间点上，显得如此单薄微渺，未来我们难以预知，过去我们清楚记得，写作是生活的延伸，当我们感到自己的作文单薄乏味的时候，是否你的作文也只是停留在时间之河一个渡口而未曾出港呢，扬起你写作之舟的文化之帆，自由的航行在历史的时间长河中，感受这万古洪荒的人文魅力，因为你是中国人，这里有五千年的灿烂文明；因为你生在北京，这里是六朝故都文化中心；因为你长在西山，这里是人种起源之地。

四、课后学习作业

你觉得《夏至》一文的全文可以怎么修改，使文章在整体上提升的文化内涵，浑然一体，主旨鲜明突出。

教学反思：

本次课堂教学最大的收获不仅在于明确这次课堂教学中的障碍该如何突破，以及以后遇到类似的复杂教学问题该如何提纯单一化，更在获得一种全新的教学观念。1.作为老师面对自己的学生和课堂要有一种敬畏感，敬畏自己的学科和自己的学生，敬畏自己的职业和使命，常怀愧疚之心反省自己的课堂教学，以警醒自己不断学习研究；2.要想客观的找出自己的问题，要学会观察课堂，了解自己的学生，真正以学生为自己的老师去组织教学。

　　当然这些收获都来自本组的老师集体智慧，教育专家李镗老师的指导更是给了我无尽的启迪。

第四章　我们一起筑梦的北燕岁月

第一节　心怀家国一家人

我们都是一家人
——北师大燕化附中西藏内高班的精神追求

李建波

2011 年 8 月，学校招收了首批 46 名西藏学生，你们满怀憧憬来到北师大燕化附中。2014 年 6 月，高考结束，你们高三毕业，离开母校。雪域雄鹰羽翼丰，胸怀壮志故乡遥。乘风归去青春好，情满中华天下家。

国家为培养西藏未来优秀的建设人才，把你们聚集在北师大燕化附中，你们小小的年纪，一方面憧憬个人和家族的梦想，着实辛苦；一方面肩负民族和国家的使命，不亦重乎。学习生活在北燕，远离故土自独立。

不要忘记，校园的某一个角落曾经留下你们晨读的身影。在日后的工作中，你们一定记得勤奋，唯有勤奋者才能走上梦想的阶梯，一生追求卓越。

不要忘记，每一个节日我们都曾经欢聚一堂，校园简陋的舞台上留下过你们青涩的身影。在以后的人生路上你们可能孤独寂寞，但请记得你们有家、有爱、有青春。

不要忘记，在学校和老师、同学共同奋斗的细小片段，可能是失落的安慰，可能是赛场上的一次配合，可能是学习上的一次合作……互敬互爱最可爱，互帮互助显真情。

不要忘记，你曾经生病时姜妈焦急的眼神，同学陪伴时的温情，你们要把这种乐于奉献的精神传播下去。

假如有人问你，你们北师大燕化附中西藏内高班的学生有什么不同？我们的独特在于我们有共同的精神文化追求，我们坚守"我们都是一家人"的精神家园。

离别之际，大家务必记住内高班的精神追求——我们都是一家人。这是你们留给母校的精神财富，无论你们走到哪里，你们青春奋斗的故事都在这里，你们青春奋斗的精神留在这里。

北师大燕化附中西藏内高班文化精神：

> 我们都是一家人：互帮互助、互敬互爱、追求卓越、荣誉至上、乐于奉献、团结一心。

心怀家国做教育

李建波

9月，北师大燕化附中又迎来一批西藏内高班学生。操场上，来自雪域高原的孩子们身着长袖的"楚巴"，载歌载舞，尽情展现着独特的民族风情。

教室里，他们在细心聆听老师的谆谆教诲；宿舍中，他们兴奋地给万里之外的爸爸妈妈打电话，说学校又领他们参观了一个新地方。

这一天，我刚参加完高三一模分析会，车进校园，夜已入暮。在办公室，我给远在西藏林芝的袁文剑同学的家长打了个电话，告诉家长孩子一模考试过了600分的喜讯；学校给高三的孩子加了牛奶、红枣和蜂蜜；学校在最后两个月会给孩子补习，确保孩子实现去北大新闻系的梦想。家长感激地说："你们学校老师真是比我们家长想得还周到。"

家长不知道的是，去年期末考试，袁文剑同学从文科第一的名次上下来了。高三藏生理科成绩普遍不理想，有十名同学成绩严重偏低。我与每一位同学座谈，跟班主任及各科教师协商，制定出补习方案。这一番努力是值得的，藏生一模成绩有了全面的提升。如今，我想把这份喜悦分享给远在雪域的学生家长。

分享喜悦的电话刚挂断，手机又响了："建波，咱们藏生德吉卓嘎烧到了39℃多！"

"好的，我马上到。"孩子生病就是命令，尽管这样的事情几乎每天都有。我把高烧的孩子带回办公室，一测体温，近40度。我马上致电西藏部姜薇老师。

刚刚踏进家门的姜薇老师也断然地说："好的，我马上到！"

姜老师把车开到学校楼下。我扶着德吉卓嘎同学下楼，晚风裹挟着枯叶细沙迎面扑来，我侧身挡在前面，将孩子送上车。

急诊内，外科大夫一听高烧，直接告知："去发热门诊。"

发热门诊在后院，下车的时候，乌云密布天南，冷风疏雨。冒雨进入发热门诊，雨点滴落在眼镜片上，在灯光下闪烁。

"大夫，有人吗？"

一位医生出来开始挂号，验血检查。所幸并无大碍，普通感冒，但是孩子有严重的缺铁性贫血。

2013至2014学年，西藏内高班大小手术6例，突发急症近20起，其他感冒、炎症等小病不计其数。赶上感冒爆发期，一天之内就会有几十人生病。看病、送医院、守夜、陪护，这些本来是父母的职责，在西藏内高班都由老师来承担。有一次，姜薇老师带着一名同学去补牙。医生大声说："那位孩子的妈妈，给孩子交钱去。"

从此，西藏内高班的学生都亲切地称她为"姜妈"，称我为"李爸爸"。家里有一个孩子，父母都疲于应付，要给143个孩子当父母，谈何容易。

学生几乎遇到所有事情，都是第一时间找西藏部老师。

去年夏天，次仁措姆同学突然打电话给我，说刚刚洗完澡后发现宿舍门把手坏了，进不去宿舍了。这完全超出了一位老师的能力和职责。

她在电话里说："我只能找您了，要不然我就进不去。"

我毫不犹豫地说："好的，我马上到。"

由于没有工具，我拿起办公室仅有的剪刀，找来学生会主席昂丁，一起到女生宿舍查看情况。一番周折后，我们终于凭借一把剪刀把门弄开了。躲在卫生间的次仁措姆说道："谢谢老师，老师辛苦了！"

有的时候是丢了饭卡，有的时候是打坏了同学的东西，有的时候是舍友间有了争吵，有的时候是学习出现了障碍，有的时候是内心有了烦恼，有的时候甚至是家里有了变故……孩子们都会找老师，或者是老师发现了，找来谈心安慰。

在学习上，只要能做的，我都竭尽全力。2013 年 12 月，高三语文会考改革变化大，很多藏生对此没有信心。楠木伽、晋美朗杰等同学一起来找西藏部老师。

"怎么办，语文真的不会，考不过，毕不了业！"

"我们这么多年在内地学习，毕不了业，没脸见回西藏。"

我马上答应给大家补习语文，根据对每一位藏生的了解，专门设计方案，利用下午 6 点至 7 点的时间，开设讲座。一周之后会考，全体藏生语文均顺利通过。

西藏部的老师要悉心负责这 143 个孩子，既要照顾生活起居——嘘寒问暖，治病谈心，又要负责所有节假日活动——外出郊游、拓展培训、文艺演出、文化补习之类；既要联系远在西藏的家长——分享孩子成长的喜悦，宣传党和国家的民族政策，又要接受上级领导政策培训——国家民委教育部的民族政策方针，西藏教育厅和北京市教委民族教育的精神；既要负责中招，把新一批的孩子带到北京，又要负责高招，把培养三年的孩子顺利送进名校；既要负责教育教学，确保每一个孩子品学兼优，又要负责稳定安全，确保每一个孩子政治合格、身心健康；既要负责设计开发课程，把"希望"民族教育办出特色和水平，又要负责总结成果大力宣传，把燕山人民教育援藏的智慧和精神传遍全国。

在燕化附中，西藏孩子和老师情深义厚。2014 年春节，绝大部分藏生都留在学校，学校党政领导带头值班，和西藏学生一起生活。过年前一天，一群男生带着扫把、墩布、抹布站在我的办公室门口，说："老师您辛苦一年了，今天您先出去休息一会，我们打扫卫生。"说完开始分头行动，移桌子，拆纱窗……

面对整洁一新的办公室，我的内心满是温暖，两眼模糊。

守望格桑花开

有人认为作为西藏班教师，全年无休是难以接受的，而李建波老师却坚持"民族教育是一种塑造民族和国家未来面貌的生活方式"的信念，在日夜操劳中自得其乐。

有人认为西藏班学生无休止的疾病，是民族教育工作最大困扰。而李建波老师却旗帜鲜明地提出"疾病困苦是教育的契机"，把解决这一难题的过程当作教育个体成长的课程，在焦急痛苦中淬炼爱的结晶。

一、让民族教育备受关注

从教十一载，他带领北师大燕化附中民族教育团队带出三届高中毕业生，全部143名西藏学子全部考入国家重点大学，清华北大等名校赫然在列。他却说我们不在乎学生考的学校有多好，我们更关注学生青春理想的树立和生命成长的富足与幸福。

北师大燕化附中"希望"民族教育的办学理念和"家国文化"的办学精神备受各大媒体的关注。中央电视台CCTV新闻频道在2014年7月15日"朝闻天下"栏目中报道我校2012级西藏班扎西平措同学立志学成回西藏建设家乡的事迹。同年年暑假，CCTV中文国际频道"远方的家"节目组远赴西藏日喀则江孜采访我校藏生普琼同学，并以普琼同学为切入口对国家西藏内高班教育做了长达4分钟的报道，是迄今为止国家电视媒体第一次面向全世界报道我国西藏内高班教育的成果。2015年4月15日，《中国教育报》第8版刊载学校西藏班办学成果。2015年，《中国民族教育》"内地西藏班办学30年"专刊刊载学校西藏班办学的系列图片和文章，《基础教育参考》《北京教育》等刊物和网络媒体均有关注和报道。2016年，中共西藏自治区教育工作委员会、西藏自治区教育厅授予李建波老师"全区优秀教育援藏工作者"荣誉称号。2018年暑假，李建波老师被借调到西藏教育厅西藏内高班管理中心招生办工作，出色完成高招任务。

很多学校带队前来学习，追问李建波老师，您说教育的价值在于传递智慧和精神，那么教育的智慧精神从哪里来呢？

二、在疾病困苦中激发智慧、铸造精神

西藏班学生疾病多发，李建波老师在陪护生病的孩子的时候，给学生们讲疾病的折磨和人生困苦是生命必然要经历的常态，我们要有面对的勇气和克服困难的智慧。他四处宣扬"疾病困苦是教育契机"的观点，特别强调说："今天我们怎么对待一个在疾病困苦中的孩子，孩子就会怎么对待这个世界。"

2012届次珍同学甲沟炎经常复发，她在日记中写道：

还记得去年，我生病了去找老师请假时，心里突然很软弱，老师问我时我直接哭了，连话都说不上来，在几分钟的哭泣之后，我把病情告诉了老师，就回了寝室。

第二天，正好我们上午没有语文课，于是老师也没来。但我收到一双拖鞋，说是老师给我买的。但由于脚趾被纱布包着，还有点肿，所有拖鞋都穿不上，只能拿着。中午时老师回来了，就过来看我……还让我们班的藏生轮流给我打饭。

真的非常感谢，因为有您的关心，在生病时我也感到了温暖。

2013届益西卓嘎同学十分怀念高中生活：

高二时，我手上长了一颗"疮"，动了小手术。医生嘱咐我不能碰水。当天下午，老师把我叫到办公室，给了我一双新的塑料手套，说道："你把这个拿回去，这几天注意着，手别碰水。"当时我的泪又在眼里打转，看似一个普通的举动，却让我感受到了亲人般的关爱。

还有，我们的校长，每逢春节她牺牲了与自己家人团聚的时间，来陪我们藏生过年。为的就是，让我们感受附中这个家的温暖。

李老师带西藏班，坚持按照家人的标准对待每一位学生。在与西藏学生共同经历疾病和困苦的艰难过程中，他把藏生当孩子。只有这样，"我们都是一家人"的家国精神才会逐渐形成，并深入人心。李老师当然没有简单地停留在学校西藏内高班师生小家的范围内，他适时引导说，正是因为党和国家的内高班政策，我们才能不远万里求学北京，西藏的发展靠我们推动，国家

的未来靠我们创造。就这样，"胸怀天下家国一体"的我校西藏内高班家国文化精神便自然形成了。该精神得到西藏家长的广泛认可。据学校调查显示，有78%的西藏家庭会担心孩子在北京的求学生活。当家长怀着惴惴不安的心情把孩子送到我们学校后，看到学校方方面面都安排妥当，方才放心。

三、坚持民族教育校本课程体系建设

李建波老师的民族教育团队认为必须设计一整套民族教育校本课程，方能让学校"希望"之理念与家国之精神有所依托。多年来，北师大燕化附中致力于为西藏班设计一套"希望"教育民族课程体系。最新课程体系以"家国文化"为核心，以"素养提升课程"和"能力拓展课程"为两翼，通过课堂和活动渗透助推西藏班学生全面健康地成长。

为了让来自雪域高原的学子在祖国的心脏——首都北京，感受到北京的魅力和国家的伟大，引导西藏学子融入北京广阔的社会舞台。他执笔开发了《我爱首都北京》社会实践拓展体验课程。课程将北京市社会实践基地进行了全新设计，按照实践活动需求，划分了六大类实践拓展体验教育项目，分别是历史传承类、爱国教育类、人文情怀类、自然风光类、开阔眼界类和体验拓展类。

李建波老师开发了多门课程，其中人文素养提升课程《小论文写作与展示》连续给每届科技班学生开设，成为精品课程之一，并在北京市课程开发评比中获奖。同时，李老师坚持与学校教科研室合作，组建课程小组，共同打造希望民族教育课程体系，2015年成为北京市专项，开发资金高达162万。课程为培养西藏学生提供了强大的支持。

四、投身学科教学改革

李老师作为语文教师，积极推进语文教学新课改，进行教材整合专题教学改革。2010年12月至2011年4月，他参加教育部全国中小学教师继续教育网关于高中语文学科文言文主题教学的系列研究，并开设网络视频专题讲座。

新课改主张各学校因地制宜、因材施教，开发独具特色的校本课程，为培养兴趣广泛、视野开阔的创新人才提供课程支持。为提升我校学生的文化素养，2011年与同仁开发了《古代文化名人探访》教材，独立开发了《高考古诗文鉴赏》教材。2010 年参与了北京市著名特级教师梁捷主编的"三以"优质教与学丛书的编写工作。2014 年针对高三作文思想文化内涵单薄的问题，李老师精研高中写作问题，着手开展"新课改背景下提升高中作文策略研究"区级课题研究，并开设《提升作文文化内涵》区级公开课，课题结题多篇研究论文获奖，并开发了校本课程《高考作文提升策略》。2018 年 5 月教学论文《从语文核心素养的视角寻求学生作文提升的有效途径》获北京市基础教育科学研究优秀论文二等奖，同年 11 月文章发表在光明日报主办的《教育家》杂志上。

李老师突出的教学和管理业绩，源自长期而深入的教育教学科研工作。

励精图治，铿锵而行。多年来李建波老师在西藏班学子的青春里播撒希望的种子，他和北师大燕化附中的教师团队承载起民族教育的重任，担当起民族复兴的使命。西藏学子定会在这里成长，由此为祖国的栋梁，承担起中华民族繁荣复兴的伟大梦想！

梦想不来　心扉不开

李建波

没有让你怦然心动的梦想，人生注定是乏味的。生活的琐碎会折磨你，让你感到无聊、迷茫、消沉。像迷雾一样笼着，让你看不到未来的美妙，消磨你的斗志；像麻醉剂一样，让你感受不到力量，没有了激发潜能的勇气。你的智慧和精力会被生活的琐琐碎碎、鸡毛蒜皮所肢解、消耗。河流流入荒原，没有磅礴的气势；大海蒸发成云朵，没有了浩瀚的情怀。

然后欲望的毒液像魔鬼一样在体内滋生蔓延，一直渗透到内心，渗透到灵魂深处。你以为跟着感觉走是通向未来捷径，空虚和无聊朝你袭来，于是你吃饱了还要吃，你喝够了还要喝，你穿暖了还要穿，你赚够了还要赚⋯⋯你在梦里也会感到焦躁不安。

伟大的灵魂没有梦想的滋养会变得狂躁不安，需要强烈的刺激以抵御生活的琐碎无聊。于是你发现自己在不停地争吵，不停地抱怨，不停地猎奇。寄希望于吃一些没吃过的来满足自己，寄希望买一些没穿过的来打扮自己，寄希望看一些没看过的来丰富自己……你在回家路上反刍今日的人生，呕吐出来的还是琐碎与无聊的污秽。

梦想不来，心扉不动。生命没有真正的喜悦，没有真正的忧伤，没有纯正的爱慕，没有忘我的幸福……

成功也不满足，痛苦都很缥缈。

我渴望有一座梦想孵化中心，孵化每个生命的璀璨夺目的人生梦想。

在我的梦想中心里，每个生命都遵从内心的召唤，敢于畅想自己最美妙的未来。无论他是身无分文的他乡乞丐，是生性狂躁的囚徒，还是穷奢极欲的纨绔子弟，只要步入我的梦想孵化中心的大门，他们不用担心自己过去，不用担心自己的身份，不用担心自己年龄，不用担心自己性别，不用担心财富和权力，不用担心的自己容貌和学识。因为这里所有人只关心自己的梦想的实现过程，不用担心困苦与疾病，不用担心生活。这些早已为你准备，你要担心的是你是否有一个让你怦然心动的梦想，和这里的所有人一样。

梦想的芬芳会净化生命的污秽，鲜活的生命绽放原始的生机，梦想的种子开始进入生命的历程。

为每一个梦想提供财智的动力，为每一个生命提供绽放的舞台。

我伟大梦想孵化中心，我呼唤你的到来！

写给毕业归途中的西藏学子

李建波

飞奔在归途的孩子们：

你们应该翻越了唐古拉山，已经到西藏的境域了，可能没有信号，也没有网络，只有千里奔袭的列车，带着万里游子穿行在浩渺的夜色中……带着万千牵挂，带着青春奋斗和梦想。

我们真的想好好来一次送别，收拾好情绪，好好拥抱，好好哭一场……不用分心去考虑琐琐碎碎，清空所有，全心道别，撕心裂肺，牵手拥抱，泪流满面！等你们走了，宿舍空了，校园静了，夜空如漆，怅然若失。

早上迎接你们的第一缕阳光是从可可西里升起来的。

久违的雪山和草原又张开怀抱，就像当年你们远走；

草原的灰兔和灰鼠又要直起腰，抬起前爪看着你们归来，就像你们当年远走；

成群的牛羊安详漫步吃草，一如你们当年远走……

晨风习习，白云飘飘。

日落天地息，河汉星辰远，借着这千里万里的夜色，祝福我的孩子们今夜安好，人生吉祥。

一声姜妈无限爱
——姜薇老师和西藏班学生的故事

西藏班的孩子们都说："在北师大燕化附中，我们有一位'超人妈妈'。她有着超人的意志，超人的身体，超人的心胸，超人的能力。她总是第一时间到达西藏班的'灾难'现场，使出十八般武器，轮番变换出七十二种法力，保护着我们这些来自雪域高原的'精灵宝宝'。她就是在西藏部工作的姜薇老师，她是我们全体藏生的'姜妈'！"

1. 全年无休的工作源于爱

姜薇老师作为北师燕化附中的老教师，至今工作三十多年，把自己青春和智慧都奉献给了学校和孩子们。在职业生涯的最后阶段，遇上学校承担教育援藏工作。

很多人可能很难理解，全年 365 天，全天 24 小时的工作，那是一种什么样生活。其实当你爱上了这群孩子，你满脑子都是 140 多个孩子的喜怒哀乐、疾病困苦，工作和生活也就是一回事了。因为有了全身心的爱，也就有了全无休的工作。

西藏学生们说："每逢佳节，您会放弃与家人团聚机会陪着我们这群与您一点血缘关系都没有的藏生，让我们没有了父母不在身边时的那种无助的滋味，我们不是亲人，但我们之间的感情却胜似亲情。每次我们当中的谁病了，您都会第一时间出现，第一时间去医院，也许当天您已经去过很多次医院了，那时我们觉得您就是我们的另一个母亲。"

2. 西藏孩子爱姜妈

西藏孩子心里知道她是一个好老师，兢兢业业，认真负责；更是是一个好妈妈，和蔼可亲，无私奉献。

姜薇老师深知西藏的孩子们，背负个人与家族的梦想，承载国家和民族的使命，常年远离父母亲人，背井离乡求学于首都。生活要求他们有更多的独立自主能力，有什么疾病困苦都得自己承受。他们的习惯是报喜不报忧。他们也是孩子！

2016 年 5 月母亲节，姜薇老师病倒了。

西藏班的孩子们焦虑不安地想去探望姜薇老师。她却怕影响孩子们的学习，对学校领导说，一定不要告诉孩子们自己的病情，免得孩子们挂念，眼看着高三的孩子们就要高考了，高二的孩子们也忙会考……不要打扰他们。

西藏的孩子们听说姜薇老师有交代，自发地撰写了《我与姜妈的故事》，回忆了这些年姜薇老师对他们的无私关爱，表达了感恩、感激和祝福之情。

扎多同学是高一新生，他深情地写道：

在家的时候有阿妈的关怀，有阿妈的问候。原以为来到这儿后，最为怀念的是阿妈，因为在这儿，没有阿妈的陪伴。但是，一切并非我想的那样。因为，这里有另一位阿妈——姜妈。

在姜薇老师生病期间，学校组织高一、高二藏生去民族园游览。那天她本可以好好休息，但因为活动的服装问题，她早早就起来提醒学生穿藏装。当学生在楼道里看到她时，发现她只披了一条毯子。最后，她拖着病体将学生送上车。

高三毕业典礼上，主持人问藏生："你们还希望谁给你们说几句啊？"大家竟异口同声地喊道："姜妈！"这三年里姜薇老师唠叨过无数次，也许有人觉得她很烦，也许有人对她有一些误解，但在这离别的时刻，他们最想听的却是她的唠叨和叮嘱。姜薇老师也语重心长地说："到了另外一个学校，没有我对你们的照顾，没有我对你们的唠叨，你们自己也一定要保重身体，有时间常回家看看。"在姜薇老师说话的同时，学生们已经流下了幸福的眼泪。

3.用爱浇灌国家的未来

姜薇老师挂在嘴边的话是"咱们家孩子"，她最了解西藏的孩子们比人们想象得还要优秀。目前毕业的三届西藏班143名学生，全部考入国家重点大学，其中北京大学2人，清华大学1人。大多数学生仍留在北京上大学，每逢节假日，历届藏生都会来看望姜薇老师。他们说："没有姜妈的大学是没有意思的。"话虽夸张，情谊可鉴。2014年，学校内高班学生先后两次接受中央电视台的采访。学生在采访中说："我来到北京学习，唯一的目标就是要学成回去建设西藏，回报祖国。"姜老师特别为自己的学生感到骄傲，为自己的工作感到满足。

她，放下了自己的休息时间，却是为了更多的孩子；她，放下了自己的父母，却是为了更多的父母安心。她是学生前进道路上的引路人，是学生徘徊迷茫时的一盏明灯，更是学生的亲人，给予学生关爱与照料。在学生的世界中，她就是那颗最亮的星。

《妈妈的生日》剧本

2016届学生创作

人物1：姜妈（藏生班女教师）
人物2：那曲（藏族女学生）
人物3：拉姆（女班干部）
道具：桌子1张，椅子3把，电话1部，蛋糕盒1个。

场景： 在西藏部办公室内，姜老师焦急地踱步，不停地打电话催促几名班干部寻找私自外出的那曲。班干部拉姆找到那曲，并将之带到办公室。姜老师像妈妈一样数落了那曲半天。最后真相大白，那曲得知今天是姜老师的生日，偷偷出去为姜老师买了生日礼物。姜老师感动不已，师生相拥而泣。

姜妈： 拉姆，你那儿情况怎么样？一定要快点找到她。好，好。（站起来踱步，然后又打电话）扎巴，你那儿怎么样？不行，一定要找到她。她的父母都不在了，我们就是她的亲人，我们不能让她出任何事情，找到她后立即来我办公室。（继续踱步，电话铃响）喂，我是姜老师。什么？找到了？！好，你立刻带她来我办公室。（松一口气，自言自语）死丫头，吓死我了，这回一定得让你长点记性！

拉姆： 姜老师，我们回来了。

那曲： 老师！（胆怯又惭愧地叫，然后低下头）

姜妈： 那曲，你去哪儿了？干什么去了？

那曲： 姜老师，我没干什么，就是出去转了转。

姜妈： 转了转？在正课时间出去转转，你骗谁呢？说，到底干什么去了？

那曲： 姜老师，我真的就是转了转。

姜妈： 转转？你可真有闲心。马上就年底了，期末考试迫在眉睫，你们能考什么样我心里一点底都没有。这高一打不好基础，就影响高二的分班；高二分班选不好，就直接影响高考成绩。这些你知不知道？如果考不好，你怎么办？这辈子怎么办？那曲，你跟别人不一样，你知道吗？？

那曲： 姜老师，您别说了，我知道。

姜妈： 知道？知道你还犯错！你知道教委校领导是怎么给我们西藏部提要求的吗？生活上要提供全面服务，学习上要提供最大帮助，安全上要绝对保障。你说，你要是出点什么事，我怎么跟这些领导交代，这些领导又怎么跟国家交代？

拉姆： 老师，您喝口水，消消气。

姜妈： 你别帮她打掩护，今天我非好好说说她。

拉姆； 老师。（上去拉老师的袖子）

那曲： 姜老师，我错了，您别生我气了。（声音哽咽）

姜妈：那曲，别嫌我啰唆。你不见了，你知道我有多着急吗？

那曲：我知道，我真的知道。

姜妈：你和别的藏族生还不一样，这么小就没了双亲，老师就是你的监护人呀！国家给了大政策，地方政府给你们提供了学习条件，学校给了你们良好的学习氛围，就是希望你们藏生班的孩子学得好、生活得好。国家这么大方面的事情都做了，老师连你的安全都没办法保证，我这心里有愧呀！

那曲：老师，您别说了，您怎么对待我们，我最清楚了。从我们来学校的第一天起，您就对我问寒问暖，悉心呵护，像亲人一样关心我们。

拉姆：是啊，姜老师，您给我们端水送饭，求医送药。我们的心里早就把您当成了自己的亲人。特别是那曲，她自小失去父母，从没感受过父母的爱是什么样子。但是来到燕化附中后，您对她做的一切时刻温暖着她。在她的心里，早就把您当成了自己妈妈！

那曲：对不起，老师。

姜妈：孩子，别怪我对你要求严，是你确实要比别的孩子更坚强、更自强才行啊！你们平时都叫我姜妈，别看我嘴上没说什么，可我把你们当成了自己的孩子。你说，哪个当妈的不盼着自个儿的孩子好啊！

那曲：姜老师！

拉姆：姜老师，您别生气了，您的心意我们都明白。其实我们在叫您姜妈的时候，心里充满了浓浓的亲情。学校是我们的家，同学是我们的兄弟姐妹，您就是我们的母亲呀！来！别生气了，您看看这是什么？（拿下盖着蛋糕的袋子）

姜妈：蛋糕？

拉姆：姜妈，生日快乐。

那曲：生日快乐。

姜妈：啊！今天，是我生日。

拉姆：对！没错。

那曲：12月30日。

姜妈：噢，还真是。但是，但是这个蛋糕我不能要，我这么大岁数过什么生日！

拉姆：姜老师，不能这么说，人岁数大就不过生日了？实话告诉您吧，这个蛋糕就是那曲特意给您买的。

姜妈：你，你怎么乱花钱，再说你哪来的钱，快把这蛋糕退回去。

拉姆：姜老师，退不了了，那曲刚才私自外出，就是去买蛋糕了。她本来以为出去一下一会儿就回来，可到了蛋糕店才知道蛋糕得提前订，她等了好久才拿到的。

姜妈：嗨！这孩子，（走过去拉过那曲）那曲，老师跟你说，这个蛋糕老师不能要，你拿给同学们吃吧，老师用不着这个。只要你们好好学习，快乐地生活，我就高兴。

那曲：姜老师，您总是不让我给你做这个，也不让我们做那个。可凭啥你就得给我们做这做那。你用自己的钱给我们买牛奶，用自己的车送我们去医院，你把亲生女儿的新衣服给我穿，把成套的学习用具送给我们。这些可都是工作之外的付出呀！

拉姆：是啊，姜老师，你不让我们给你买蛋糕，可凭啥你给我们买了那么多蛋糕？

姜妈：我是老师，照顾你们是应该的。

那曲：应该的？我们不是一个民族，不是一个区域，更不是亲戚，有多少事是应该的？不开心的时候你陪着我，生病的时候你陪着我，考试紧张的时候你陪着我，就连大年三十晚上你也陪着我。这么长的时间，这么多的事情，我就是块石头，也该被焐热了吧！

姜妈：嗨！这孩子，想得还挺多。

拉姆：姜老师，这不是那曲想得多，而是我们内高班的孩子都应该懂一些事情了。您和全校的教职员工为我们提供了这么好的学习环境，教会了我们这么多的知识，让我们接触到了现代生活方式，融入了祖国建设的主流。这些改变我们生命轨迹和命运的做法，我们应该懂了。对这些大情大爱，我们不应该只是内心感恩，我想我们更应该把这些感恩付诸行动。

那曲：姜老师，这个蛋糕是我们全体藏族生凑钱买的，您就收下吧！

姜妈：这……

拉姆：姜老师，这不仅仅是那曲对您生日的祝福，而是全校141名藏生对您的祝福。姜妈，生日快乐！

那曲：妈妈，生日快乐。（三个人相拥在一起）

姜妈： 同学们，同事们，这个蛋糕我收下了。因为我觉得，这不仅仅是对我个人的祝福，更是藏族孩子对全校老师的祝福，是这些孩子家长对我们的信任，更是西藏人民对援藏规划和祖国的感谢与祝福。谢谢！谢谢！

来！那曲，不哭了，让你在天堂的阿爸阿妈看到你的笑脸！

内派北燕促成长　使命至上雪域情
——在北师大燕化附中做内高班生活老师的工作总结

拉萨江苏实验中学　杨　荣

承蒙西藏自治区教育厅的信任和重托，本人有幸在去年8月被派遣到北京师范大学燕化附属中学担任内高班的生活管理员。光阴似箭，转眼间做生活管理员的工作已接近尾声。回顾这一年的工作，有喜有悲，有苦有甜。在领导的信任与鼓励下，在各位老师的帮助和支持下，让作为一名新教师的我在名校成长、进步了不少。西藏内高班的学生基本上都是西藏的拔尖生，均以中考六百多分的佳绩考入各省的重点高中，怀揣着个人和家族的梦想，承载着民族和国家的使命。学生学成回藏后，会成为西藏各行各业的领军人物。他们是西藏的希望，更是民族和国家未来的希望，所以内高班的办学受到全国各方的高度重视。内高班的办学是我国民族团结教育的重要组成部分，本人很庆幸也很珍惜这次参与内高班教学管理的机会，感慨颇多，收获颇多。现将自己的一些心得体会汇报如下。

1. 针对问题，精准帮扶

2016—2017学年，北京师范大学燕化附属中学西藏班在校学生222人，坚持"全散插"教学模式。至2016年，内高班已经毕业三届，共计135人，全部考入全国重点大学。他们能考上内地西藏班，无疑都是西藏的拔尖学生，中考成绩优异，但与北京本地拔尖生相比，无论在学习知识的深度、广度方面，还是在学习能力方面都存在一定差距。面对这种情况，我首先帮助孩子们树立信心，正确分析评价自己，找准定位。为使西藏学生尽快适应北京的学习生活，在这一年中我尝试做了以下几个方面的工作：①开学两周后有针对性地多次举行学习交流座谈会，意在了解情况，关注动态；②我作为一名数学老师发挥自己的专业优势，利用晚自习时间进班给他们在数理化学科上查漏补缺。久而久之，他们在晚上或者周末、任课教师下班回家后，会找我探讨学习上的问题，师生之间相互促进，也建立了深厚的友谊；③期中、期末考试后，与个别学生分析交流，总结经验，加油鼓励，助其树立信心；④每周至少与每个班的班主任沟通交流一次，及时了解藏生的生活和学习状态，做到及时发现问题，及时解决问题；⑤高三学生相对高一、高二压力更大，学习时间更紧，每晚回宿舍后第一件事就是去他们宿舍转一圈，看看他们紧张学习了一天后的精神和身体状态如何，如果需要就给他们发放学校精心准备的面包、火腿肠和牛奶作为夜宵，让他们及时补充体力。

　　通过学生的积极配合和我自己的不懈努力，这些针对性的措施有了实效，三个年级学生的成绩都在原有基础上有所提高。每个年级都有藏族学生进入年级前十名，起到了很好的引领示范作用。

　　2. 日常管理，刚柔兼施

　　一年来，我在坚持钢性管理、柔性关爱，让学生既有原则意识，又能体会到北燕大家庭的温暖。西藏学生大部分性格开朗、爽快豪放，具有很强的个性，这给管理上带来了一定难度。但有部分学生来自农牧区，家庭贫困，出藏机会少，对内地的生活存在不适应，汉语水平低，与本地生和老师交流困难。久而久之，他们沉默寡言、独来独往，心理上难免有自卑感。针对这些问题，我坚持将心血倾注在帮助学生树立正确的人生观、价值观上，充分利用藏族人多积极热情、能歌善舞的特质，鼓励他们参加学校社团和文体活动；让长期生活在市区、性格开朗、汉语流利的同学，带动来自农牧区的学生；细致地做好学生的思想工作，学校也为促进汉藏学生交往、交流、交融搭建了各种平台。在社团组织里，内地学生与西藏学生互帮互学、团结友爱，促使藏族学生尽快融入当地生活，也形成了北师大燕化附中"我们都是一家人"的民族团结教育特色。

　　内高班学生常年远离父母亲人，求学异地，我深知每逢佳节倍思亲，所以无论是传统佳节、新年，还是学生生日，我都会加入孩子们的小队伍，策划、准备、布置、送礼物、送祝福……以哥哥的身份共享他们成长的故事，久而久之他们对我的称呼从杨老师就亲切地变成了杨哥。看着他们幸福快乐的面孔，我感到无比地心安和幸福，这种幸福是不入教师行业的人永远体会不到的。虽然在日常生活中我时时刻刻以父母的标准关心关爱他们，但无规则不成方圆，对于学校和西藏部的规章制度我要求他们绝对遵守，触犯者一定是零容忍。我参与学校 24 小时安全导护工作，并要求自己第一时间调解和化解学生的矛盾。

3.疾病困苦，倾心关爱

西藏内高班学生因高原和平原的气候差异等原因，来到学校后就疾病多发。病来如山倒，一有病症不分昼夜，我们马上送医院妥善治疗。久而久之，我们发现学生和老师变得亲密起来。学生也积极主动地承担任务，像照顾家人一样地关怀患病的同学。

2016 年 9 月 22 日晚上 11 时左右，高一年级次央同学突发高烧。室友发现情况后第一时间跑过来敲我们生活老师的门，我们三个生活老师（另两个分别是：达珍、布央）赶紧习惯性地分工，一个负责把学生背到校门口（只有在校门口才能打到出租车），一个负责去办公室拿医保卡，一个负责去筹备钱、拿衣服和纸巾等物品。我们以最快的速度将学生送往医院，守候在病床前，谁都不敢离开，也不想离开。我们的目光不约而同地在学生昏昏欲睡的脸上和滴滴答答的药瓶上来回切换。时间一点一点地流逝，药瓶里的药液一滴一滴地减少。凌晨 3 点钟，护士来拔掉针头，学生也迷迷糊糊地被惊醒了。在学生病情有所好转的情况下，我们准备回学校。由于室内外温差比较大，再加上刚睡醒，虽然来医院时额外拿了外套，但学生一出急诊大厅就开始打哆嗦。我将自己的外套披在了她的身上，身上只剩一个短袖。第二天，我就开始流鼻涕了。第三天中午，学生拿着衣服来到我办公室。朴素单纯的她虽然没说什么冠冕堂皇的话，但眼角已经湿润了。周末发放手机后，我看到她在朋友圈发了这样一句话："我在北燕感受到了父母的关爱，家的温暖，以后我要把这种爱这种温暖带给更多的人。"这让我坚信：今天我们用什么样的标准对待一个学生，明天学生就会用同样的甚至更高的标准对待这个社会。

4.利用空闲，充实自己

我利用课余时间大量阅览涉及教育教学的刊物，以便及时掌握新的理念，提高自身的教学素质。同时，我记了大量的学习笔记、撰写心得和学习日记，把每天的学习情况加以记录。课堂是了解教学的主阵地，所以我在完成本职工作之外挤出时间体验名校课堂，利用一切机会聆听专家讲座。短短一年的时间，我受益匪浅，学到了真东西，感受了新思想。我积极主动地参与学校的各种活动，感受名校、学习名校、思考名校、研究名校，学习首都名校的办学理念、办学思路，学习先进的学校管理经验，提高分析和解决班级、学校管理中实际问题的能力。

5. 成立社团，多元发展

内高班是我国民族教育的重要组成部分，为边疆的建设和国家的发展培养了栋梁之材。为了丰富内高班学生的社团活动，促进学生的全面发展，我以宣传学校的特色教育为契机，在学校领导的大力支持下，组建了摄影宣传社，请了专业老师来指导。经过一段时间的训练，学生在文稿写作、摄影摄像、电脑制作、宣传宣讲等方面都有了不同程度的提高。摄影宣传社的另一个亮点就是纳入了援藏干部的子女。他们虽然是内高班的一分子，但不懂藏语，生活习惯和性格也迥异于藏生。因此，他们往往游离于藏生群体之外。我给他们做思想工作，将他们全部纳入摄影宣传社，此举促进了汉藏学生的交往。摄影宣传社的所有成员均各有所长、各司其职，将社团经营得有声有色，将学校的宣传工作推向了一个高度，得到了校方乃至教委领导的一致好评。

学校鉴于我是一名新老师，为了我的业务能力和授课水平在这一年中能有所提高，在考核过几次公开课后，给我排了周末的特色拓展课。能走上首都名校的讲台，我倍感荣幸，每节课从备课到课后反思都投入了百分之百的精力。课外，内高班所有学生的医保和学籍均由我全权负责。虽然刚接到任务时也一头雾水地不知从何下手，但经过请教、百般摸索，也顺利地完成了任务。这也让我学习了不少课堂之外的知识。

6. 寒霜染发，雪域情怀

去年刚得知要被派遣到北燕做西藏内高班的生活老师时，我就有各种猜想：在全散插的教学模式下，藏生占的比例又小，会不会不被重视？会不会像同事说的个别学校一样，只是因为政策的原因在硬着头皮办内高班？内派的生活老师会不会像外星人一样被排斥？焦虑与好奇并存。我在网上查了好多资料，也四处打听了很多消息，众说纷纭，但终归是百闻不如一见。来到北燕以后，学校领导老师的关心体贴，社会各方的关怀关注，我看在眼里、记在心里，内心的疑虑烟消云散。

水是因为有了五谷的浸润，才会拥有酒的芳醇；山是因为有了草木的装点，才会拥有如屏的苍翠；教师因为有了忘我的精神，才会拥有桃李的芬芳。在北师大燕化附中西藏部有两位和我们一样很平凡的老师——西藏部主任李建波和姜微老师，但他们忘我的精神和不平凡的事迹在这一年中不知道让我感动过多少次。每当学生生病时，总能看到姜老师私车公用，带着学生狂奔医院的背影，总能听到她对病床上的学生温柔的叮咛。男生打完球错过饭点时，总会习惯性地跑到她办公室，她自己掏腰包叫外卖。每逢佳节她都会毫不犹豫地放弃与家人团聚的机会……时间久了，学生就亲切地称她为"姜妈"。而姜妈的故事岂是短短几句话能道明的！

李建波主任的大儿子刚上小学，二儿子也出生了，本来家里的事就已经够他忙个焦头烂额了，但他舍小家顾大家，每逢节假日基本上都是拖家带口来到学校。他忙着工作，小孩就和内高班的哥哥姐姐一起玩，以校为家。李主任在一篇文章中写道："本人自 2013 年 7 月接手学校西藏部工作，正式成为西藏班'36524'部队一员，工作处于 365 天 24 小时随时待命、事事操心的状态，工作日小忙，节假日大忙，放假越长越忙碌，节日越大责任越大。"他们为西藏班舍己忘家的这种情怀深深地感染、鞭策着我。我作为一个西藏的内派老师真的为北燕的藏生感到幸运，他们为求学远离父母亲人，但在求学路上有幸碰见了第二个"家"。

没有经历过内高班的工作的人，不知道其中的艰辛。没有体会过这种艰辛，就不知道其中的快乐。不曾拥有这种快乐，就不知道其中的纯粹。总之，内高班就是民族团结的重要窗口，其管理工作千头万绪，工作方法千差万别。让我们在实践中去探索总结行之有效的方法经验，使内高班管理工作的水平不断跃上新台阶。只要我们心中真诚地为了孩子的健康成长而付出，端正自己的工作态度，我相信，我们的工作能在不断地磨炼中得到提升。

在北京守护西藏孩子成长

那曲地区第二中学　尼玛珍拉

承蒙西藏自治区教育厅、那曲地区教育局的信任，我于 2017 年 8 月至 2018 年 7 月期间，在北京师范大学燕化附中西藏部任生活老师一职。我认为这次在首都名校里学习生活一年，是一次非常难得的机会。为履行好这一神圣职责，我严格遵照上级领导的指示，兢兢业业地完成各项任务，视学生如子，一心爱护他们，全心关照他们，用心培养他们，当好远离家乡求学的学子们的指路者，引导他们爱国爱校、好学守法、正直向上，做新时代优秀的学生。在燕化附中各位领导的正确领导下，在燕化附中同事们的帮助支持下，我顺利完成了一年的教学工作，现将此次学习工作情况汇报如下。

一、认真工作，积极参加各项活动

从进入燕化附中的第一天起，我用心学习各项校规校纪，观察我区学生的起居、用餐、上课等方面情况，总结我区学生学习生活的规律，请教西藏部教师各类问题，以便更好地做好学生的教育引导工作，迅速融入燕化附中西藏部师生当中，特别是与学生建立起友好关系，以最快的速度得到了领导的肯定、学生的信任、家长的信赖。一年里，本人积极参与各种教科研活动，参与校园艺术节、学校运动会等的筹办活动，承担了周末西藏部开展的各项社会实践活动任务，在周六没有社团活动的时候习惯性地为我区学生上两节藏文基础课，深受我区学生的喜爱。同时主动担负起孩子们"家长"的职责，多与他们聊聊心声，关照孩子们的生活起居，在孩子生病时及时带他们就医，孩子想家时，领他们到西藏部办公室，吃家乡的糌粑、喝自制的甜茶，让他们感受到亲人的关爱。

二、心系学生，帮助学生解决难题

平日里，我区学生都喜欢到西藏部跟我们聊天，他们聊得最多的是自己没有选错学校，能在燕化附中学习生活倍感庆幸。当然，对我们来说这一点在短短的一年时间里亦是深有同感。校领导和西藏部的老师们对我区学生的爱护和关照，体现在孩子们每一天的学习起居生活中。特别是学生们最亲爱的李爸和姜妈——我们西藏部的主任李建波和姜薇老师，他俩对我区学生的爱护程度远远超越了师生的关系，甚至我觉得他俩就是学生们的生父生母。每逢佳节他俩都会来到学校陪伴我区学生，照看他们的生活起居，用心呵护每一位孩子的心灵。这一声声亲切的姜妈和李爸，是孩子们的心声，是孩子们的荣幸，更是孩子们的骄傲！

在此，我谨代表远在西藏的孩子们的家长，向以姜、李两位老师带领的西藏班的所有老师们表示崇高的敬意，向你们道声辛苦了！

三、做好纽带，传递温暖与正能量

作为西藏部的生活老师，我努力成为学校与家长之间的沟通桥梁，尤其是做好初升高第一次到内地学生的思想工作。他们在短期内很难适应大城市高中的学习和生活，尽量多地与学生家长们沟通，耐心细致地对电话那头的家长介绍孩子的学习生活情况，告诉他们燕化附中已经成为的他们的新家，西藏部的老师是他们高中三年的父亲母亲，他们在北京快乐地学习、健康地成长。

燕化附中对学生的培养是德育为先，高度强化国家观、公民观，加强维护民族团结、维护祖国统一的教育，让每个少数民族学生在燕化附中感受到国家的关怀，感受到各族人民的团结互助。学校多次开展以"爱国主义和民族团结教育"为主题的多种形式的活动，开阔了学生的眼界、锻炼学生的组织能力、协调等能力，促进学生的全面发展。这些教育活动能够使学生真正感受到国家、社会给予无私的关心爱护，是为学生的终生发展考虑。西藏学生自小受其生活环境的影响，继承了先辈们的优良传统：勤劳、勇敢、吃苦耐劳、能歌善舞，又各具特点，有的学习优秀，有的体育出众，有的擅长管理，在这里我区的每一个学生都能得到最全面的进步。

总而言之，这次到燕化附中当生活老师，将为我今后的工作扬帆引路。我非常庆幸自己在职业生命中有这样一段精彩的挂职学习经历。我将永久珍藏、不负众望，努力总结这次锻炼所得收获，加强学习，不断更新观念，以更足的信心、更新的方法、更实的举措做好今后各项任务。

第二节　守望成长桃李香

雪域学子附中梦

学生会主席　昂旺丁增

　　我是一名来自雪域高原的藏族学生，从小梦想着走出大山去看外面的世界。党和政府给我们创造了机会，在内地教育发达的省份创建内高班，为西藏的孩子们提供国家最优质的教育条件。我很荣幸考上了内地西藏班，获得了一个难得的机会，那就是离开家乡来到祖国的首都北京学习更高层次的文化知识。

　　作为一名少数民族同学的我，从小与本地学生一起学习，一起成长，大家互相帮助，互相学习，结下了深厚的友谊。我们内高班的学子们，更是得

到了大家无微不至的关怀。我从心底里感谢学校，感谢大家。同时，我一定要努力学习，综合发展，成为建设西藏的中坚力量。

一、入团入党成为学校骨干

我作为入党积极分子，始终以党员的标准要求自己，在思想上积极向党组织靠拢。2007年参加了校团委第七期校团的培训。培训过程当中，我认真学习课程内容，提高自身素养，参与了校团委组织的一系列服务广大市民的志愿工作。如给附近小区春节过年时送上民族团结的藏文对联，去养老院看望孤寡老人，送礼物，表演藏族歌舞。我也在当年递交了入团申请书，在2008年正式成为我们班第一批团员，我和一名汉族女生赵佳怡主持了入团大会的工作。在初中毕业前，同时被评为天津市级三好学生和优秀共青团员。

初中毕业回家的那年发现四年之后家乡发生了翻天覆地的变化，在党和国家的关怀下，各方面都有了迅猛的发展。人们的物质、精神生活有了极大改善。尤其是对于我们少数民族同学，在国家各项优惠政策的帮助下，很多同学都得以进入内地名校继续求学。我们真诚地感谢国家的教育政策对我们的关怀。我在天津红光中学顺利完成了初中四年的学业，并以优异的成绩考入北师大燕化附中。

二、载歌载舞传播藏族文化

西藏自古以来都是一个多民族杂居的地方，有汉族、藏族、回族、珞巴族、门巴族、维吾尔族等20多个民族。各民族不同的风俗习惯完美地并存在这块美丽的土地上，人们的生活多姿多彩。各民族同胞互相帮助，共同在这块美丽的土地建设着自己的梦想。每当走在拉萨的街道上，看着一片片繁荣的景象，我就非常开心。

如同人们所说的那样，藏族人会走路就会跳舞，会说话就会跳舞。我作为一名藏族人身上充满这种艺术细胞，不论是一次小小的聚会，还是大型演出活动总能找到我的身影。我们欢聚在一起举杯品尝那甘醇的奶茶同时动听的山歌已经开始了，之后便是豪放的藏族舞蹈，我和汉族兄弟一起拼搏赢得了燕附杯的奖杯，我在庆祝聚会上首次展示了我的舞姿，而他们在喝彩和鼓掌的同时表现出了极大的兴趣，都要求我教给他们。我当然不会推辞这难得的展示民族文化的机会，悉数传授给了他们。而他们当中有些同学能坚持学习，甚至最后我们能一起去参加校运动会的开幕式了。

高中三年以来，我多次参加学校学生会组织的各项活动，刚入学的那个学期我不但参加了音乐老师组织的班级音乐会，我和我的好兄弟张佳楠表演的那首《军中绿花》还被评为优秀节目，在全校艺术节上表演，我们的首秀受到了老师和同学的一致好评，并且被评为"校园歌手"。之后一路高歌劲舞，接连在元旦联欢晚会、教师节晚会、高二年级"坚守梦想，激励人生"大型励志活动中表演，甚至有机会参加北京卫视的节目。我的舞蹈素养有了很大进步，我的唱功在老师的指导下也有了很大的提升，对艺术的欣赏和审美能力有所提高，同时增进了对艺术文化的了解。

藏民族文化是中华文化花园中的一朵璀璨的花，在我们国家的宪法中也有明确规定，各少数民族地区的人们有繁荣和发展民族文化的权利和义务。我们内高班的学子们千里迢迢来到首都学习很自然地成为藏族优秀文化的传播者，自入学那天起我们与本地学生互相学习，他们教我们汉语言表达方法，我们教他们藏语。经过三年的努力，有些本地学生已经能够用藏语进行简单的交流，大部分同学都会用藏文书写自己的名字了。班主任利用班会课的时间让藏族同学介绍自己的家乡，藏民族的风俗礼仪，西藏的风土人情。我利用网络工具和家乡带的的书本图片、视频很好地把家乡的面貌展示给了他们。他们无不为雪域高原所震撼，甚至去西藏旅游成了他们的终极梦想，包括班主任在内。

三、兢兢业业完成学校管理

我既是西藏部学生会主席，也是班里的班长，从来都严格要求自己，严于律己，高中三年来从未迟到过一次，在学习上努力刻苦，虚心求教，也为西藏部150多名藏族同学用心服务。在这个大家庭里我深感责任重大，在我们全体西藏部学生会成员的奋斗下，给远离亲人在千里之外求学的内高班的学子们创建了温暖的大家庭。

虽然我在学习之外要付出很多的时间和精力，策划活动，设计藏历新年活动场地，带领学生会的同学装饰场地，向同学们征集活动方案，给同学们买活动奖品，周末安排同学们上网要第一个到达开门，也要督促同学们按时下机，关闭设备检查空调电源等最后离开锁门。周五下午还要从西藏部主任那儿领取钥匙给同学们发手机，周末结束时还要收手机安排学生给充电房做值日等。每天都重复着这些烦琐的事，但是三年快过去了我还是坚持下来了，从无任何怨言。我相信付出总会有回报的，这三年来我不仅锻炼了组织管理能力，而且在为人处事等方面有了巨大进步，得到了师生们的认可。我想我已经得到了回报。

四、勤勤恳恳提高学习成绩

我的父亲很早就教育我一定要学好文化知识，才能改变命运。我从小就在农村长大，对于学习的机会有深刻的体会。从有梦想那天起不敢对学习有一丝的怠慢，因为我承载着改变个人命运和改变家族命运的重任。我的良好的学习态度形成了许多良好的习惯，如坚持课前预习，学习一天之后睡前在脑海里重新放映一遍等。这些看似微不足道的习惯对我的学习帮助甚大。高二时，我们班的语文老师对我端正的学习态度及求知的欲望非常赞赏，不仅在全班同学面前表扬而且让我发表感言。高中这三年是人生中获取知识最宝贵的时间，在奋斗中已经走过了两年之多，如今已吹响了进军高考的号角，我正朝着目标，稳中前进着。相信我能完美地完成高中学业，给高中三年的学习生活画上完美的句号。

黄河奔腾东到海，中华民族一家亲。感谢党和政府，感谢首都北京的教育让我们迅速成才，感谢领导老师，无微不至的关怀呵护让我们健康成长。建设伟大祖国是我们的使命，建设美丽家乡是我们的责任。

格桑花开在燕山

2014 届　卓嘎群宗

班主任：朱栓平

我曾经默默地离开了家乡，离开了阿妈温暖的怀抱，一路上踏着开满格桑花的草原，心中的梦想带着我一路前行。皑皑的雪山，蓝蓝的天空，还有阿妈做的香甜的酥油茶，所有家乡的味道从我踏上火车的那一刻起就和我隔上了千山万水。但是远方的梦想让我再次踏上征途。

初到北京的我，不适应这里混浊的空气，不喜欢这里的人山人海，总是怀念家乡的美好的一切。但是现实告诉我，我必须适应这里，于是，放下所有的忧伤，捧起书本，为我的梦想开始努力。追梦的路上怎么会有忧伤呢？当所有的愁云消散后，天空万里无云，我在京城收获了梦想。

一声问候的温暖

刚来北京的我，不很开朗的我，有时候还总爱钻牛角尖。记得有一天，天气十分晴朗，吃过晚饭后，许多人都出去散步了，而我因为没有朋友，只能一个人待在宿舍里。就在我孤独地待着的时候，有人敲了我们宿舍的门。门开了，伸进来一个脑袋，是一张可爱的笑脸。"要出去玩吗？老待在寝室会发霉的哦。"就这样我们一起去操场散步了。一路上我们聊了很多，从那一次谈话中我学会了很多。得知我是第一次离家后，她给了我许多的鼓励与安慰。她还对我说："既然来了，要待三年呢，就像老师说的那样，我们是一家人，所以以后你有什么事要跟我说。"这些话让我很感动，虽然大家刚认识没多久，却感觉到彼此的心贴得很近。

无论是藏族还是汉族，其实都是祖国母亲的孩子。大家都是一家人，是团结的一家人。

一碗饺子的温暖

冬天又到了，我们几个同学在聊天，忽然聊到饺子。我随口说了句："真想吃饺子。"想着饺子的味道，不知不觉上课铃就响了。

周日，雪花把学校装点成银装素裹的小世界，北风呼呼地刮着，我们还在宿舍里奋笔疾书，电话铃声把我从学海中拉出，是我最要好的本地同学。她说："到校门口来一下。"我带着满脸的疑惑跑到校门口，看见她站在雪中，手中还带着一个东西，旁边还有一个阿姨。她把手中的东西递给我说："这是我妈妈做的饺子，你们几个一起吃吧！"她边说边指着旁边的人，我看见那个阿姨满脸笑容地看着我。我没想到，我们随口说的一句话，她就这样放在心上，为我们做饺子的举动像一束阳光温暖了我的心。我感到冬天不再寒冷了。

一条哈达的温暖

月是故乡明。又到中秋节，我尽量让忙碌的学习充斥大脑，因为一旦有空闲又会想起今天是中秋节。那一天正好是星期六。本地学生都会回家，学校只剩为数不多的四十几名藏生。看着圆圆的月亮，心里还是空落落的。我背着沉重的书包，对着月亮，双手合十，默默祈祷远方的父母安康后，走在空荡荡的校园小道上，走着走着，突然耳畔传来了熟悉的藏文歌曲，循声溯源，发现小路尽头用蜡烛摆着"祝卓嘎群宗中秋快乐，我们一直在你身边"几个大字。紧接着，班主任朱老师和好几个和我交好的本地同学手牵着手出现了。他们嘴里还哼着成调不成曲的藏语歌曲，手中还举着一条白丝带，许是当作哈达吧！

中秋，本应是合家团圆的日子，他们却选择了陪伴我。这份浓浓的爱，让我在这个有些许凉意的初秋感受到了无比的温暖！

在燕化附中这个由藏汉民族共同组成的家庭里，来自雪域高原的格桑花竞相开放。沐浴在民族团结的阳光之下，我们用青春种下藏汉团结的种子，坚信待它长成参天大树时必能实现中华之伟大复兴！

班主任评语：
格桑花更加美丽——卓嘎群宗的成长历程

转眼，西藏学生卓嘎群宗来我校学习、生活已经两年多了。回顾两年来的点点滴滴，我发现卓嘎群宗成长非常明显，变化非常之大。现将她的成长总结如下。

一、性格变得活泼开朗

初来燕化附中的卓嘎群宗同学，是一个胆小而又内向的小姑娘。由于自己的汉语不是很流利，不敢在班里的同学面前发言。随着在燕化附中学习和生活时间的推移，在老师和同学们的关心和鼓励下，卓嘎群宗的性格逐渐变得活泼开朗。

二、学习刻苦努力，成绩不断提高

卓嘎群宗同学初来燕化附中的时候，学习基础不太好，成绩不太理想。她也不敢回答老师提出的问题。在老师的大力帮助和鼓励下，随着自己的不断努力，成绩在一天天地进步，她的胆子逐渐变大。她现在可以很好地回答老师提出的问题，并能质疑。此外，自从担任女生体委后，卓嘎群宗同学敢于管理同学，坚持真理，受到同学们的好评。

我坚信，随着不断学习，卓嘎群宗同学会变得更加成熟，更有自信。我们共同期待她的更好的表现。（朱栓平）

青春的梦想在北燕放飞
——我的高中成长记录

2014 届　格桑朗杰
班主任：姜　泓

我是一名漂泊异乡背负着乡亲父老希望而踏上求学之路的内地西藏高中班学子，跟很多和我一样带着稚嫩脸庞和焦虑不安之心的同龄人一起踏上了朝向希望的火车。

在火车上我们开始相识、相知，了解到许多的学子都是从内地西藏初中班考上了现在的高中班。也有部分从本地考上了内高班的学子。我们在座的每个人都有着不同的经历，不同的家庭背景，不同的人生目标。但此刻我们相聚在这里并向着同一个目的地始发，我想我们的目的应该很简单，就是为了刻苦学习，长大后出人头地。但更加深刻的是，努力奋斗，为了响应党和国家的号召，我们要发奋成为人才，将来发展新西藏，让家乡的天更蓝、水更湛、草更绿。

带着这样的遐想我们来到了北师大燕化附中，迎接我们的是和蔼可亲的张主任，他的脸上泛着一抹笑，摊开双手高兴地朝着我们走来。当脑海中回想起这第一次的邂逅之后，不禁让我想起有他陪伴我们的这两年里的点点滴滴。每一个回忆的片段都像电影画面一样历历在目。

　　而如今的我已经是个高三学生了。还记得高一那年，人生地不熟的我们在老师的带领下，第一次外出活动，在燕山展览厅中了解到了燕山的文化、燕山的人文、燕山的发展史，并在水坝一行中有幸赶上了"大放生"的公益活动。善良的藏族学子们怎会在旁围观呢？当然是乐在其中了，各自忙得不可开交。我看到伙伴们脸上因放生生命而露出的微笑，内心觉得这次活动是充满意义的，也是充满人性的。

　　高一的时候有一次考试，我受到一定打击。我心想该如何向家里人汇报、眼中闪着泪花时，可爱的本地同学立马来安慰我，说道："一次考试失利而已，不要太刻意去在意它，最重要的是要记住这次受的伤，让自己以后更加坚强。"这番话打开了我的心结，让我充满斗志地去面对更多的挫折。谢谢你们的鼓励和关心，我庆幸能来到燕附和你们成为同班同学。

　　每次当我学习学到倦了的时候，就会想起我们张主任的一番话："你们肩上担着的不仅仅是你一个人的希望，要记住你们的肩上承担着改变一个家庭的希望，改变一个民族未来的希望。"每当想起这段话心中就会有种神圣的使命。让我不禁想起亲人们的脸，内心不由得变得更加坚定。

　　记得那次与兄弟们约定剪成平头、穿上军装参加军训。军号嘹亮、步伐整齐，训练井然有序地进行着。中途教官把我和另一名学员叫出队列进行军姿训练，站了整整一个多小时，汗水钻进了眼眶，但我还是咬紧牙关并强忍着，心想青春就要挥洒汗水不留遗憾。我在雨中跑步行进，口中呼喊着口号，不理会雨水的敲打，就算全身湿透了我也毅然而然地向着前方前进。这次军训的洗礼，让我的身心更加健康，体质更加强健。最重要的是磨炼了我那颗面对困难永远不灭的心。

校园里的樱花总是那么美丽，当它悄然绽放时，我已经在树下拿起书孜孜不倦地汲取着知识的养分。还有每次进入校园必经的那条坑坑洼洼的上坡路，迎面而来的同学是如此的亲切，虽素不相识却也投来了善意的笑。让我心中感觉到一丝温暖。还有门口的门卫大伯，每一次您都毫不耽误地帮我们收取包裹。偶尔无聊的我也会到他的小屋里聊聊天，听听他的故事。我认为作为一名西藏班学子，应该积极地融入环境，而不是等待别人习惯你。要做一个大大方方大气的人。

每当最后一节课将要结束时，就会从食堂飘来令人嘴馋的味道。为我高中这三年做好能量上的补给，心想也挺有口福的。每一个饭卡中都充满了国家对我们的呵护，我一定要珍惜这笔钱，让它体现它应有的价值，不辜负国家的希望。

耳边突然响起那次文艺活动中，我们届男生所齐唱的那首令人热血沸腾的歌。舞台上的演出效果挺棒的，要知道"台上一分钟，台下十年功"，我们在台下付出了很多的时间和精力。在我们男生的共同努力下，完成了这档歌舞串烧节目。结果得到老师和新来的学弟学妹的一致好评："很阳光很大气，看到了藏族男孩身上特有的魅力。"当我听到这样的好评心里也是乐开了花。我认为通过这样的共同合作、共同讨论，碰撞出了智慧的火花；凝聚成了汗水的结晶。这令我的团队协作能力、观察能力及协调能力都得以提升。

此时此刻新高三的我，就像站在起跑线上的运动员，虽然信心满满，但其中不乏些许焦虑和迷惘。但我要求自己要放平心态，端正态度，真正地去尽自己的最大努力，即使最后一个到达高考的终点，也坚信我一样会赢得鲜花和掌声。那时候我可以骄傲地宣布——我的青春无怨无悔。

我清醒地知道，高三是我的一份期许，也是家乡亲人们的希望，更是使我不懈前行的动力。在这一年我要做到更自信、更执着、更坚定。

所幸，我来过，也拼过。我无憾，也无悔！

班主任评语：

学有所成，快乐成长

格桑朗杰是我班的一名西藏学生，是个朴实、阳光的男孩。和其他西藏的同学一起，怀揣着梦想来到燕化附中。在这里，他付出了汗水和泪水，收获了欢笑和成绩。

在生活中，他是个热爱劳动并且热心的孩子。对待班级的卫生任务，他从不推托。在其他同学忘记或者晚到的时候，他总是默默主动承担起别人的任务，打扫细致，不放过任何一个卫生死角。

在学校组织的各项活动中，他一直都表现优异。在军训中，他刻苦训练，体现了他坚韧不拔的毅力和不畏艰难的吃苦精神。在文艺汇演中，他积极参加排练，与同伴团结合作，演出获得一致好评。

在学习方面，他是一个积极上进的学生。他学习态度端正，上课认真听讲，独立完成老师布置的各科作业，面对学习中的困境不气馁，不懂的地方一定要弄懂，一点一滴地积累，成绩进步很快。

在道德品质方面，他遵纪守法、维护班级荣誉，严格遵守《日常行为规范》，不说谎、诚实守信、关爱他人、勤俭节约，具有责任感。

从格桑朗杰的成长记录中，我们可以看到他作为优秀学生的一些特质：

1. 思想积极、乐观，学习的态度端正，有正确的人生观，能乐观地面对和处理学习生活，不自卑、不悲观。

2. 心地善良、重情感，懂得尊重他人，尊重他人的劳动成果，无私心杂念。

3. 有自己追求的目标，并能付诸行动，有计划地去完成。

4. 能得到别人的认可，受到周围人的欢迎，人缘较好。

亲如一家　幸福成长

2015 届　四朗尼玛

班主任：房　晴

我的生长在西藏的边缘——察隅。地处中印边界，是个风景秀丽、景色怡人的地方。但那里是西藏的偏远山区，人们的生活、文化等资源极其匮乏。所以很小的时候我就有一个梦想：走出大山，好好学习，将来回来改变家乡人们的生活。

小时候爷爷跟我说，他的童年仿佛是过不完的黑夜。那时，根本就没有什么学校，小孩都光着脚丫儿去给地主家放羊，整天吃不饱饭还得跟牛羊睡在一起；生病了哪有医生，头疼时，只能用细线绑着自己的头来减轻疼痛。也有很多孩子遭受种种磨难而死去……爷爷含着泪，说完了他的童年。听着这些，我仿佛看到了当时家乡是那样的贫困，人们生活是那样的艰苦。

　　爸爸跟我说，他的童年仿佛是黎明。那时，虽然条件差但有学校，却只能上到三年级。没有桌椅，就垫着羊皮、牛皮坐在地上。没有纸和笔，就在木板上抹油涂土，把木棍削成尖儿在木板上写字……爸爸脸上挂着微笑，爸爸的童年经历，让我感受到了西藏刚解放后，人民生活的变化。

　　而我的童年，仿佛是永昼。有学校，有敞亮的教室，有整齐的桌椅，我上完六年级后，考上内地西藏班……我们三代人的童年经历截然不同，我的童年是最幸福的，这幸福来自共产党。

　　说到内高班，我有说不尽的感受。2008年，我很荣幸地考上了内地西藏班。在内地生活的四年里，我深深感受到了党的恩情，全国人民对西藏的关怀，藏汉民族的团结……我们刚到内地时还很小，既不会说汉语，也听不懂老师说的话。那时候，我经常去操场上的某个角落一个人遥望着夜空，偷偷地流着泪，想念着远方的家人。每当家里打来电话，一听到爸妈熟悉的声音，眼泪就情不自禁地从我的脸颊流过……当我们伤心的时候，当我们失落的时候，是内地西藏班老师们陪着我们，安慰我们。他们把我们视为自己的孩子，帮我们洗冬天衣服，即使交流很难，也耐心地教我们。他们是那样体贴，那样慈祥。虽然没有血缘关系，但让我们感受到了一种家的温暖。还有身边的本地同学，对我们也很友好，在课余活动中我们团结友爱，不分彼此，亲如兄弟。我们经常在一起切磋球技、歌舞，也经常交流方言，互相学习。

在初中返藏的那一刻，我的心情与四年前离开西藏时一样，感到了一种失落，一种跟家人离别的不舍与留恋。是啊！那里是我们初中四年的家，也是我们的第二故乡。但是，天下没有不散的筵席，毕竟我们的求学道路还很长，一些分分合合对于我们来说很正常。于是，在2012年的6月，我们离开了母校。经过四年的勤学苦练，我们不但拓宽了视野，价值观、人生观也逐渐完善了。我要全心全意向共产党表示感谢，感谢党让我进入内高班接受这么好的教育，感谢党培育了一届又一届西藏的栋梁。

2012年9月，我以总分632分的成绩考入北京师范大学燕化附属中学。首都北京是无数西藏学子向往的地方。到了北京，学校组织我们西藏生参观了天安门、颐和园。我看到了北京的繁荣后，立志一定要好好学习，将来考上一所好大学，毕业后回到家乡、建设家乡。

刚到北京时，不像上中学时那样强烈思念家乡，但北京的气候、环境使我有些不适。学校领导、宿管老师经常过问，并及时带我去医院。寒假期间，学校对我们一些离家很远、回不去家的藏生极其照顾。张主任白天给我们上英语课，晚上陪我们一起看电影、电视。尤其是春节那几天，张主任、姜老师日夜陪伴着我们。他们没有与自己的家人共度佳节，就是怕我们孤独寂寞，我们由衷地感谢！

在学习上，每个任课老师都没有嫌弃我们。我的汉语和英语底子比较差，老师很耐心地讲解每一道题，使我的语文和英语的水平有了很大提高。期中和期末考试中一直保持在班级前十名。

班主任老师看到我在体育方面有一定的优势，就让我担任体委一职，使我能发挥一技之长。在学校的运动会、篮球赛、足球赛中取得一定的成绩。

让我感触最深的还是和本地学生的交往，他们是真心把我们当成一家人。在一次学校组织的足球赛中，尽管我的脚部在中学时受过伤，但我一直坚持着比赛，使我们班取得了年级第一的成绩，同学们兴奋地说我是"英雄"。一次篮球比赛中，我是队长，没发挥好，使我们班输了，但他们没有怨言，还安慰我,使我很快从输球的阴影中走出来,从而总结经验打好下一场比赛。我们班有很多本地学生喜欢跳街舞,他们知道我也会一点点,邀请我参加街舞社,我们也经常切磋舞技。在我生日的时候,同学们用自己的零花钱给我买了生日蛋糕,还经常给我带一些饮料、食品等。使我没有孤独感。有了家的感觉。

一个学年很快过去了,暑假来临之时,姜老师在了解了我家路途的遥远后,一直嘱咐我路上一定要小心,注意安全。回家的路上,每天老师都会打电话问:到哪里了?身体怎么样?因为我晕车,一路下来真的很辛苦,但每次接到老师关切的电话,心里就暖暖的,就会好很多。她是我生命中很重要的人,不管在学习上还是在生活上,姜老师都给了我很大的帮助,很感谢她对我做的一切。

在求学的道路上,有了他们像家人一样的关心和爱护,相信明天的道路一定会很美好!因为我们亲如一家!

班主任评语:

四朗同学在我们班学习非常刻苦,成绩也很不错。他不仅学习好,爱好也很多,会跳街舞,擅长唱歌,在刚刚过去的运动会中表现也很突出,和本地同学一起努力为班级争夺荣誉。人际交往方面,他不仅在藏生中的人缘颇好,跟本地学生的相处也很融洽,很多同学喜欢他,任课老师经常夸他。在我们的班级里,他和其他同学一起学习,一起努力,一起进步,一起健康成长,在此过程中感受到亲如兄弟的民族情谊。

只是,我不后悔

2016 届　次仁曲吉

班主任:张晓明

那一年,我背着行囊,怀揣着对未来的憧憬,踏上了去往异乡的路。当火车鸣响着开赴远方,故乡的青山绿水化为了远在天边的一丝挂念。12 岁的

我，瘦弱的肩膀或许撑不起太重的责任，又或许在曾经的某一刻犹豫过、踌躇过、迟疑过，只是，我不后悔！

犹记得那一夜，噩梦惊醒的瞬间，没有看到枕边慈祥的阿妈，不是没有哭泣过；也记得那一天，走失在人山人海，没有看到路边焦急的阿爸，不是没有伤心过。想要与人沟通，却不知如何用汉语表达自己想法的尴尬与难堪谁会懂？看到每天放学回家的本地生喜悦的脸庞，心中的苦涩与难过又有谁会懂？有的时候，如果不用坚强武装自己，就真的很害怕再也撑不住。四年的艰辛、四年的忍耐、四年的努力，对还是孩子的我们，或许会有些残忍。只是，我不后悔！

那一天，当我终于再次踏上故乡的土地，映入眼中的故乡的发展是不言而喻的。可是，四年的分离之后，阿妈的两鬓已染微霜、阿爸坚挺的背也似乎有了些许弧度。我们在成长的同时，他们在渐渐衰老。唯一不曾变化的是，他们对我们的爱。在家的日子总是过得那么快。无论我们怎么努力，时间的尾巴总是抓不住的。

第二次离开家的时候，心中平静了很多。又或许是对梦想的执着多了一分。有些路，选择之后就没有后悔的权利。

那一夜，我做了一场梦。梦里蓝天白云下，一望无际的草原上有马儿在奔腾、不远处的帐篷上头升起缕缕炊烟、空气中飘散着酥油的芳香……只是，谁的泪水染湿了经幡，谁的等待又温柔了岁月？

我的家

2017届　多吉平措

忽然间车子停了，我使劲睁开睡意浓浓的眼睛，首先映入眼帘的便是那几个大字——北京师范大学燕化附属中学。

车子重新启动进入了学校，我赶紧看向四周。我看到了学校的标志——

飞燕。我再透过客车的挡风玻璃往前看，眼前的景象完全超乎了我的想象，操场还在维修当中，篮球场和足球场也都还没有修好，对于爱运动的我来说，无疑是莫大的失望。

当我看完操场的一片凄凉景象后，迈着沉重的步伐缓慢地走向车子以外的"世界"。忽然，一阵欢迎声将我从低沉中拉了出来，原来是已经在这儿等候我们多时的学长学姐们。我正准备去拿行李箱，一位学长走了过来，对我说："学弟，这是你的行李箱吗？"

我看了看他身边那熟悉的箱子，愣了一会儿才回过神来，说道："嗯！对，这是我的。"我伸手准备拿行李箱。学长说："你叫什么名字啊？""多吉平措。"我低声地回答道，"我叫多吉平措，我来自林芝。"

学长突然对一个正在帮人搬行李箱的学长叫道："四朗，这里有个林芝的，你的老乡。"这时只见一位留着长发，头发略显棕黄色的学长向我走了过来。他把我身上的大背包拿了下来，背在自己身上。

过了一会儿，到了我期待已久的宿舍。一缕阳光照在红木制成的床上，显得房间无比温馨。

"这可比我们初中时睡的床铺好多了啊！而且一间宿舍只有三个人，各自都有自己的书桌和衣柜，太舒服了！"我心里暗暗地高兴着。

随着时间的流逝，我们逐渐适应了高中的学习生活。班里的本地学生都非常开朗，经常大喊大叫。我顿时觉得自己是如此安静。这里的老师对我们藏生都有着淳朴、善良、勤奋、不说脏话、独立自主的印象，他们像照顾自己的亲生儿女一般照顾我们。

这里还有西藏部，起初只有两位老师。在生活上，他们对我们细心照顾，生怕我们会生病；在学习上，他们给予我们更多的鼓励和支持。他们每天从早到晚地守候在我们的身边，只要我们需要帮助，他们便会竭尽全力，为我们的北燕这个大家庭保驾护航。

时间一点一滴地流逝着，我们同学间的感情也变得深厚起来。同学们都尽自己最大努力去帮助需要帮助的同学，大家共同进步。

北燕附中，永远都是我的家。

家

2018 届　贵桑德吉

　　家，就像避风港，即使暴风雨来袭，它也会竭尽所有地保护你、呵护你。

　　三年来，我在北燕附中过得那真真是极好的，因为有这样的家长和伙伴。

　　"宝贝儿们，注意天气，多穿点衣服，小心别感冒。"姜妈说。三年来，我们漂泊在外，没有父母的陪伴，但是我们有姜妈。她呢，性格豪爽、平易近人，和我们就像是无话不谈的哥们儿，而我们的小小意外，常常会使她流露出母爱的情怀；在她的微信相册里，有我们一张张幸福的笑脸，可想而知，我们早已占据她生活的主要部分。就我自己而言，我虽然自认成熟，但是这些年来没少给姜妈添麻烦。就像高一那年，我重度感冒，扁桃体肿得连话都说不出来。姜妈急匆匆地赶来，给我披上自己的黄马甲，顶着雾霾天带我到附近的医院就诊。我自小体弱多病，医院的流程已是再熟悉不过了。但是，那一次，我看着她从一间房间走到另外一间房间，都有点厌倦了，看着那匆匆的身影，真是让我感到抱歉和心疼。可以说，三年来，她就像我们的母亲般一直关心着我们。即使常常会训我们，但是"打是亲，骂是爱"，如果不是因为在乎，哪会多此一举？

　　"同学们，明天我们要……"这位是我们的第二个家长——李爸。他，就像是西藏部的经纪人，帮我们接一些"通告"，然后从开始到结束忙得焦头烂额的。记得第一次见到他时，我羞涩地躲在父亲的身后，只是偷偷地打量了他一番。当我真正融进内高班，了解了他的思想、才情后，不由地佩服起他来。

　　"我是大妈的家长。"说这话的是我高一的数学老师，可她对我来说，就像是失散多年的亲人一样，有那种熟悉的感觉。高一那年，我沉浸在亲人离世的痛苦之中，对学习不似从前那般有冲劲，生活也一片混乱不堪，唯有在她的课堂上我才会找回自我。而他对待生活的积极心态和对待学生的那份耐心深深地感动了我，渐渐地，我终于走出那个封闭的空间，变得自信、阳光。

在这里，我结交了不少要好的朋友，唯一美中不足的是他们从来不叫我的名字，而是一致叫我"大妈"。但是，这绝不是因为"广场舞"的关系，我只能欣然接受这个称呼。三年里，我们吵吵闹闹，但是也会搞点小温馨，就像是谁的生日快到了，全员出动，准备好小小的生日祝福。在学生会的那段日子也令我十分充实，能够帮助到别人，换来大家满意的笑容，也使我感到十分幸福。

我们三年酸甜苦辣的小日子即将结束，又到了重要节点时刻。我们面临高考，面临分别，可是世界上最远的并不是距离，最近的也不是眼前，唯有珍惜，活在当下才不会留下遗憾。所以，真的是要"常回家看看"，这里有家的气氛。

德措的家书

2019 届　德吉措姆

亲爱的爸爸妈妈：

你们好！最近过得怎样？好像从小到大没有这么和你们聊过天，感觉很奇怪，但更多的是兴奋！我从小就不是善于表达自己内心的人，以前感觉说不出来的话今天就说出来吧！小时候总是听你们在耳旁唠叨，甚至想要摆脱这种紧箍咒。但到了内地一个人生活后，我发现你们的唠叨对我来说也是一种爱的表现。

小学毕业后，我就去了江苏念书，而同龄的孩子们却享受着和自己父母在一起的时光，青春期到来的时候也有父母来指点迷津。当时我幻想我的初中生活是多么的美好，我不用再听你们的唠叨，自己的事情自己做主。但后来我适应不了没有你们的生活，每当你们来看我的时候我既开心又很伤心，因为我们要再一次分别。每当把你们送到校门口我都会嬉皮笑脸地送你们走，还会催你们快点，但看着你们拖着行李箱的背影，我就会掉下眼泪，晚上还会偷偷地在被窝里面小声哭泣。

　　妈妈，你总说下班回家的路上看到和我同龄的孩子和父母一起走在大街上就会想起我，而且非常后悔把我一个人送到内地。我经常会开玩笑地说我转回西藏读书来陪你们，说这句话时我也非常伤心。但我知道你们把我送到内地来是让我长大后有更多的发展空间，比起其他的孩子见的世面要更加广阔，前途更加光明！

　　虽然我现在在内地上高中，但初中三年让我学会了坚强，有什么事情自己做决定，自力更生，管理好自己的生活。我不像以前那样多愁善感，一遇到事情就不知所措。所以现在的我很好，你们不用担心，我会照顾好自己的。你们也一定要保重身体，不要让自己太累！

　　此致

　　敬礼

注重家风家教，培育家国栋梁

　　在北京市教委和北京市妇联联合举办的家庭教育系列征集活动中，北师大燕化附中西藏学生德吉措姆的家书荣获一等奖。2017年11月25日，颁奖典礼"汇聚成长——2017北京家庭文化展示活动"在北京天桥艺术中心隆重举行。活动旨在全面贯彻习近平总书记"注重家庭、注重家教、注重家风"的指示精神，以家庭为核心，颂扬家风家教，心系家国未来。

　　德吉措姆是学校2016级西藏内高班学生，学校承接国家教育援藏任务，秉持"希望"教育理念，积极营造"家国"文化氛围，为西藏边疆地区培养一批批栋梁之材。

　　特此向德吉措姆同学远在西藏昌都地区的父母乡亲祝贺，向培养西藏学生的老师道喜。

我们在幕后

郑丁丁

好咖啡要和朋友一起品尝，好机会也要和朋友一起分享。

——雷军

逢年过节，其他同学都回家与家人团圆，尽享节日的欢乐，西藏内高班的同学却要留在学校。因此，学校总会为西藏同学组织各种各样的活动，让他们感受集体的温暖。做活动，音响、灯光、视频就不可或缺，我作为音频技术社的社长、学校认可的"工作人员"，就在假期时间里，成了西藏部演出时不可或缺的调音师。

几乎每次有大型活动，建波老师都会提前找到我，与我商量，并让我与主创人员协调。虽只是调音师，但也需负责场地，保证整体演出效果。刚开始做活动，座椅、场灯、屏幕、投影机、摄像机，一直到最后的舞台音响和灯光全部准备好，需要不少时间，每次都忙中出错。设备都忙不过来，更无暇顾及其他同学了，因而也没有什么交流。后来熟练一些了，不那么紧张了，就在演出空隙时间跟其他同学聊一聊，就这样认识了很多西藏同学，爱唱歌的昂丁，跳街舞的大索、白央，经常登台演出的扎平。

活动越来越多，尽管已经熟悉设备，但一个人毕竟有些忙不过来。于是我和老师商量，决定找西藏同学跟我学习音频技术。这样既能让他们接触一些课外的新事物，也能帮我分担演出任务。就这样，我认识了洛桑。

洛桑是一个结实帅气的西藏小伙，脸上总是挂着灿烂的微笑。他跟着我学习音频技术，并在活动中负责幻灯片和视频部分的工作。本以为西藏同学可能接触电脑之类的东西比较少，学起来可能会费点劲，但是他们的领悟能力真的超乎想象。每次活动，我除了自己调设备还会告诉他一些使用方法和要求。慢慢地，我们的接触越来越多，合作越来越默契，对彼此的了解也不断加深。拿着对讲机，我俩甚至都能猜出对方下一句要说什么。除了现场演出，他还能自己制作一些内高班的视频，在各种活动中展示。

2013年10月26日，对于我们音频技术社来说是一个不平凡的日子。在这天高二年级的大型励志活动上，我和洛桑及另外一位社员，在活动最后登上舞台并接受主持人的采访。我们一起制作的社团宣传视频在舞台大屏幕上放映，伴着绚丽的画面、激动人心的音乐和全场同学们的欢呼，我们一路小跑登上舞台。面对主持人的提问，洛桑很腼腆，我也只能把先前背好的词儿说出来。但听着下面同学大声喊我们的名字，我们第一次感到身为"幕后英雄"的骄傲，更为我们在一次次"战斗"中建立的友谊而自豪。

我喜欢西藏内高班的同学们，他们质朴友善、吃苦耐劳；我感谢这些藏族朋友们，他们给我的高中生活开了另一扇窗，让我了解另一种生活；我更感谢西藏内高班这个特殊的平台，让我和西藏同学们有分享快乐的机会，结下深厚的友谊……

藏生是我好榜样

付昀汀

我们班有五个如同天使一般的人，她们从不多言多语，可学习成绩却榜上有名。她们在学习上是那样的认真刻苦；她们对人很热情，总是乐呵呵的；她们乐于助人，尽自己所能去帮助别人。每当老师分配给她们任务，她们都会尽职尽责地去完成。她们来自美丽、神圣、庄严的地方——西藏。下面就让我讲述一下她们的故事吧。

尽职尽责
记得有一次，作为学习委员的她，在检查作业的情况，作为课代表的我帮她一起查。我数了数本子，一共44本，还差一本，到底缺了谁的呢？我们俩问了每列的组长，他们都说交齐了。我心里烦死了，她安慰我："没事，咱们再找找吧，一定能找到的，不要灰心。"我不耐烦地说："找什么找，肯定找不到。万一那个人单独交给老师，没跟我们说；或是就算那个人没交，我们一个个问时，他说交了呢。我们是找不到的，交给老师处理吧，老师肯定找得到的。"她生气地说："怎么可以这样呢？你又不是没看到，老师今天要改4大摞本子，她那么辛苦，如果还要管这些小事，要我们做什么？""好好好，我跟你一起找，行吧。"我嘴上说帮着找，其实就随随便便地翻了一下，然后坐在一旁看起了漫画。我看了她一眼，看着她垂着头一本一本地找着，估计没什么进展。我一笑，想："我说找不到，你还不信，这下信了吧！"突然她眼睛一亮，走到一个男生身旁，对他说："本子交出来吧，我都看到了。"他一紧张，哆嗦地说："我……我藏什……什么了？"她突然来了个"海底捞月"，以迅雷不及掩耳之势，从男生的书包里拿出本子，翻开一看，果然没做完。她叫那个学生赶快做完，然后交给了老师。等她做完这一切，我才发现我全身冒汗，脸一阵一阵地泛红。她的认真是我远远不及的！

刻苦钻研

她是我们班的第一名，在学习上一直都非常勤奋、努力。当她遇到一些不理解的数学题时，会利用课余时间来解决，若自己想不通，她就会去请教同学或老师，学习认真着呢！有一次，她又被一道题给难住了，正皱着眉头在草稿纸上"刷刷刷"地算着答案，但还是想不出点眉目来。我正闲着无聊，想找她聊天，可她却头也不抬地说道："对不起，我现在还没有空，这道题我还是想不通该怎么做，等我把它解决了再说吧！"说完又认真地思考起来。我漫不经心地瞥了一眼那道题，满不在乎地说道："这种题考试不会考的啦！"她立刻抬起头严肃地对我说："就算考试不会考到，但是如果你把它解决了，就表示你又懂得了一个新的知识，它对你将来也是有用的，所以，无论考试会不会考到，都要解决它，这样才能学到更多的知识！"她洋洋洒洒的一番话，使我面红耳赤，深感惭愧。是啊！学习就应该有这样的精神，就像老师说的："学习要学得踏实，一步一个脚印，不能有浮躁的心理，虚有其表没有用。"于是，我像她一样，回到位置上认真地看起了书。许久，背后传来她的欢呼声，我疑惑地回过头去，只见她看着试题，脸上露出喜悦的笑容，嘴里喃喃地说道："我终于算出来了！"我惊讶地望着她草稿纸上密密麻麻的数字、列式，一股敬佩之情油然而生，她学习起来是多么刻苦、勤奋啊！她真是我学习的好榜样！

与藏生相处的日子里，我学到了许许多多。我懂得了学习要刻苦钻研，做事要尽职尽责，与人交往要热情真挚。我们的友谊就像格桑花一样，那样的纯洁。你们永远是我学习的榜样，我爱你们！

第五章　魂牵梦绕的那片土地

第一节　雪域圣地人情美

浓浓北燕情，醉美西藏行
——2016 年高一进藏小组考察报告

护送组成员：汤雅琴、赵建新、康增根、张爱平、张会慧、杨春娟、李　悦

2016 年 7 月 12—14 日，我们出了北京，跨越甘肃，穿过青海，历经 44 小时，将高一、高二共 64 名西藏学生及援藏干部子弟送达拉萨，顺利完成与西藏教育厅的交接；7 月 14 日晚，我们深入援藏干部家庭，与远在他乡的同胞们交流学生相关情况，并详细介绍我校"希望"办学的理念，我校教育教学工作得到家长们的一致好评；7 月 15—17 日，我们抵达林芝，深入藏民家庭，对两名藏族学生进行家访，就学生相关情况、我校教育理念进行交流。7 月 19 日下午 330，乘坐 Z22 次列车离藏。7 月 21 日，一行 7 人抵达北京。

本次高一、高二西藏生一同返藏，共 64 人。带队老师平均每人负责十个孩子的路上安全及交接。虽然列车上老师和孩子们的座位间隔多节车厢，但无法阻隔带队老师们对学生身体、心理状况的关注。我们自由结组，主动申请，每小时轮班去看望可爱的孩子们，和孩子们亲切交流。回家的激动和兴奋一路上伴随着每一位孩子，孩子们欢呼、歌唱，44 个小时的车程，每个人的脸上都泛着会心的笑容。一路上，有列车长的为难，差点让将近 23 个孩子补全价票；有孩子的眼睛突发结膜炎，两眼红肿；有孩子由于膝盖积水，长途列车上疼痛难忍；有孩子由于低血糖，面色苍白……但所有老师拧成一股绳，每一位老师都把他们当作自己的孩子一样，用智慧维护孩子们的利益，用悉心的关怀和照料帮助每一位孩子解决实际的困难。孩子们也团结一致，互帮互助，像一家人一样。

　　本次进藏所乘坐的 Z21 次列车，北京至拉萨路段运行长达两天两夜，虽然听来漫长，但一路上窗外的美丽风光，持续不断地带给大家惊喜，让行程显得异常短暂。列车路过湛蓝的青海湖，湖边油菜花环绕，有如人间仙境；穿行美丽的可可西里大草原，散布的牛羊在蓝天白云的映衬下宛若画作；过了格尔木整列车开始供氧，舒适的列车环境让每一位怀揣西藏梦的旅客尽享西藏的辽阔壮美。

　　14 日下午，列车准点抵达拉萨，孩子们排队有序下车。一下车，在车厢门口，孩子们再次见到了一个亲昵的身影，那是孩子们的李爸：李建波主任。依稀记得两天前护送孩子和老师们到北京西上车时那个熟悉的背影，如今正是这个熟悉的身影，让所有的孩子和一行的老师心里感到踏实而温暖。北燕的西藏部因为有了这样一位细心周到的李爸而愈加亲如一家。打着北师大燕化附中的大旗，孩子们自觉按照地区分组出站。还未到出站口，远远看到迎接各地区孩子们的正是当地教委的老师们。当然，在所有老师中最为显著、让进藏小组所有老师感到甚是亲切的当属在我校驻扎整一年，为我校西藏部无私奉献力量的布央老师！老师们亲自驾车将在北京求学一年未归的孩子们接上车，孩子们连连挥手再见，各自奔往归乡的路。那一刻孩子们温馨的笑脸至今浮现在我们的脑海里……

　　此次进藏，四天时间，总共安排四次家访，两次在拉萨，家访援藏干部子弟潘岩和李浩轩，另外两次在西藏林芝地区，家访农区家庭达瓦多杰和米玛全家。每一次家访，都让我们一行的几位老师感受到了家长对学校的信任，对孩子寄予的厚望。虽然有的家长不会汉语，但他们真诚的眼神和捧手相谢的动作无不表达出他们对学校老师的不尽感激。生活在西藏，每一位藏生父母都十分不容易，即使是援藏干部，也是经历了在海拔五千米的高原奋斗数年才打拼下今天的事业。这些雪域学子几乎是乡里最优秀的学生，初中经历过一次选拔，高中再次经历筛选择优才到北京读书。这份可贵的信任是对我校育人的肯定，是对我校"希望"教育的无限期许。浓浓的北燕情洋溢在每一位西藏家长和学子的心里。

　　我们一行 7 人都是第一来西藏。第一次入藏，真切地体会了高原反应，感受了藏民的热情，欣赏了多样的地质和风光；从沿途的戈壁、草原、荒漠，到神山圣水，多样的生态强烈地冲击着已近慵懒的神经；糌粑、酥油茶、奶干和牦牛肉，外加藏民淳朴的笑脸，点燃了内心关于美好的无尽遐想，伴随着高原反应的消减思考也渐次复活了。理想和信念，在这片淳净的土壤上一切都那么真实，远离青山绿水，心怀懵懂理想，背负责任嘱托，求学异地他乡，成长的诉求和成才的期望激励着这群年轻的生命；结识新朋友，增长新知识，认识新社会，开始新生活，异样的生命轨迹在同龄艳羡的目光里开启，祝福他们，也祝贺他们。有一种人生，携带着木讷和朴实，坚守着山水的信念，邂逅在生命的季节里，为了真实的幸福而奋斗着。

还记得问米玛，好容易假期回来帮家里干些农活，是不是就没有时间学习了？米玛腼腆一笑，云淡风轻地回答"晚上学就可以了"。这样刻苦的学生怎不令人赞叹！

还记得返程的火车上，接到多杰的电话，"老师，你们回北京了吗？一路平安！……我正在山上采蘑菇"，真诚而质朴的笑容犹在眼前，这样的学生怎不令人热爱！

还记得在学校时，每每问起西藏学生的志向，总是能听到无一例外的答案：学成后一定要回到西藏，建设西藏！来到西藏，我们才更懂得和珍惜这答案背后的理由！这样眷恋故土的学生怎不令人钦佩！

还记得返程前，李浩暄父母专程来与我们告别，送上了来自高原的祝福，送上了新鲜的水果，在洁白哈达套过头顶的那一刻，我们感受到援藏家庭以及所有藏族家庭，对学校的信任与未尽的殷殷嘱托……

作为老师，我们为雪域赤子的家乡情怀感动着，而更重要的是，我们感受到了肩头上愈发沉淀的责任，不仅是为了让我们发自内心喜欢的，出类拔萃的西藏学子，更为了西藏的未来，祖国的明天！

在这格桑花开放的地方，每一位进藏老师也绽放出了最美丽的灵魂。一路上难免有高原反应，难免有头疼感冒，难免有缺衣少用，难免有心理不适，但大家都亲如姊妹兄弟，相互照料，相互支持，先人后己。返京的路虽然依旧长达两天两夜，但京藏线上这种彼此相互扶持的美早已冲淡了路途的艰辛。7月21日，在经受北京的暴雨洗礼，晚点12小时后，一行7人抵达北京西站。

美丽西藏，魅力北京，风雨后的彩虹愈加精彩！

北师大燕化附中课程实施小组藏区考察报告

刘江波

一、汇　报

为全面落实北京市教委、燕山教委关于 2016 年我校西藏内高班学生扩招 90 人的有关精神，以及推动北京市专项"北师大燕化附中西藏内高班民族教育课程体系建设"的实施，力求通过推动课程建设来提升学校西藏内高班学生教育教学水平。经过学校研究决定，成立课程实施考察小组进藏考察，落实相关事宜。

7 月 14 日，上午 10 点考察团出发，到达西藏自治区教育厅，四楼会议室。西藏自治区教育厅副厅长娄源冰、李宪生副处长，接见了我校一行六人。

首先，西藏部内高班主任李建波播放了简短宣传片，西藏部丰富多彩的课程得到教育厅领导的啧啧称赞。

接着，刘燕飞副校长代表学校向西藏教育厅汇报了我校的办学历史、办学理念、办学亮点，及 2011 年开始接收西藏内高班学生以来取得的成绩。并就 2016 年西藏内高班接受政治任务扩大招生的筹备工作进行了汇报，结合我校实际提出了一些困难，请求教育厅给予协调解决。

娄副厅长结合汇报进行了讲话：他首先欢迎北师大燕化附中调研团到西藏！其次感谢北师大燕化附中为西藏内高班学生健康快乐成长所做出的辛勤付出，感谢学校的精心培养；娄厅长强调，基础教育是我国人才培养的关键，西藏基础教育离不开中央和内地对西藏的大力帮助，西藏中小学在软硬件上有了很大的完善。北师大燕化附中自2011年招收藏生以来对西藏基础教育提供了很大的支持，做出了很大贡献，也做出了很大牺牲。娄厅长说，从刚才刘校长的介绍中可以看出学校为今年藏生扩招进行了全面的筹备。希望我们双方多交流，及时解决有关问题，共同为西藏教育做出努力。

李宪生副处长针对刘燕飞副校长在汇报中提到的具体问题进行了回应。

1.西藏教育厅大力支持派驻西藏生活管理老师，满足燕化附中藏生扩招后的管理需求。

2.感谢燕化附中克服种种困难，接受政治任务通过藏生扩招对西藏教育的支持。

3.今后多沟通和交流，西藏教育厅将大力支持北师大燕化附中藏生教育工作。

4.希望加强西藏内高班科研：一是增强德育工作的时效性；二是加强藏生的交融、交流，交往能力；三是进行相关课题研究，既要研究教学也要研究德育。教研研究，要从学生实际出发，有针对性地加强藏生学习成绩不平衡的问题研究。

5.加强和完善藏生管理：藏生在学校就是学生，不要管他是哪个民族的，不要上纲上线，一定要坚持这个原则，不要激化矛盾；要关注学生的社交圈，关注网络舆情，加强正面引导和管理。

娄副厅长向布央老师发放奖状及奖杯，表彰布央老师在过去一年中倾心为北燕内高班学生所做出的付出。

二、友谊校

7月16日早上10点，北师大燕化附中一行人在燕山教委工会主席罗学锋，及北师大燕化附中德育副校长刘燕飞的带领下来到山南东辉中学。

山南市教育局领导、东辉中学中层以上干部参加了会议。交流会由山南教育局书记董安学主持。

副局长索朗扎西从协调发展、常规管理、提升质量、全面发展、队伍建设等几方面介绍了山南市教育现状。

东辉中学书记兼校长扎西平措,介绍了东辉中学的办学情况。东辉中学校名为时任西藏自治区第一书记张国华题写,1965年建校,149名教职工,1300名学生,纯初中。中考成绩位于全市前列,升入西藏内高班的学生名列前茅。其中,东辉中学的优秀毕业生2011年曲珍、2012年次珍、2013年尼玛扎西、2015年于泽及拉姆曲珍先后考入北师大燕化附中。今年东辉中学中考第一名已经报考了北师大燕化附中。扎西书记明确表示,希望今后能够派遣教师到燕化附中考察学习交流,促进东辉中学教育教学水平的提高。

刘燕飞副校长受罗主席的委托代表北师大燕化附中发言,刘校长介绍了燕山地区教育的基本情况,并对我校的办学规模、办学特色及2011年招收西藏内高班以来我们所做出的努力进行了说明,刘校长结合实例,介绍了我校西藏生散插班管理模式。这种模式为不同民族的学生创造了更多的交往机会,使得各民族学生在交往中相互了解,在交流中相互理解,在交融中相互尊重与欣赏,进而培养出对共同价值观和文化的认同。

罗学锋主席在发言中指出,北师大燕化附中是燕山地区唯一高中校,是燕山教育的龙头,面对2016年西藏内高班紧急扩招的任务,压力大,困难多,但全校教职工上下一心,正在积极应对,利用暑假的短暂时间完善软硬件,为下学期藏生入学做好准备。罗主席期待为山南地区教育以及西藏教育做出更大贡献。

山南教育局书记董安学讲话:

1. 北师大燕化附中办学有特色,质量高。

2. 今后加强交流,达到合作共赢。

3. 感谢燕化附中对山南教育的支持,让双方交流向纵深发展。

其间,北师大燕化附中与山南市东辉中学举行仪式,建立友谊校,并赠送了"友谊长存一家亲"锦旗。

在山南教育局领导及东辉中学领导的陪同下,北师大燕化附中一行参观了东辉中学校史馆,大家对东辉中学民族团结教育成果赞叹不已。

三、家　访

家访是课程实施小组本次考察活动的重要任务之一。

7月15日中午,燕化附中一行八人,到达西藏山南市一个农牧民家庭——

布央老师的老家，一个传统的藏民家庭。布央家人热情地忙前忙后招待着来自远方的客人。

7月16日，从山南市东辉中学出发，驱车300多公里，赶往日喀则对高二学生米玛进行家访。翻越海拔5030米的岗巴拉山，大家明显感受到了高原反应。

继续赶往目的地，路遇暴雨、冰雹恶劣天气，又遇雪山、冰川、湖泊、河流、水库等地理环境，直到21∶30才到达食宿地江孜。

17日9∶30，一行八人赶往宗山古堡。

江孜宗山古堡是一个不能不提到的维护祖国统一、反对英国侵略的爱国主义教育基地。1903年江孜人民团结一心、互相支援，历时3个月沉重打击了英国的殖民侵略，终因武器落后，古堡被攻克，守堡军民集体坠涯以身殉国。电影《红河谷》正是反映这一段江孜人民反侵略保家卫国，可歌可泣历史故事的代表作。

11∶20，继续驱车赶往米玛的家乡、日喀则白朗县旺丹乡武里村，海拔超过4000米。60多公里的路程整整花费了两个多小时。

蜿蜒曲折、起起伏伏的道路两侧，时而荒滩连绵，时而绝壁深涧，时而农田绿绿，房舍俨然，金黄的油菜花海不断修复着被高原反应折磨的我们，浓郁藏族风情的建筑不时闪过车窗，低矮破旧的围墙上整整齐齐贴着牛粪，色泽绚丽的经幡在蓝天白云间迎风招展。

经过反复下车打听，终于在一个大山环抱的村庄找到了偏远山区的米玛家。

据米玛爸爸介绍，米玛家有牧场、耕地，兄弟三人，米玛排行第三。当年白朗县共有12人考到内地初中，米玛成绩最低，而目前，米玛却是进步最大的，非常感谢北燕给予的精心培养。

西藏部主任李建波代表学校对米玛的在校表现进行了介绍，米玛由入校时羞涩的小男孩已经成长为燕化附中藏生学生会学习部长，在协调组织、活动主持方面表现抢眼。

米玛在交流中也一直在强调，是北燕丰富多彩的活动和课程，为他们打下了成长的基础，自己越来越自信，越来越开朗，本来不爱说笑的内向性格也越来越活泼，越来越外向，相信这对将来走向社会，走上工作岗位，有着极大帮助。

米玛的妈妈忙前忙后，为来自北京的客人准备了炒青稞、奶酪、各种糖果、青稞酒、甜茶、酥油茶、矿泉水、啤酒等，一次次敬酒，一次次感谢。虽然妈妈汉语并不丰富和流利，但依然能够让我们感受到藏生家长的感激！

米玛是父母的骄傲，是家乡的骄傲，也必将成为北燕的骄傲！

四、家长会

学生是在学校、家庭及社会的共同影响下成长的。只有家校结合才能促进孩子身心和谐发展。家长会是学校向家长宣传自己的教育目标、教育理念、教育方法等重要途径；也是家长了解学校办学情况，了解学生在校表现的重要途径。同时，家长也可以通过家长会把自己对子女的期望及对学校合理化建议传递给学校，促进学校教育的供给侧改革，改进教育教学方法，提高教书育人的针对性和实效性。

西藏内高班学生在大部分的时间里都是在内地上学，虽然现代通信技术比较方便快捷，但学生与家长的交流还是比较滞后，尤其是学校与家长的沟通仍然处于被动状态，难于像当地学生一样，通过定期的家长会实现家校信息联系。因此，学校领导决定，通过主动进藏家访和召开部分家长会，打破时空限制，实现家校之间的良性互动，为家长服务。

北师大燕化附中进藏召开家长会的通知，事先已经由西藏部发到"北燕藏生常回家"微信公众号上，邀请拉萨市部分学生及家长到会。

在课程实施小组进藏的当天，热情的学生家长就纷纷致电表示欢迎。在课程小组驻地，天河宾馆，西藏某局白玛书记特地赶来为北燕进藏小组送来了有利于克服高原反应的"西藏牦牛酸奶""红景天"饮料，一罐氧气。藏族学生家长细心、贴心、无微不至的关怀，让我们心里暖意洋洋，深受感动。

经攀谈获知，1985年，党和政府做出决策，建设西藏内高班，白玛书记本人就是当年第一批西藏内高班的学生。现如今，他的女儿也成了西藏内高班的学生，两代人都是沐浴着党和国家的援藏政策阳光的受益人。白玛书记已经成为建设西藏的中坚力量，相信不久的将来，他的女儿——燕化附中的学子，也会成为繁荣西藏、发展西藏队伍中的一名重要分子。

结束了前几天的家访，课程小组回到拉萨，组织家长会。7月19日上午，家长会如期召开。家长和学生陆续到达现场。大概60多人，会场满员，家长会正式开始。

　　首先，由西藏内高班主任李建波播放了藏生校园生活宣传片《格桑花开在希望的原野上》，生动丰富多彩的校园生活让与会家长笑逐颜开，频频称赞。

　　接着，德育副校长刘燕飞为与会家长介绍了北师大燕化附中基本情况及下学期学校扩招的情况，并对西藏内高班的日常管理情况进行了汇报。当天恰值 2016 届高三一本录取截止日，刘校长与家长分享了学校的可喜成绩。

　　最后，李建波主任介绍我校西藏内高班办学情况。李建波主任对西藏班学生如数家珍，娓娓道来。他回顾总结了我校内高班"我们都是一家人"管理理念的历史脉络。汇报了各届学生以大带小，通过传帮带，传承"我们都是一家人"文化精髓。他归纳出了我校西藏内高班的优势——幸福感最高，介绍了实行藏族学生散插班制度的"交流、交融、交往"良好效果。

　　教育援藏是最得藏族同胞点赞的精准扶贫，我们作为落实党和政府惠民政策的执行者，一定将党和政府的关怀传递下去，希望引领，立德树人。

第二节 雪域学子爱家乡

厉害了，我的国

次仁桑珠

在世界的东方盘踞着一条有着几千年历史的巨龙，它曾灿烂辉煌、光芒万丈，也曾烽火不绝、埃尘连天。大禹治水，神农尝百草，秦始皇一统天下成就无上荣耀；大唐盛世，郑和下西洋，成吉思汗征战八方受万国敬佩。然而近百年以来，我们饱受战火，整个国家、整个民族到了几近灭亡的时刻。无数英雄烈士用自己的血肉换来了巨龙的重生，换来了旧制度的破灭，换来了天安门城楼上那惊天动地的宣告——"中华人民共和国在今天成立了。"

面对他国不愿分享的高新技术，我们的科学家们一步步地努力，用自己的汗水换来了国家的发展。在奥运赛场上，炎黄子孙用自己的实力夺下一枚枚的金牌。中国军人积极参与维和行动，用自己的行为表明了对和平的期望。

作为一名西藏人，我可以从自己的角度，告诉大家我的家乡近年来的发展。

记得上小学时，家离学校较远，路也是还未修建完毕的土路，每天只有一趟车可以送我回家。有一次，因为我的贪玩，错过了那一辆宝贵的车。祸不单行，偏偏又下起了大雨，我只能冒雨徒步行走在崎岖又泥泞的土路上。当时，我内心既有对自己贪玩的悔恨，又对那条土路充满了怨恨，我暗暗下定决心，如果我长大了，一定要修好这条土路，方便以后上学的孩子。如今当我再一次回到家，却发现当初的土路早已变成了柏油马路，我的愿望已经实现。不仅仅是那条土路，西藏的路都已经修整完善，铺上了柏油，干净整洁。路上车水马龙，你随时可以乘坐公交车到达市内的任何一个地方。如果你想去旅游，也可以骑上路边的共享单车，想去哪儿玩就去哪儿玩。

还记得当年的小学校园非常破旧，只有摇摇欲坠的平房，设施也不齐全。如今已经变成了美丽高大的楼房，每一间教室都安装了一个个高科技产品。老师看到我后，说："现在的孩子越来越幸福了，学校里有各种先进的设备，比你当年好多啦。"看见孩子们高兴的样子，我的内心既高兴又羡慕。

现场的观众，我想问你们一个问题："请问你们有没有去过西藏呀？你们又是怎么去的呢？"（现场互动）听了大家的回答，我也说说自己往返西藏的经历。曾经我从西藏来内地时，需要在火车上度过漫长的三天，因为飞机票太贵了，买不起。如今父亲告诉我，在国家的大力支持下，当初昂贵的飞机票已经变得十分亲民。在我惊奇的目光中，一向古板的他却拿出智能手机，迅速地从网上买下一张飞机票，父亲的思维也跟随潮流而发展，变成了一名"现代人"。

中国在世界人民的瞩目中高速地发展着，西藏也在党与母亲的关怀下有了巨大的进步。西藏的经济、文化、社会、环境各方面都有了巨大的飞跃。每当我看到祖国母亲又有了重大发展时，我的心中总会不由自主地高喊着："厉害了，我的国，厉害了，我的祖国母亲！祖国，加油！西藏，加油！"

（2018年北京市首届民族班演讲比赛一等奖）

厉害了，我的国

文　舒

我们的祖国拥有悠久的历史，灿烂的文化，勤劳善良的人民。盛唐时期，万国来朝，中华文化远播海外，受到无数国家的追捧和朝拜。

可是，从1840年鸦片战争开始到1949年中华人民共和国成立，我们的祖国经历了100多年的战火。当1949年中华人民共和国成立时，我们的祖国是怎样的千疮百孔，怎样的百废待兴！每个中国人心中只有一个念头：我们要重新站起来，变成东方的巨人！

今天的中国正在从站起来、富起来，走向强起来！国人砥砺奋进，各行各业创造了许多不平凡的业绩！高铁、核电成为中国的新名片，体现了国家实力的快速提升。从移动支付、共享单车到大数据计算等新技术，从空天领域、海工领域等尖端领域，再到参与大科学计划，这些成就无不体现了中国的强大实力和辉煌成绩！

这些不平凡的成绩背后也有着一群不平凡的人，从智力超群的科学家，到辛勤工作的工程师再到各行各业的建设者们。他们，是值得敬佩的！今天我想讲一类比较特殊的人群：援藏工作者们。

我是一个来自雪域高原的汉族女学生，我的父亲正是一个援藏工作者。

还记得很小的时候，我的家住在县委办公区小小的、灰秃秃的一栋木楼房子里，家里每到下雨天就会漏雨。那时，父亲每天东奔西走，这儿走一个村，那儿跑一个县。每天清早出门，黄昏才带着一身臭汗回家。我老问他："爸爸，你每天都忙什么呀？好久都没陪我玩儿了。"爸爸总是捏捏我的小肉脸，半开玩笑似的告诉我："爸爸啊，可是在为西藏的发展做贡献，你要支持爸爸啊。"我虽然听不太懂，但是我知道爸爸在做好事情。他也老出差，有时十天半个月才能见着他，那时小小的我每日坐在家门口守着爸爸回家。后来我才知道，爸爸是去招商引资了。他每次都要先去实地考察，确定贫困地区，然后他就帮贫困地区拉投资。看起来繁杂的工作，也渐渐有了成效。如今，西藏的旅游业发展越来越快，风景优美的地方，农家乐随处可见。鲁朗石锅鸡、林芝的桃花饼，吸引了无数外地游客。西藏的环境也有了显著的变化，从前土路尘土飞扬，路上随处可见各种各样的生活垃圾，如今公路四通八达、环境干净整洁。我来内地读书以后，很多没有去过西藏的同学经常问我："西藏是不是很落后？是不是大家都是骑着牦牛上学呢？"我总是笑笑地对他们说："西藏发展得很好，和内地的生活水准不相上下，西藏也有便利的交通、优美的环境、现代的生活。如果你去了西藏，一定会爱上那里的。"

我们的国家在高速地发展，西藏是我们祖国的一部分，祖国从来没有忘记西藏，西藏正在建设成为最美丽的城市。我很自豪我的父亲参与了西藏的建设，为西藏的发展贡献了力量。

中国，这头东方雄狮，前途不可限量，小小的我也想为祖国高呼："厉害了，我的国！"

（2018 年北京市首届民族班演讲比赛一等奖）

跨越五千公里的梦想

次旦雍珍

从中国的边疆，到经济中心，再到政治中心。十六岁的我跨越了五千公里，一路上有许多挫折和磨难，支撑我战胜它们的就是我的梦想。

我的梦想，是当一名企业家，原因很简单，因为我想要钱，想拥有很多很多钱。同学都笑话我，你个女孩子，还想当企业家？父母也不赞同我的想法，想要我生活得平凡安稳。这些质疑让我犹豫，是否要换一个梦想。但每当我想起那个村庄，那双充满渴望的眼睛，我发现我不甘心，我极其的不甘心。

梦起始于七岁，不丹边境洛扎县的一个小村庄——宫族。我在草地上补作业，实在补不完，烦躁地把书扔向一旁，躺下就睡着了，醒来后迷迷糊糊回了家。爸爸问我作业写完没有，我这才想起我把书忘了，赶忙回去拿。怎么也没找到，突然听见远处有读书声，发音并不清晰，读得却很认真。我循声望去，看见一个男孩正拿着我的书读得津津有味。"那书是我的！"他赶忙把书捧给我，嘴里一迭声地说着"对不起，我以为这书没人要了"，眼里却充满了不舍。"你自己没书看吗？""我没书可看。"男孩嗫嚅着。我疑惑地望着他。他说因为家里穷，他已经两年没去过学校了。我问他："你很喜欢读书？"他告诉我："我渴望还能回到学校，还能拿到书本，还能拿着老师写的笑脸给阿爸阿妈看，我渴望去看看外面的世界，但是……"看着他眼角的闪着泪光，我心里很不是滋味。那一刻我明白了，不珍惜学习机会的人是我，身在福中不知福的人是我。回家后，我把男孩的故事告诉给父亲："爸爸，我长大要当老师，我要帮助那个男孩，帮助更多像他一样的孩子。"

父亲摸摸我的头，语气充满无奈："在西藏，像这样没机会走进校园的孩子很多很多，就算你当老师，拼尽一生，又能帮助多少孩子呢？"从那时起我就想，如果我有钱了，我就要建很多所学校，让全西藏的孩子都有书可以读。

初中的一堂班会课上，大家畅谈梦想。我站起来大声说："我想要有很多钱。"同学们笑得炸开了锅。我有点不自在地说："老师，你觉得我这是白日梦吗？"老师示意大家安静。在一片寂静中，我讲起那个村庄，那个男孩，那个梦开始的地方。我永远记得老师那时说的话："孩子，会被嘲笑的梦想才有价值。相信自己，为梦想而努力。世界不曾亏待每一个努力过的人。老师相信你。"感受到老师的鼓励，我感动之余心中一阵酸楚，如果我的父母也能这样想，该多好啊。

初二暑假，我鼓起勇气，把我的企业家之梦告诉给妈妈。她说："你是女孩子，应该考公务员，找个轻松的工作，安稳地过完一生。"我的梦想被否定了。我委屈地吼着："我就要当一个不甘于平凡的人。"这次并不愉快的谈话反而让我更坚定了自己的梦想，我想要证明自己可以做到。

中考前，我填报的志愿都是北京的学校，也幸运地考上了。妈妈问我，这个学校偏离市中心，周围的环境也不如上海，有没有后悔没听她的话填上海的学校。我不后悔，我对她说："很多人都说北京是追梦人的城市。无数的企业家从这里白手起家，无数的梦想在这里生根发芽。这个城市里充满了希望，我爱这个城市。每当我走在繁华的街道上，我都会感到很庆幸。我庆幸生在高原，享受着国家优惠的政策；我庆幸生在中国，国家安定，民族团结；我庆幸生在这个时代，每个人都有追梦的权利。"

我想创业，我想当个企业家。因为这样我可以帮助更多的孩子，帮助更多因为生活所迫无法实现梦想的人。从宫族到北京，我跨越五千公里，来到这个追梦的城市。一路上伴着质疑和否定，我的梦想支撑我一路远行。我不知道路有多远，还会有多少挫折和磨难，我选择的路，我会坚持到底！

（2019 年北京市第二届民族班演讲比赛一等奖）

开荒者

郭相成

我是一名"藏三代"。

作为第一批进藏干部，我的外祖父在西藏挥洒了 30 多年热血。他曾跟我提起，那时进藏除了大家所知的高原反应，还要面对的是漫天的风沙、高强度的紫外线、悬殊的昼夜温差、语言文化的差异和高强度的工作。他做足了心理准备，但还是被现实打了一闷棍。他从未妥协，迎来的却是孤单且多病的晚年。我的外祖母在我刚出生的时候，身子骨就已经因为撑不住彻底垮掉了。落下病根的外公也不得不回到南方老家，和子女分开。可他舍不得离开，总在夜里失眠，总跟我讲起从前。他说："开荒者要离开荒地了。"

我喜欢这个比喻——开荒者。那时的西藏，无论是经济，还是政治、文化都宛若荒地待人开垦。而我们一家人就像是一群开荒者，在收拾一片能够立足的天地。

我的父亲是西藏文化的开荒者之一。那时的他是一名年轻的援藏教师，对支教充满了热情，但从教条件非常艰苦，每逢佳节来临那种对家乡的思念、对故土的眷恋，让他不止一次想过退缩。他打算偷偷离开，没承想却提着行李，撞上了来问问题的学生。那一双双眼睛里逐渐熄灭的光，狠狠揪住了他的心。那时他说的话让我至今难忘，他说："我是他们梦想唯一的引路人，我不能做临阵脱逃的懦夫。如今已有二三十年教龄的他，一直郑重守候着雪域学子每一张灿烂的笑脸。"

可我并不理解他们。

因为西藏所带给我的，曾一度使我陷入迷茫和失落。

我出生在高原。过轻的体重、先天的心脏问题、严重的营养不良，曾一度使我在死亡线上徘徊。在学校因为语言障碍一直被孤立，父母也早出晚归很少过问我的烦恼，那时我变得异常孤僻，没有朋友也不爱说话，只是一直觉得，学校的生活怎么这么难熬？爸妈是不是不要我了？后来有一年探亲返藏时得了高原肺水肿，医生说以后每次进藏都很容易复发，于是我不得不离开父母去外祖父身边，童年的记忆也再没有他们的踪迹。初中，我考到外地，因为年龄较小性子孤僻，一直是被取笑欺凌的对象。我没有父母保护，也不敢跟老师倾诉，怕招来更可怕的对待。最后不得不选择休学，一个人反复咀嚼这些痛苦，不断地唾弃怀疑自己，试图从自身挖出遭受孤立的原因。

因为这些经历，对父母，我不是没怨过恨过。只是随着时间的流逝，我开始明白他们的苦衷。其实他们早就用行动对我讲过了：外祖父的身影在漫天黄沙中显得格外单薄，是为了让每一户贫困人家都得到祖国的关爱；无论寒暑父亲总是迟迟回家没法陪伴妻儿，是为了让每一个同我一样的雪域学子都有翱翔的机会。我就读高中里父亲的学生、逢年过节外公收到的慰问信，都在告诉我，这就是他们的梦想，是我们家族两代人几十年一直坚守的承诺。

正因为有很多像父亲这样的人，我才有机会离开高原异地求学，去见识外面世界的美好。正因为过往的经历，我变得更坚强，更懂得珍惜生活的美好。常年的孤独让书籍成了我的朋友，在外求学也使我接触到更多不同地域的文化。我的祖国有着让人叹为观止的瑰丽文明，我想让更多的人看见，那些文化的根脉，那些传承的精神。我想要前往雪域高原的更深处，去了解更原始淳朴的西部文化，我想要在胡同和雨巷里徜徉，把那些正在流逝的文化和精神，重现在世界眼前。

我知道，作为一名开荒者，我离不开荒地，因为还有更多的领域等待着我们开拓。作为雪域高原的追梦人，我坚守着父辈的承诺，永远不会停下追梦的脚步。

（2019 年北京市第二届民族班演讲比赛二等奖）

"00 后"的家国情

次仁桑珠

指导教师：宋　倩

2001 年，我出生在雪域高原，是大家口中的"00 后"。我们这一代雪域高原的孩子，从小幸福地生活在祖国的怀抱里。我们之中有些人在家乡西藏努力学习科学文化知识，有些人不远万里来到内地求学，而我属于后者。来到内地后，我得到了老师和周围同学的诸多帮助，在老师的辛勤培育下茁壮成长。我知道我们这一代是祖国的未来，民族的希望，是建设新西藏的力量。

我的家乡西藏这些年来在祖国的关怀下，发生了翻天覆地的变化。

西藏是一个神奇的地方，那里蓝天白云，民风朴素，因为交通等各方面因素，以往的雪域高原发展较内地城市落后。

记得上小学时，家离学校较远，路也是还未修建完毕的土路，每天只有一趟车可以送我回家。有一次，因为我的贪玩，错过了那一辆宝贵的车。祸不单行，此时偏偏又下起了大雨，我只能冒雨徒步行走在崎岖又泥泞的土路上。此时，我内心既有对自己贪玩的悔恨，又对那条土路充满了怨恨，我当时暗暗下定决心，如果我长大了，一定要修好这条土路，方便以后上学的孩子。如今当我再一次回到家，却发现当初的土路早已变成了柏油马路，我的愿望已经实现。不仅仅是那条土路，西藏的路都已经修整完善，铺上了柏油，干净整洁。路上车水马龙，你随时可以乘坐公交车到达市内的任何一个地方。如果你想去旅游，也可以骑上路边的共享单车，想去哪儿玩就去哪儿玩。改革开放后，特别是习近平主席为核心的党中央的殷切关怀下，西藏的经济快速发展，人民生活质量飞速提高，如今走在拉萨街头，美景使人仿佛漫步在内地的大都市，高楼大厦和民族独有的建筑风景合为一体，又仿佛身临仙境一般。

　　我的老家是在拉萨尼木县的偏僻的小山村，虽然离县城只有一百多公里，但是因为处在高山峡谷中，几十年前父老乡亲们通讯基本靠喊、交通基本靠走，生活条件极为困难。还记得当年的小学校园非常破旧，只有摇摇欲坠的平房，设施也不齐全。我们没有自己的操场，不能上体育课。我们没有实验楼，不能做那些物理化学实验。如今当我再次回到家乡，看到以前的小学校已经变成了美丽高大的楼房，每一间教室都安装了一个个高科技产品。老师看到我后，说："现在的孩子越来越幸福了，学校里有各种先进的设备，比你当年好多啦。"看见孩子们高兴的样子，我的内心既高兴又羡慕。在全国人民的大力支援建设西藏边疆和全面落实小康社会的政策下，老家发生了翻天覆地的变化，仅在交通方面通过凿山开石，建成了一条一级柏油马路，天堑变通途，往日的小山村已覆盖了网络信号，通上了常明电，人民生活提高了，亲人朋友都购买了新车，用上了高科技智能手机，可以和兄弟城市里的亲人朋友视频聊天，可以赶上 21 世纪网络时代，过上了幸福、富裕的生活。

　　曾经我从西藏来内地时，需要在火车上度过漫长的三天，因为飞机票太贵了，买不起。如今父亲告诉我，在国家的大力支持下，当初昂贵的飞机票已经变得十分亲民。在我惊奇的目光中，一向古板的他却拿出智能手机，迅速地从网上买下了一张飞机票，父亲的思维也跟随潮流而发展，变成了一名"现代人"。雅鲁藏布江边上通往拉萨市有一条高速公路，行驶在这条高速公路上可以观赏雅江两岸的田园和一个个蔬菜水果培植实验基地。您可以在高速出口停车购买在高原经过科学培育的各种香甜可口的瓜果。雪域高原几十年的变化让世人刮目相看，没有祖国大家庭，西藏人民没有青藏铁路，坐不上直达首都北京的飞机，没有拉萨的繁荣景象，家乡人民不会过上现在的幸福生活。

西藏这些年来的发展变化，靠的是什么呢？有人说是勤劳的西藏人民，有人说是智力超群的科学家，有人说是辛勤工作的工程师，有人说是各行各业的建设者们。他们，是值得敬佩的！今天我想讲一类比较特殊的人群：援藏工作者们。

我来内地读书后，认识了很多好朋友。有一个好朋友告诉我，她的爸爸是一个援藏工作者，已经在西藏工作快 20 年了。

她说小时候自己的家在县委办公区小小的、灰秃秃的一栋木楼房子里。她爸爸每天东奔西走，很少回家。每当她抱怨爸爸不能陪伴自己时，她的爸爸总是半开玩笑似的告诉她："爸爸啊，可是在为西藏的发展做贡献，你要支持爸爸啊。"她说自己虽然听不太懂，但是知道爸爸在做好事情。小时候总是埋怨爸爸不能陪伴自己，现在觉得爸爸很伟大。

西藏的能够有这样迅速的发展，离不开所有在背后默默付出的人，他们是最美的人。

我们 00 后虽然活在幸福的时代，但深知旧中国苦难的历程，没有中国共产党的领导，没有无数革命先烈抛头颅、洒热血，就没有新中国；我深深知道没有伟大的祖国，就没有幸福的国家、没有家乡西藏的繁荣、没有我们现在拥有的幸福生活。2008 年 5 月 12 日汶川发生了 8.0 级地震，世界震惊、国人震惊，武警官兵、医护人员、干部群众共同奋勇展开了与生命赛跑的救援行动，留下了一幕幕感人的事迹。地动天不塌，大灾有大爱，这一刻我们都感到有一个强大的祖国，全世界人民目睹了中华民族团结与中国的强大。在新西兰岛发生了 7.5 级地震时，岛上的居民和 1000 多名世界各国游客被困在岛上，中国领事馆派来的直升机从天而降，将其中被困的全部中国游客转移到安全地带，这让其他国家的受困游客看呆了，中国人的表现让全世界惊呆了。所有的一切证明了我们祖国的强大、国家的富强、民族的团结。

作为祖国的孩子、西藏的孩子，我们要铸就中华民族共同体意识，我们要跟紧时代步伐，学好科学文化知识，做好时代的接班人；我们要紧跟日夜奋斗在建设祖国、建设家乡的工作岗位的老一辈，前仆后继，珍惜来之不易的幸福和平的生活，维护祖国的统一和民族的团结，努力学习科学文化知识，为建设伟大的祖国、建设美丽的家乡而努力奋斗，一切做到扎西德勒！

（该文入选国家民委、共青团中央于 2018 年联合组织开展的
"建设伟大祖国 建设美丽家乡"主题征文活动全国展示的 100 篇作品。）

我眼中的新西藏

刘　昶

　　布达拉宫广场车水马龙，城市中的街道整洁清亮，公园柳荫下蕴藏着酷暑中的别样芬芳。

　　可是，谁能够想到在二十年前，这座如此繁华温馨的城市，连一条像样的马路都没有，满目是沙土黄色。

　　这些自然是从父母那里听得的，他们是九六年入的藏。每当同行在行道树繁茂整齐的马路旁时，父母时不时便会提到关于过去的西藏。我听得多了，自然记得清楚。诸如他们在拉鲁湿地里种的杨树，那也是好早的事了吧。在湿地旁路过或是散步时，有时他们会笑意满满地告诉我，"湿地里面有爸爸妈妈过去种的树哦！"那些树是单位组织种的，如今隔着湿地的围栏便可以看到，整齐而坚实。可谁知道哪棵树是父母种的呢，或许是那棵长的最高的，也或许是那棵树干稀疏的。在树木长成的这时，却是马路旁最令行人舒坦的景象了。除了树，当然还有很多很多，像运输不便没有新鲜的蔬菜水果，像雨后黄土路的泥泞与脏乱。

　　可是，谁又能够想到仅仅二十年后的现在，呈现在懵懂无知的我的面前，却似一处精彩繁华花园。

　　我喜欢在拉萨雨后的街道闲逛，那种时候不会有太过强烈的阳光，空气中的尘埃仿佛被一场大雨一网打尽，有的时候还能闻到清淡到若有若无的花香。我也喜欢那条从不停下的拉萨河，我习惯于它不断流向远方，就像在追求梦想，就像是在日夜不停地朝圣。我还喜欢那些不知名的高山，小时候我站在山顶望向城间，第一次感受到天地的博大，而那些本只有岩石的高山上，

近年来却被神奇的手用画笔抹上了绿色。

自是因为那么多过去的故事，我才能够清醒而深刻地感受到西藏翻天覆地的变化，而我们的生活自是因为这些变化丰富多彩。而正是他们的努力，才有了这些变化。"他们"，这里指的是新西藏的建设者，引领者乃至创造者，可不仅仅是这样。我们也可以成为"他们"，不管是现在还是未来都是这样。我们站在前人走过修缮的路上，自然也有完善它的义务。并非所谓目的，而是出自本心地希望这条路能变得更加美丽丰富。

这座从小陪伴我长大城市与神圣的高原地域，于我如指引一般，给予我希望，这是一个能带给人希望与幸福的地域与净土，于我这便是我眼中的新西藏！

（2019 年"我眼中的新西藏"征文优秀奖）

美好的生活

仁青顿珠

自那天起，我们摆脱了可能永远辱身的枷锁，我们获得了自由……

自那天起，这片土地永远告别了阴暗的过去。初升的太阳，照亮了这片历史长河中，从未停歇的藏文化长廊……

我无法置身于过去的封建时代，便经常听父辈们讲他们的故事。

我爷爷的青年，有的只是说不尽的肉身煎熬与愁不尽的亲人挂念……

尽管天气是否雷雨霜雪，都要只身在山野里放牧一整天，饿了，忍着，渴了，就喝溪水，身上只有一层单薄的，不知已经补过多少次的衣裳。可恶的地主，就像魔鬼，他们掌握着这里的权利，他们的意识里，我们是耕作的工具，任人宰割，他们没有对生命的任何敬重与仁慈，佛教在这片土地，在他们眼里，只是一种掌权者的外衣，诱人的外衣。他们的心灵上，有抹不去的黑污……

可怜的农民们，他们时刻受着压迫。有时候，一天只吃到一口饭，勉强活到明天。有时候，只能眼睁睁地看着亲人被害。有时候，在与爱人拆散前，泪眼之下，喊句：有缘再见！

万千苦难，终于在农民的心里积成巨石，点燃了愤怒的火——他们选择了反抗，终于在党中央的领导下，得到了解放，获得了自由。

美好的生活，从此便掌握在自己的手里。

现在，吃穿住行的基本问题已经解决，21世纪的大道，为我们迎来更加幸福的美满的生活。而这些，归功于中国共产党的正确领导与方针，和百万农民的艰苦奋斗……

最后，让我们铭记3·28这个历史节点，珍惜现在的美好生活，为更加憧憬的未来奋斗吧！

（2019年"我眼中的新西藏"征文优秀奖）

附 表

北京师范大学燕化附属中学民族团结进步教育部分成果统计

一、承办的省市级大型活动

序号	活动	举办单位	承办单位	时间	规模
1	"新高考"背景下西藏内高班教育改革和发展研讨会	教育部民族教育司、教育部民族教育发展中心、西藏自治区教育厅、北京市教育委员会	燕山教育委员会、北京师范大学燕化附属中学	2017年12月13—16日	全国西藏内高班办班学校
2	"厉害了，我的国"北京市首届内地民族班演讲比赛	北京市教委、北京市民族教育学会	燕山教育委员会、北京师范大学燕化附属中学	2018年5月19日	北京市民族班办学学校
3	北京市《学校民族团结教育指导纲要》培训及经验交流会	北京市教委、北京市民族教育学会	燕山教育委员会、北京师范大学燕化附属中学	2018年11月29日	北京市民族团结示范学校

二、电视台宣传报道

序号	电视台	节目	时间	内容
1	中央电视台新闻频道CCTV-13	《朝闻天下》	2014年7月	报道北师大燕化附中西藏内高班学生参加教育部"圆梦蒲公英走进人民大会堂"启动仪式。
2	中央电视台中文国际频道CCTV-4	《远方的家——再访江孜》	2014年8月127期	采访2013级学生普琼及家人关于内地求学的经历及内高班政策。
3	北京卫视BTV	《晚间新闻》	2017年4月	报道北师大燕化附中西藏内高班学生参加北京市中小学民族团结教育嘉年华展示。

三、已经公开发表的部分成果

序号	刊物/专著	时间	篇目	作者
1	《北京教育》	2014年08期	《秉持希望民族教育理念 构建家国文化培育英才——北京师范大学燕化附属中学西藏内高班民族教育特色办学》	马熙玲、李建波
2	《中国民族教育》（内地西藏班办学30年专刊）	2015年0708期	《疾病困苦是教育的契机》	李建波
3	《中国教育报》	2015年4月15日	《格桑花开在希望的原野》	马熙玲、李建波
4	《人民论坛》	2015年12月	《希望教育点亮生命家国文化铸造精魂》	马熙玲、李建波
5	《中国教育报》	2016年9月10日	《雄鹰振翅于京畿 格桑花香在西藏——北京师范大学燕化附属中学开展希望民族团结教育纪实》	马熙玲
6	《基础教育参考》	2016年12期	《年级班主任团队专业化建设实践探析》	李建波
7	《基础教育参考》	2018年03期	《希望促提升家国育栋梁》	马熙玲
8	《教育家》	2018年11期	《从作文教学中—探语文核心素养乾坤》	李建波
9	专著《内地高中班办学管理经验与案例》	2015年12月	《希望促民族教育文化与家国栋梁》	马熙玲、李建波
10	专著《内地高中班办学管理经验与案例》	2015年12月	《民族教育活动课程化探索》	李建波
11	专著《民族团结一家亲》	2015年12月	《学有所成快乐成长》	姜泓
12	专著《民族团结一家亲》	2015年12月	《历练中成长 成长中进步》	曲秀苹
13	专著《民族团结一家亲》	2015年12月	《燕附民族一家亲》	旦增卓玛
14	专著《民族团结一家亲》	2015年12月	《我们生活在妈妈怀抱》	才旺曲宗
15	专著《民族团结一家亲》	2015年12月	《太阳和月亮》	强珍
16	专著《民族团结一家亲》	2015年12月	《青春在燕藏——我的高中成长记录》	格桑朗杰
17	专著《民族团结一家亲》	2015年12月	《组建社团换换书参加翱翔成绩优》	刘子琪
18	专著《民族团结一家亲》	2015年12月	《亲如一家幸福成长》	四郎尼玛
19	专著《民族团结一家亲》	2015年12月	《那些人那些事》	卓嘎群宗

四、已经开发实施并印刷的部分校本教材

序号	校本课程	开发者
1	《西藏内高班政治素养核心课程之我爱首都北京》	李建波、高静
2	《西藏内高班政治素养核心课程之我国的民族政策和宗教常识》	程锦慧
3	《西藏内高班政治素养核心课程之中国周边安全形势扫描》	刘江波
4	《泰山登顶怀天下 齐鲁朝圣思家国——齐鲁研学旅行课程》	李建波
5	《科学素养提升：小论文写作与展示》	李建波
6	《中国文化名人》	金英华、李建波
7	《高考古诗文鉴赏》	李建波
8	《阅读经典探访名居》	金英华、李建波、宋倩
9	《西藏内高班我爱我家管理课程之日常管理规范》	张玉新、李建波
10	《西藏内高班我爱我家管理课程之班主任手册》	李建波
11	《西藏内高班我爱我家管理课程之全员育人手册》	李建波
12	《西藏内高班我爱我家管理课程之学生手册》	李建波
13	《学科综合实践活动作品》	李晶莹等
14	《科技活动社彩缤纷》	张爱平等
15	《格桑花开在希望的原野毕业纪念册》（2014至2019共6册）	任德鸿、李建波

五、近三年教育教学部分获奖情况统计

序号	类型	姓名	赛事活动	级别	单位	时间
1	集体	学校	西藏自治区民族团结示范学校	示范校	西藏自治区教育厅	2016年
2	集体	学校	北京市民族团结示范校	示范校	北京市教委	2017年
3	集体	学校	北京市中小学首届民族杯面塑大赛	优秀组织奖	北京市民族教育学会	2018年4月
4	集体	学校	京津冀民族团结教育展示活动	优秀组织奖	北京市民族教育学会	2018年5月6日
5	集体	学校	北京市民族杯风筝设计放飞	最佳组织奖	北京市民族教育学会	2019年5月
6	教师	马熙玲	北京市中小学首届民族杯面塑大赛	贡献奖	北京市民族教育学会	2018年4月
7	教师	任德鸿	北京市中小学首届民族杯面塑大赛	贡献奖	北京市民族教育学会	2018年4月
8	教师	李建波	西藏教育厅优秀教育援藏工作者	优秀援藏教育工作者	西藏自治区教育厅	2016年9月

续表

序号	类型	姓名	赛事活动	级别	单位	时间
9	教师	李建波	北京市中小学首届民族杯面塑大赛	贡献奖	北京市民族教育学会	2018年4月
10	教师	程锦慧	北京市内地民族班立德树人优秀班主任称号	优秀班主任	北京市民族教育学会	2018年5月6日
11	教师	潘泳江	北京市内地民族班立德树人优秀班主任称号	优秀班主任	北京市民族教育学会	2018年5月6日
12	教师	宋倩	北京市内地民族班立德树人优秀班主任称号	优秀班主任	北京市民族教育学会	2018年5月6日
13	教师	张培培	北京市内地民族班立德树人优秀班主任称号	优秀班主任	北京市民族教育学会	2018年5月6日
14	教师	刘春锋	西藏自治区教育厅教学竞赛	二等奖	西藏自治区教育厅	2018年10月
15	教师	杨江燕	西藏自治区教育厅教学竞赛	二等奖	西藏自治区教育厅	2018年10月
16	教师	常岩	北京市中小学民族团结现场会	市级优质示范课	北京市民族教育学会	2018年11月29日
17	教师	金英华	北京市中小学民族团结现场会	市级优质示范课	北京市民族教育学会	2018年11月29日
18	教师	李建波	北京市中小学民族团结现场会	市级优质示范课	北京市民族教育学会	2018年11月29日
19	教师	李建波	北京市中小学民族团结现场会	贡献奖	北京市民族教育学会	2018年11月29日
20	教师	李晶莹	北京市中小学民族团结现场会	贡献奖	北京市民族教育学会	2018年11月29日
21	教师	刘桂秋	北京市中小学民族团结现场会	市级优质示范课	北京市民族教育学会	2018年11月29日
22	教师	刘江波	北京市中小学民族团结现场会	市级优质示范课	北京市民族教育学会	2018年11月29日
23	教师	马熙玲	北京市中小学民族团结现场会	贡献奖	北京市民族教育学会	2018年11月29日
24	教师	马熙玲	北京市中小学民族团结现场会	市级经验交流	北京市民族教育学会	2018年11月29日
25	教师	任德鸿	北京市中小学民族团结现场会	贡献奖	北京市民族教育学会	2018年11月29日
26	教师	任德鸿	北京市中小学民族团结现场会	市级经验交流	北京市民族教育学会	2018年11月29日

序号	类型	姓名	赛事活动	级别	单位	时间
27	教师	次仁桑珠	北京市民族杯风筝设计放飞	指导教师奖	北京市民族教育学会	2019年5月
28	教师	多吉欧珠	北京市民族杯风筝设计放飞	指导教师奖	北京市民族教育学会	2019年5月
29	教师	李建波	北京市民族团结教育课例	一等奖	北京市民族教育学会	2019年5月
30	教师	李建波	北京市民族杯风筝设计放飞	突出贡献	北京市民族教育学会	2019年5月
31	教师	马熙玲	北京市民族杯风筝设计放飞	突出贡献	北京市民族教育学会	2019年5月
32	教师	任德鸿	北京市民族杯风筝设计放飞	突出贡献	北京市民族教育学会	2019年5月
33	教师	张长乐	北京市民族杯风筝设计放飞	指导教师奖	北京市民族教育学会	2019年5月
34	教师	张长乐	第三届北京市青少年国际创客交流展示活动	优秀指导教师	北京市教委、北京市科协	2019年6月
35	教师	张冬梅	西藏自治区教育厅教学竞赛	一等奖	西藏自治区教育厅	2017年
36	学生	次旺拉姆	北京市中小学首届民族杯面塑大赛	二等奖	北京市民族教育学会	2018年4月
37	学生	旦增曲珍	北京市中小学首届民族杯面塑大赛	三等奖	北京市民族教育学会	2018年4月
38	学生	葛娃白姆	北京市中小学首届民族杯面塑大赛	一等奖	北京市民族教育学会	2018年4月
39	学生	黄安帅	北京市中小学首届民族杯面塑大赛	三等奖	北京市民族教育学会	2018年4月
40	学生	张呈浩	北京市中小学首届民族杯面塑大赛	三等奖	北京市民族教育学会	2018年4月
41	学生	张晓丽	北京市中小学首届民族杯面塑大赛	指导教师奖	北京市民族教育学会	2018年4月
42	学生	次仁桑珠	北京市首届民族班演讲比赛	一等奖	北京市民族教育学会	2018年5月19日
43	学生	文舒	北京市首届民族班演讲比赛	一等奖	北京市民族教育学会	2018年5月19日
44	学生	旦增曲珍	北京市青少年体育竞赛	标枪项目第六	北京市教委	2018年10月
45	学生	边巴吉宗	第六届北京中学生社会实践挑战赛	一等奖	北京市教委基教一处	2019年3月

序号	类型	姓名	赛事活动	级别	单位	时间
46	学生	王璐瑶	第六届北京中学生社会实践挑战赛	一等奖	北京市教委基教一处	2019年3月
47	学生	昂王丹巴	北京市民族杯风筝设计放飞	一等奖	北京市民族教育学会	2019年5月
48	学生	旦增曲扎	北京市民族杯风筝设计放飞	特等奖	北京市民族教育学会	2019年5月
49	学生	刘昶	新中国成立70周年	优秀奖	西藏教育厅	2019年5月
50	学生	米玛平措	北京市民族杯风筝设计放飞	一等奖	北京市民族教育学会	2019年5月
51	学生	尼玛罗珠	北京市民族杯风筝设计放飞	一等奖	北京市民族教育学会	2019年5月
52	学生	强巴列桑	北京市民族杯风筝设计放飞	一等奖	北京市民族教育学会	2019年5月
53	学生	仁青顿珠	新中国成立70周年	优秀奖	西藏教育厅	2019年5月
54	学生	扎西加措	北京市民族杯风筝设计放飞	特等奖	北京市民族教育学会	2019年5月
55	学生	次旦雍珍	北京市民族班演讲比赛	一等奖	北京市民族教育学会	2019年6月
56	学生	郭相成	北京市民族班演讲比赛	二等奖	北京市民族教育学会	2019年6月
57	学生	卓玛拉姆	第三届北京市青少年国际创客交流展示活动	一等奖	北京市教委、北京市科协	2019年6月